JIAOSHI JIANGYAN
YU KOUCAI YISHU

教师讲演与口才艺术

主 编 朱月明
副主编 陈迪泳 关 冰

中山大学出版社
·广州·

版权所有　翻印必究

图书在版编目（CIP）数据

教师讲演与口才艺术/朱月明主编；陈迪泳，关冰副主编．—广州：中山大学出版社，2013.8
ISBN 978-7-306-04630-7

Ⅰ．①教…　Ⅱ．①朱…②陈…③关…　Ⅲ．①教师—语言艺术　Ⅳ．①G42

中国版本图书馆 CIP 数据核字（2013）第 181850 号

| 出 版 人：徐　劲
| 策划编辑：金继伟
| 责任编辑：周　玢
| 封面设计：曾　斌
| 责任校对：杨文泉
| 责任技编：何雅涛
| 出版发行：中山大学出版社
| 电　　话：编辑部 020-84111996，84113349，84111997，84110779
| 　　　　　发行部 020-84111998，84111981，84111160
| 地　　址：广州市新港西路 135 号
| 邮　　编：510275　　传　真：020-84036565
| 网　　址：http://www.zsup.com.cn　　E-mail：zdcbs@mail.sysu.edu.cn
| 印　刷　者：虎彩印艺股份有限公司
| 规　　格：787mm×960mm　1/16　13.25 印张　306 千字
| 版次印次：2013 年 8 月第 1 版　2020 年 3 月第 6 次印刷
| 印　　数：6501～7000 册　　定　价：29.00 元

如发现本书因印装质量影响阅读，请与出版社发行部联系调换

《教师讲演与口才艺术》编委会

主　编　朱月明
副主编　陈迪泳　关　冰
参　编　陈　芝　尧春荣　叶木桂　李存周　李贵成

序

  湛江师范学院基础教育学院的朱月明老师和她的同事、同行们合编了这样一本《教师讲演与口才艺术》教材，提出要我来写几句话放在前面，确乎令我有些诚惶诚恐。一是我对这个方面素来缺乏深入了解，更谈不上研究，"以其昏昏，使人昭昭"，难免贻笑大方；二是本人一贯口舌笨拙，更不善讲演，因此序言中的某些地方也许会有点班门弄斧之嫌。我只是曾在湛江师范学院人文学院做过几年行政领导工作，从事高校教学也已经30多年，推辞不过，不揣冒昧，在这里写几句话就算谈谈自己的心得吧，希望不要辜负了老师们的信任！

  大家知道，教师的教学既是一门科学，也是一门艺术，强调的是科学性与艺术性的辩证统一，这已是一个老生常谈的话题。在教育过程中，科学性和艺术性很难截然分开，偏执于一端的提法和做法都是不可取的。其实，两千年前的老祖宗像孔子的"举一反三"和孟子的"教亦多术"的教学方法就都包含了科学性与艺术性两方面的意义；苏霍姆林斯基认为，科学、技巧和艺术是教学的三个源泉；夸美纽斯的《大教学论》则是一部融科学性与艺术性为一体的名著，指出教育是"阐明把一切知识教给一切人的全部艺术"。可见，教学是一门科学，这在中外教育史上很早就已取得过共识，它讲求规律性、系统性；但它同时又是"包含着艺术性的科学"，讲求形象性、情感性、想象性和审美性，甚至表演性。美国学者特拉费斯就曾说过，教学是一种表演艺术。的确，教师面对学生犹如演员面对观众，都具有创造性和不可重复性。每一堂课或者每一场演出，尽管教学内容或演出台词都差不多，但是，基于时间、场所、受众，乃至主体自身积累或发挥情况的不同，每一次教学或者演出的效果都会不尽相同。因此，尽可能调动自己与受众的积极因素，避免受到消极不良情绪的影响，自始至终形成良性循环，造就一个强大的气场，双向交流，是教师和演员中的不甘平庸者共同追求的理想境界。而语言，便是其中的重要媒介。

  据说，《学记》是中国古代也是世界上最早的一篇专门论述教育和教学问题的论著，集儒家教育思想之大成，其中谈到的"善歌者，使人继其声；善教者，使人继其志"，便是从主体角度点明教育的重要性；而"其言也，约而达，微而臧，罕譬而喻，可谓继志矣"，则是从语言的角度要求教师的教学应简要通达、见微知著、精选例喻，从而调动学生的学习积极性。亦如夸美纽斯所说："一个能够动听地、明晰地教学的教师，他的声音便该像油一样浸入学生的心里，把知识一道带进去。"可见，对于教学来说，教师的演讲与口才艺术，是必不可少的一个环节。也可以这样说，教学就是以口头语言传播知识为主要手段的一门综合艺术。传道也好，授业也好，解惑也好，无不以生动的口头语言作为媒介，将知识源源不断地注入学生的心田。的确，综观整个教学领域，凡是深受学生欢迎甚至爱戴的老师，其语言表达通常都是清晰可辨、感情深挚、鼓动性强的。一个口齿不清、呆板无趣、只会照本宣科、语言干瘪的教师是不可能真正打动学生，从而取得良好的教学效果的。毋庸置疑，教学语言是一种艺术语言，学会了这一技艺，就等于学会了一种看家本领。对此我深有同感，也因此意识到《教师讲演与口才艺术》这本教材的意义。

拥有良好的口语表达能力是师范类学生未来从事教师工作必备的职业技能和教师专业素养，"教师口语"课是培养教师职业口语能力的必修课。面对这样的现实，满足高等教育，特别是高等师范教育的需要，切实提高大学生特别是高等师范学生的口头表达能力，就显得十分必要。自1993年国家教育委员会颁布《师范院校"教师口语"课程标准》并实施以来，教师口语教材相继面世。但是，这些教材普遍存在针对性不强、理论性过多过深和内容庞杂、训练的指导性不够等问题。而这本教材的编写和出版，正是旨在为该课程的教学提供一本针对性强、系统性强、操作性强的理论与实践紧密结合的读本，使师范生通过系统学习，掌握教育教学工作必备的口语表达技能，为将来从事教育工作打好基础。

《教师讲演与口才艺术》的编写针对师范类学生的专业特色并向幼儿教育方向倾斜，以提高师范类学生的口语表达水平为宗旨，以现代汉语语音学、应用语言学等基本理论为先导，吸收了教育学、心理学、发声学、朗读学、演讲学、播音主持等诸多学科的科研成果。教材遵循课程的内在逻辑和学生技能养成的规律，根据循序渐进的原则编排内容，在教学内容尤其是训练内容的安排上体现科学的序列，使教材科学性强而又便于训练操作。本教材具有以下特点：

一是具有专业针对性。本教材针对师范类学生并向幼儿教育方向倾斜，在理论构建、案例选择、训练材料编写等方面都以提高师范类学生的口语表达水平为宗旨，也突出了幼儿教育的特点。同时，其根据新形势下教育发展的实际，做到了先进性、时代性和创新性的有机结合。

二是突出内容系统性。本教材通过普通话语音训练、朗诵训练、演讲训练、辩论训练、播音主持训练、教学口语训练、教育口语训练这几个主要部分来建构其理论体系，内容显得完整而又系统，这在已有的类似教材中是不多见的。

三是强化实践指导性。本教材针对技能课的特点，在构建教师口语基本理论框架的同时，还特别注重强化学科的实践性和口语训练的指导性，并通过大量普通话训练素材、各种文体的文章的朗读训练，演讲训练、论辩训练、教师教育教学口语等实例，提出了科学而富有指导性的训练方法，努力做到了理论与实践的结合。

对于这本教材的编写，我感到有一点值得一提，就是，现在高校的教材应该有自己的特色。这本教材在普通话训练部分就有意结合了当地的三种方言，即客语、闽语、粤语。在朗读、教学口语、教育口语部分，又有意向幼儿师范高等专科类学校倾斜，突出了校本教材的特色，值得在当地推广，也值得其他教材编写者们借鉴。

谈到这本教材的编写，还得说说主编朱月明老师。我认识朱老师是在2008年，当时她入选了广东省千百十工程校级培养对象，人很年轻，也很勤奋，所以给我的印象比较深。朱月明老师从事口语教学多年，对朗诵有着特别的爱好，发表过不少这方面的文章，我也曾听过她的朗诵，觉得颇有些味道。编写组的其他成员也都是相关专业、多年从事语言教学研究的教授或副教授，他们可以说是一支结构合理、优势互补的教材编写队伍。

近几年来，湛江师范学院基础教育学院中文系的老师们，在繁重的教学工作之余还积极开展教学研究和学术探索，产生了一批有价值、有意义的成果。例如，管怀国老师的专著《迟子建艺术世界中的关键词》、董小华老师主编的《中外获奖作家作品赏析》，董小华《试论中国古典诗歌"天人之和"之美》、朱月明《雷州话与普通话音系比较研究》的获奖论文等，都产生了一定的影响。《教师讲演与口才艺术》一书的出版，又添上了一例。这本教材既是编写者个人辛勤劳动的成果，更是集体智慧与心血的结晶。以上种种，均值得我学习。祝愿他们能够不懈坚持，不断进取，更上层楼！

熊家良

2013年5月

目 录

第一章 普通话语音训练 ………………………………………………… 1
  第一节 语音概述 ………………………………………………………… 1
  第二节 声母 ……………………………………………………………… 6
  第三节 韵母 ……………………………………………………………… 19
  第四节 声调 ……………………………………………………………… 30
  第五节 语流音变 ………………………………………………………… 35
  第六节 语音规范化 ……………………………………………………… 44

第二章 朗诵训练 ………………………………………………………… 48
  第一节 朗诵概述 ………………………………………………………… 48
  第二节 朗诵规律 ………………………………………………………… 49
  第三节 朗诵技巧 ………………………………………………………… 53
  第四节 各种文体的朗诵训练 …………………………………………… 63
  第五节 朗诵中的态势语 ………………………………………………… 84

第三章 演讲训练 ………………………………………………………… 88
  第一节 演讲概述 ………………………………………………………… 88
  第二节 演讲的准备 ……………………………………………………… 92
  第三节 欲说先听 ………………………………………………………… 97
  第四节 有声语言的表达技巧训练 ……………………………………… 99
  第五节 无声语言的表达技巧训练 ……………………………………… 107

第四章 辩论训练 ………………………………………………………… 111
  第一节 辩论概述 ………………………………………………………… 111
  第二节 辩论技巧 ………………………………………………………… 115
  第三节 辩论赛 …………………………………………………………… 119
  第四节 论文答辩 ………………………………………………………… 126

第五章　播音与主持训练 …………………………………………… 130

  第一节　播音概述 ………………………………………………… 130
  第二节　播音技巧 ………………………………………………… 132
  第三节　口腔控制和吐字归音 …………………………………… 135
  第四节　科学用声和嗓音保护 …………………………………… 140
  第五节　播音主持人训练 ………………………………………… 143

第六章　教师教学口语训练 ………………………………………… 151

  第一节　教学语言的要求 ………………………………………… 151
  第二节　教学语言的运用 ………………………………………… 161
  第三节　导入语的训练 …………………………………………… 166
  第四节　讲授语的训练 …………………………………………… 168
  第五节　提问语的训练 …………………………………………… 171
  第六节　结束语的训练 …………………………………………… 173

第七章　教师教育口语训练 ………………………………………… 176

  第一节　教育口语概述 …………………………………………… 176
  第二节　常用的教育口语 ………………………………………… 178
  第三节　教育口语的策略 ………………………………………… 186

附录　即兴演讲话题 ………………………………………………… 195

参考文献 ……………………………………………………………… 199

后记 …………………………………………………………………… 201

第一章 普通话语音训练

第一节 语音概述

语音是语言的物质外壳,熟练地使用一种语言必须要系统地掌握它的语音系统。普通话语音系统的学习,需要具备语音的基本知识,了解语音发音原理,熟悉普通话语音单位。

一、语音的性质

世界上有各种各样的声音,但只有由人类发音器官发出的具有一定意义的声音才是语音。

语音具有三个方面的属性:第一,它是一种声音,和一般的声音一样有相同的发音原理,因此具有物理属性;第二,它是由人的发音器官发出的,因此具有生理属性;第三,语音必须承载一定的意义,而语音与意义之间的联系,是由使用具体语言的全体社会成员约定俗成的,因此语音又具有社会属性。其中,社会属性是语音的本质属性。

(一)语音的物理属性

物体由于某种外力的作用发生振动,并引起周围空气或其他媒介物质的振动,产生了振动波——声波,声波传于耳中,振动鼓膜,刺激听觉神经,人就感觉到了声音。声音的种种差异是由音高、音强、音长、音色四个基本要素决定的。

1. 音高

音高指声音的高低,取决于发音体振动的快慢。振动得快则音高就高,反之音高就低。音高在汉语里的作用非常重要,声调高低升降的变化其实就是音高的变化。

音高有绝对音高和相对音高之分。一般来说,儿童和女性的声带短一点、薄一点,所以单位时间内振动的频率高,音高相应会高一点;而成年男性的声带长一点、厚一点,所以音高相应会低一点。这里指的是绝对音高。而同一个人可以通过控制声带的松紧形成不同的音高,这里指的是相对音高。假如一位男同学和一位女同学都用普通话读"衣、宜、以、翼"四个字,就绝对的音高来说,女同学往往比男同学高,可是我们并未感到其中有什么差别。对于语音来说,重要的是这四个字之间高低变化的对比,至于每一个音的绝对音高的变化,那是不重要的。

2. 音长

音长是指声音的长短,它由发音体振动持续时间的长短所决定。发音体振动时间长,则音长就长,反之则短。普通话中一般不用音长作为主要的区别意义的手段,但音长在轻声音节中有一定的作用,如"哥哥"是个轻声词,后面音节的音长要读得比前面音节的音长短一些。

3. 音强

音强是指声音的强弱，它取决于发音体振动幅度的大小。振动幅度越大则声音越强，反之则越弱。声音的强弱由发音时用力的大小所决定，用力大，则振幅大，音强就强；用力小，则振幅小，音强就弱。普通话中音强对轻声音节有一定作用，如"妈妈"、"知识"等轻声词，前面音节的音强比后面音节的音强强。

4. 音色

音色也叫音质，是指声音的特色、本质，取决于发音时的音波振动的形式。音波振动形式主要由发音体、发音方法和共鸣器的形状决定的。这三个条件，只要有一个不同就会发出不同音色的音。因此，发音者可以通过控制自己的声带、气流和口腔的形状，来发出不同音色的音。在所有的语言中，音色都是具有区别意义的最重要的因素。

（二）语音的生理属性

语音是通过人的各个发音器官的协调作用发出来的，具有生理属性。了解语音的生理属性需要了解发音机制和发音器官。

1. 发音机制

世界上所有的声音都是物体振动产生的声波在介质中传递的结果，因此声音的产生离不开振动的动力、振动体、振动的共鸣腔。语音也是一种声音，因此也离不开振动的动力、振动体和振动的共鸣腔。我们可以这样简单地表述语音的发音机制，即肺部产生的气流提供了振动的动力，气管将气流这种振动动力输送到振动体——声带，气流冲开声带，引起振动，产生声音，声带音再通过喉腔、咽腔、口腔和鼻腔这几个共鸣腔形成不同音色的语音。这些语音通过空气媒介传递，传到我们的耳朵里。我们说话，哪怕是最简单的话语，都是肺、气管、声带、舌头、双唇、鼻腔、口腔等协调作用的结果。比如，我们要说一个简单的 [y]（鱼），就先要由肺部提供空气动力，然后通过气管输送到声带，引起声带振动，发出声音，到达口腔后经过舌头隆起的位置的协调，再经过双唇拢圆，这样才发出来圆唇的 [y]。一个普通的音素就要经过这样一连串的动作协调才能发出来。

2. 主要发音器官

人类的发音器官可分为三个部分：呼吸器官、发声器官和共鸣器官。呼吸器官，包括肺和气管。肺部呼吸产生的气流是发音的动力，气流通过气管送到喉头，冲击声带或其他发音器官，使之振动，发出声音。发声器官，包括喉头和声带。喉头由四块软骨组成，即甲状软骨、环状软骨和两块构状软骨。这四块软骨构成一个圆筒形的管腔体，即喉室，声带位于喉室中央。声带是一对唇形的韧带，边缘很薄，富有弹性。声带是最主要的发音体。汉语中声调的高低升降变化，就是通过控制声带松紧来实现的。共鸣器官，包括口腔、鼻腔和咽腔。口腔是发音最重要的共鸣腔，可以分为上下两个部分，上面部分包括上唇、上齿、齿龈、硬腭、软腭和小舌。齿龈是上腭前段凸出的部分，硬腭是齿龈之后口腔上壁坚硬的部分，软腭是硬腭后面的柔软部分。软腭后面连接的是小舌，软腭与小舌可以上下移动。口腔的下面部分包括下唇、下齿和舌头。舌头是口腔里最重要、最灵活的器官，它可以分为舌尖、舌叶、舌面三部分。舌尖位于舌头的最前端，舌头自然平伸时，舌尖后面与齿龈相对的部分叫舌叶。舌叶之后的部分叫舌面，又可以分为前、中、后三部分。其中相对于硬腭的部分是舌面前和舌面中，相对于软腭的部分是舌面后，舌面后又可以叫舌根。喉头到小舌之间的条状空间就是咽腔，这是人类特有的。鼻腔不像口腔那样可以变动，但口腔动作的改变也可以发出不同的鼻音。

（三）语音的社会属性

语言是社会现象，作为语言的物质外壳，语音也是一种社会现象。语音的社会属性是语音区别于其他声音的本质属性。单纯的声音，并无意义可言，只有跟意义结合起来，才能成为语音。语音的形式和意义之间不存在必然的联系，也就是说，用什么样的声音形式来表达什么样的意义内容，这完全是约定俗成的，是由全体社会成员在长期使用中逐步确定下来的。

二、普通话语音系统

（一）什么是普通话

普通话是现代汉民族的共同语，是现代汉语的标准语。它是现代汉民族各方言区之间进行交流的工具，也是我国各民族之间进行交流的工具。

"普通话"一词是由江苏昆山人朱文熊于 1906 年提出来的。当时，他用这个词指"各省通行之话"。直到 20 世纪 50 年代，"普通话"一词才被确定为现代汉民族共同语的正式名称。

中华人民共和国成立以后，语言文字规范化工作受到高度重视。1955 年，"全国文字改革会议"和"现代汉语规范问题学术会议"在北京召开，会议确定了现代汉民族共同语的名称、定义和标准，将它正式定名为"普通话"，意思是"普通"和"共通"的语言。另外，会议还从语音、词汇和语法三个方面确定了普通话的内涵——"以北京语音为标准音，以北方话为基础方言，以典范的现代白话文著作为语法规范"。

（二）普通话的语音单位

1. 音节和音素

音节是语音的基本结构单位，是人的听觉最容易分辨出来的语音单位。汉语的音节说出来是一个完整的声音，写下来一般来说就是一个汉字。如"我要学普通话"，说的人是按这六个语音单位说出来的，听的人也很容易分辨出来这六个音节。所以我们说音节是语音的自然单位，无论是从发音的过程来说，还是从听觉的感受来说，这种语音单位都无须刻意去寻求，它是自然发出的或自然感受到的。

普通话的音节总数为 400 个左右，其中最常见的音节是"de、shi、yi、bu、you、zhi、le、ji、zhe、wo、hen、li、ta、dɑo"等 14 个。

音节是语音的基本结构单位，但它并不是最小的语音单位，对音节进行结构分析，我们还能找到更小的语音单位。从音色的角度对音节进行切分，我们能找到的最小的语音单位就是音素。例如，对 lián（连）这个音节进行切分，可以找到 l、i、a、n 这 4 个音素。

2. 元音和辅音

音素可以分为元音和辅音两大类。发元音时，气流在口腔和咽头不受任何阻碍，同时振动声带，声音响亮悦耳，是一种乐音。如"a、o、e、i、u、ü"等都是元音。发辅音时，气流在口腔和咽头受到阻碍，不一定振动声带（有的振动声带，如 m、n、l，有的不振动声带，如 s、sh、x），声音不响亮。如"b、d、g、c、ch、q、f"都是辅音。

3. 声母、韵母、声调

普通话的音节结构可以分为声母、韵母、声调三部分，缺一不可，每个部分都有区别意义的作用。

声母是音节开头的部分，一般是音节开头的辅音。例如，"买 mǎi、卖 mài、明媚 míngmèi"，开头的"m"就是声母。普通话共有 22 个声母，其中 21 个由辅音来充当，还有 1 个是零声母。

韵母是音节中声母后面的部分。如："发达 fādá"的 a，"机器 jīqì"的 i，"电线 diànxiàn"的 ian 就是韵母。普通话中共有 39 个韵母。零声母音节实际上是韵母自成音节。

声调是音节中有区别意义作用的音高变化，即一个音节高低升降的音高变化。如："辉 huī"、"回 huí"、"毁 huǐ"、"惠 huì"4 个音节的声母都是 h，韵母都是 ui，但是它们的声调不同，就成了不同的音节，代表不同的意义。有声调是汉语语音的一大特点。普通话共有 4 个声调：阴平、阳平、上声、去声。

普通话声母和韵母相拼构成的基本音节（包括零声母音节）有 400 多个，加上声调的区别有 1 200 多个音节。这 1 200 个音节的作用非常大，它构成了我们语言里成千上万的词语。

三、普通话语音训练

（一）为什么要进行语音训练

任何一种语言的学习都需要反复地训练，才能达到熟练运用的程度。从咿呀学语起，每个人通过母语训练，以及母语环境的熏陶，才慢慢学会了母语。同样，每个普通话学习者，也应该接受专门的普通话语音训练才能熟练地运用普通话。专门的普通话语音训练的作用主要在于：

首先，学习一些基本的语音知识，会起到事半功倍的效果。所谓专门的普通话语音训练，是建立在学习和了解了一些与普通话语音系统相关的语音知识的基础上的。如果不懂语音知识，要模仿一个自己不会发的音，相对来说比较困难；但如果懂得一些语音知识，就能模仿学习得快一点。如翘舌音的学习，若不了解发音部位和发音方法的话，仅通过简单的模仿往往学不像、学不快。再如后鼻音的学习，如果了解后鼻音的发音过程，那么学起来就会容易得多、也快得多。所以，通过专门的普通话训练，可以缩短学习时间，起到事半功倍的效果。

其次，有针对性地学习，以避免走弯路。对于一个讲方言的人来说，要学好普通话不是一件易事。但是，如果了解了普通话和自己的方言之间的差别，并有针对性地练习自己的缺陷音，往往可以避免走弯路。如粤语区的人将粤语和普通话对照，就可以找到两者的差异，进而总结出粤语区的人学习普通话的难点，如平翘舌、舌面前音、前后鼻音等。了解难点后再结合语音知识进行学习，寻找消除差异的办法，自然不是难事。

（二）如何进行语音训练

第一，多说多练。俗话说："熟能生巧"、"功到自然成"，干什么事情都有一个由浅到深、由生到熟、由量变到质变的过程。普通话学习也是这样一个规律。多说，就是指在看书、看报、看文件等阅读过程中养成用普通话朗读的习惯，即使碍于具体环境不便读出声来，也应该养成默读的习惯。另外，当我们看见大型的标语或者广告牌等，能习惯性地读一读，也是尽快熟练掌握普通话的一种行之有效的方法。再有就是多模仿、多琢磨。模仿不仅是初学者学习普通话的一种行之有效的方法，同时还可以增添学习的趣味性。但就模仿而言，还得多琢磨，要用心找出自己的语音和模仿对象的语音的差距，了解自己的发音方法和咬字器官的协调性还存在哪些不足，以便不断修正。

第二，要控制不良情绪，树立信心。不同的人学习普通话需要克服的困难往往是不同的，有的人需要纠正的缺陷音少，有的人需要纠正的缺陷音多。因此，在学习普通话时要戒骄戒躁，不要盲目和别人比较。同时，普通话的学习通常不会有立竿见影的效果，是一个缓慢见效的过程，学习者不要因为短时期看不到效果就妄自菲薄，或放弃普通话的学习，应该给自己足够的学习时间，并相信坚持下去一定能学好普通话。

第三，循序渐进。学习普通话不是一蹴而就的事情，不是通过一两周的加班加点就能学好的。学习者首先要了解自己普通话的难点音，然后根据自己的难点音一个一个进行训练，各个击破，最终将自己普通话的难点音全部掌握。

第四，持之以恒。普通话的学习必须要有足够的恒心和耐心，保持饱满的学习热情，持之以恒。正如前面所说，普通话的学习不可能一蹴而就，需要足够的学习时间。很多普通话学习者在刚开始学习普通话时信心满满，学习热情高涨，但一旦遇到难点音一时无法纠正，就会变得萎靡不振甚至放弃普通话的学习；而有的学习者因为发音不错，就骄傲自满，不再重视普通话的学习。那么，到底如何才能保持饱满的热情，做到持之以恒呢？首先，练习普通话的方式应该多样化。普通话的学习并不一定要打开书来练习，其实在生活中到处都存在着学习普通话的机会。比如，唱歌、听歌、听广播、读绕口令、朗诵、辩论、讲故事等都是练习普通话的好机会。其次，找一个普通话学习同伴或专门教普通话的老师，帮助分析自己普通话的难点，并制订一个切实可行的目标和计划。目标可以分为周目标、月目标、学期目标，并根据目标制订相应的学习计划。目标不要过高而不切实际，要切实可行。在完成计划实现目标的过程中，最好有他人的监督，并辅以阶段性的考核，及时做总结。

第五，方法得当。学习普通话，应采用切实可行的方法，以达到更好的学习效果。下面我们就介绍两种切实可行的普通话学习方法。一是录音对比法。学习者可以利用MP3、复读机、录音笔、手机或电脑的录音功能将自己的发音录下来，然后和播音员的发音进行比较，这样易于发现自己的缺陷音以进行模仿纠正。二是营造环境法。任何一门语言或方言的学习都需要有一个良好的语言学习环境。自己创设普通话的环境对普通话的学习帮助很大。大的环境可以是班级或宿舍的同学之间约定只用普通话交流，并在讲错时互相纠正提醒。小的普通话环境则需要自己营造，如多听国语歌、多听多看普通话的音频和视频，让自己处于一个学习普通话的小环境中。

第二节　声　　母

一、声母及其构成

声母是一个音节前面的部分，绝大部分为音节开头的辅音。声母的主要作用是与其他韵母拼合成为一个音节。

普通话共有 22 个声母，其中 21 个辅音声母，1 个零声母。这 21 个辅音声母分别是：b、p、m、f、d、t、n、l、g、k、h、j、q、x、zh、ch、sh、r、z、c、s。另外，普通话中有些音节的开头没有辅音声母，只有元音韵母，如"安 ān"、"哀 āi"、"欧 ōu"等，这类不用辅音充当声母的音节，被称为零声母音节。零声母也是一种声母。

二、声母的分类

普通话辅音声母的主要特征是发音时气流在发音器官内受到一定的阻碍。受到阻碍的部位和解除阻碍的方式不同，就形成了不同的声母。因此不同的声母主要是由不同的发音部位和发音方法决定的。学习声母必须了解每个声母的发音部位和发音方法。发音方法包括成阻和除阻的方法，送气、不送气以及声带是否振动等三个方面。下面我们就根据发音部位和发音方法对声母进行分类：

（一）发音部位

发音部位是指发音时气流受到阻碍的部分。普通话中 21 个辅音声母根据发音部位可分为 7 类（见图 1-1 和表 1-1）：

1. 双唇音

发音时，上唇和下唇闭合形成阻碍。普通话声母中有 3 个双唇音：b、p、m。

2. 唇齿音

发音时，下唇靠向上齿形成阻碍。普通话声母中只有 1 个唇齿音：f。

3. 舌尖前音（又称平舌音）

发音时，舌尖与下齿、舌叶与上齿背接触或接近形成阻碍。普通话声母中有 3 个舌尖前音：z、c、s。

4. 舌尖中音

发音时，舌尖与上齿龈（即上牙床）接触形成阻碍。普通话声母中有 4 个舌尖中音：d、t、n、l。

5. 舌尖后音（又称翘舌音）

发音时，舌尖上翘，舌尖向硬腭前部接触或接近形成阻碍。普通话声母中有4个舌尖后音：zh、ch、sh、r。例如：

　　住宅　山水　奢侈　忍让　始终　书生　郑重　首长　出差　软弱

6. 舌面前音（又称舌面音）

发音时，舌面前部向硬腭前部接触或接近形成阻碍。普通话声母中有3个舌面前音：j、q、x。

7. 舌面后音（又称舌根音）

发音时，舌面后部向软腭接触或接近形成阻碍。普通话声母中有3个舌根音：g、k、h。

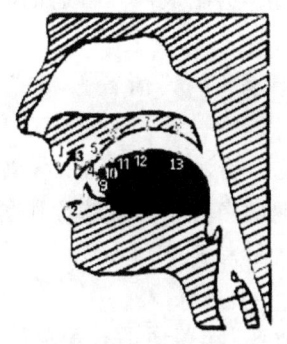

图 1-1　普通话辅音声母发音部位图

1. 上唇　　　2. 下唇
3. 上齿　　　4. 上齿背
5. 上齿龈　　6. 硬腭前
7. 硬腭中　　8. 硬腭后
9. 舌尖前　　10. 舌尖中
11. 舌尖后　　12. 舌面
13. 舌根

表 1-1　普通话辅音声母发音部位

声母	发音部位
b p m	上唇与下唇
f	上齿与下唇
z c s	舌尖与齿背
d t n l	舌尖与上齿龈
zh ch sh r	舌尖与硬腭前
j q x	舌面前与硬腭前
g k h	舌面后与软腭

（二）发音方法

发音方法，是指发音时构成阻碍气流的方式和克服这种阻碍的方式。普通话辅音声母的发音方法按阻碍方式的不同，可分为以下5种：

1. 塞音

发音时，形成阻碍的两个部位完全闭塞，气流冲破阻碍，爆发破裂成声，也叫"爆发音"或"破裂音"。普通话声母中有6个塞音：b、p、d、t、g、k。

2. 擦音

发音时，形成阻碍的两个部位接近，留下一条细小的缝隙，气流从窄缝里挤出，摩擦成声。普通话声母中有6个擦音：f、h、x、sh、s、r。

3. 塞擦音

发音时，形成阻碍的两个发音部位完全闭塞，气流先将阻塞部位冲开一条窄缝，接着从缝隙中挤出，摩擦成声。普通话声母中有6个塞擦音：z、c、zh、ch、j、q。

4. 鼻音

发音时，软腭下垂，鼻腔通道通畅，口腔通道闭塞，振动声带，气流从鼻腔通过，由鼻腔透出成声。鼻音是鼻腔和口腔的双重共鸣形成的。鼻腔是不可调节的发音器官。不同音质的鼻音是由于发音时在口腔的不同部位阻塞，造成不同的口腔共鸣器状态而形成的。普通话声母中有2个鼻音：m、n。

5. 边音

发音时，舌尖和上齿龈（上牙床）稍后的部位接触，使口腔中间的通道阻塞，声带振动，气流从舌头两边与两颊内侧形成的空隙中通过，透出成声。普通话声母中有1个边音：l。

普通话的辅音声母还包括"送气音"与"不送气音"、"清音"与"浊音"的区别。

按发音时肺部呼出气流的强弱，可以把辅音分为送气音和不送气音。发音时呼出气流较强的是送气音，呼出气流较弱的是不送气音。普通话声母中只是塞音和塞擦音有送气音和不送气音的区别。普通话声母的送气音与不送气音总是成对出现的。送气音有6个：p、t、k、q、ch、c。不送气音也有6个：b、d、g、j、zh、z。

声带振动的音叫"浊音"，声带不振动的音叫"清音"。普通话有5个浊辅音：m、n、l、r、ng，其中m、n、l、r这4个是浊辅音声母。普通话声母除了这4个浊音外，其他都是清音，它们分别是：b、p、f、d、t、g、k、h、j、q、x、zh、ch、sh、z、c、s。

声母可以按照发音部位和发音方法的不同分成不同的组，见表1-2。

表1-2 普通话声母发音总表

发音方法		发音部位	唇音		舌尖前音	舌尖中音	舌尖后音	舌面前音	舌面后音
			双唇音	唇齿音					
			上唇下唇	上齿下唇	舌尖齿背	舌尖上齿龈	舌尖硬腭前	舌面前硬腭前	舌面后软腭
塞音	清音	不送气音	b			d			g
		送气音	p			t			k
擦音		清音		f	s		sh	x	h
		浊音					r		
塞擦音	清音	不送气音			z		zh	j	
		送气音			c		ch	q	
鼻音		浊音	m			n			
边音		浊音				l			

三、声母的发音分组练习

任何一个声母都可以从发音部位和发音方法两方面进行综合描述，如"b"是"双唇、不送气、清、塞音"就是按照"发音部位—送气不送气—清浊—阻碍方式"的顺序对声母进行的综合描述。下面我们对普通话的 21 个辅音声母分别进行综合描述。

（一）双唇音 b、p、m

b：双唇、不送气、清、塞音。

发音时，双唇闭合，软腭上升，堵塞鼻腔通路，声带不振动，较弱的气流冲破双唇的阻碍，迸裂而出，爆发成声。例如：

奔波　摆布　宝贝　包办　标兵　白布　辨别　卑鄙　褒贬　颁布　北边　版本
必备　冰雹　碧波

p：双唇、送气、清、塞音。

p 发音的状况与 b 相近，只是发 p 时有一股较强的气流冲开双唇。例如：

偏旁　偏僻　批评　匹配　拼盘　澎湃　乒乓　铺平　爬坡　皮袄　品评　品牌
枇杷　偏偏　批判　评判　跑偏　破皮

m：双唇、浊、鼻音。

m 发音时，双唇闭合，软腭下降，鼻腔畅通，气流振动声带从鼻腔通过形成鼻音；阻碍解除时，余气冲破双唇的阻碍，发出轻微的塞音。注意，在与韵母拼合时，不要拖音太长。例如：

面貌　埋没　麦苗　眉目　牧民　麻木　明媚　美妙　妈妈　妈咪　妹妹　麦芒
命名　面膜　眉毛　秘密　猫咪　门面

（二）唇齿音 f

f：唇齿、清、擦音。

发音时，上齿接近下唇边缘，中间留一条窄缝，软腭上升，关闭鼻腔通道，声带不振动，气流从这条窄缝中挤出，摩擦成声。注意下唇不要向里裹，发音时值尽量缩短，不要拖长。例如：

方法　肺腑　丰富　非凡　奋发　芬芳　反复　仿佛　发疯　房费　发放　犯法
风范　防范　复发　夫妇　发肤　非法

（三）舌尖前音 z、c、s

z：舌尖前、不送气、清、塞擦音。

发音时，舌尖轻轻抵住下齿背，软腭上升，关闭鼻腔通道，声带不振动，较弱的气流把舌叶与上齿背的阻碍冲开一条窄缝，然后再从窄缝中挤出，摩擦成声。例如：

祖宗　总则　藏族　曾祖　再造　粽子　杂字　造作　罪责　自尊　枣子　栽赃
啧啧

c：舌尖前、送气、清、塞擦音。

c发音的状况与z相近，只是发c时气流较强。需要注意，发z、c时，舌头不要向前使劲，而要有点后缩的感觉，着力点集中于舌头中间，解除阻碍时要轻快，不要拖音。例如：

层次　苍翠　催促　草丛　粗糙　参差　猜测　措辞　此次　彩瓷　残存　摧残　曹操

s：舌尖前、清、擦音。

发音时，舌尖抵住下齿背，软腭上升，关闭鼻腔通道，声带不振动，气流从舌叶和上齿背的窄缝中挤出，摩擦成声。例如：

色素　琐碎　思索　诉讼　嫂嫂　松散　速算　瑟缩　三思　搜索　僧寺

（四）舌尖中音 d、t、n、l

d：舌尖中、不送气、清、塞音。

发音时，舌尖抵住上齿龈，形成阻碍，软腭上升，声带不振动，较弱的气流冲破阻碍，爆发成声。需要注意的是发音时，要用舌尖中部着力顶上齿龈，不要全舌缘平均用力，同时蓄气要足，爆破后要轻松地弹开。例如：

电灯　当代　导弹　大地　单调　道德　等待　奠定　到底　淡定　地点　带队　点滴　订单　断电　大胆　调动　颠倒

t：舌尖中、送气、清、塞音。

t发音的状况与d相近，只是发t时气流较强。例如：

团体　铁塔　天堂　探讨　淘汰　忐忑　体贴　滩涂　头痛　图腾　天坛　疼痛　唐突

n：舌尖中、浊、鼻音。

发音时，舌尖抵住上齿龈，软腭下降，关闭口腔通道，打开鼻腔通道，气流振动声带，并从鼻腔冲出成声；阻碍解除时，气流冲破舌尖的阻碍，发出轻微的塞音。例如：

牛奶　南宁　男女　恼怒　农奴　泥泞　能耐　袅娜　呢喃　奶奶　扭捏

l：舌尖中、浊、边音。

发音时，舌尖抵住上齿龈（发音部位比d、t、n略后一点），舌面中部下凹，舌头两侧要有空隙，软腭上升，关闭鼻腔通道，气流振动声带，并经舌头两边从口腔冲出成声。例如：

理论　流利　嘹亮　老练　轮流　连累　拉拢　来历　榴莲　伦理　利率　罗列　流量　冷落　浏览　凌乱

（五）舌尖后音 zh、ch、sh、r

zh：舌尖后、不送气、清、塞擦音。

发音时，舌尖上翘，抵住硬腭前部，软腭上升，关闭鼻腔通道，声带不振动，气流较弱，首先将阻碍冲开一条窄缝，然后经窄缝摩擦成声。需要注意的是舌尖抵住硬腭前部，舌面中部呈现空隙；嘴角略向旁移，呈微笑状；舌尖不要向后卷，嘴唇不要向外翻，解除阻碍时要轻快，不宜拖长时间。例如：
正直　苗壮　政治　招展　主张　住宅　辗转　真正　症状　庄重　注重　转账
战争　珍珠　执着　周转

ch：舌尖后、送气、清、塞擦音。

ch 发音的状况与 zh 相近，只是气流较强。例如：
车床　长城　驰骋　出产　出差　充斥　超产　戳穿　查处　初春　拆除　传承
惆怅　铲车　穿插

sh：舌尖后、清、擦音。

发音时，舌尖上翘，接近硬腭前部，形成窄缝，软腭上升，关闭鼻腔通道，声带不振动，气流从窄缝中挤出，摩擦成声。例如：
身世　山水　生疏　上升　事实　施舍　舒适　述说　少数　实施　手术　省事
硕士　上市　杀手

r：舌尖后、浊、擦音。

发音状况和 sh 相近，只是摩擦较弱，声带振动。例如：
柔软　仍然　忍让　荏苒　容忍　如若　柔韧　扰攘　闰日　软弱　冉冉　荣辱
热容　柔润　融融　人瑞　濡染

（六）舌面前音 j、q、x

j：舌面前、不送气、清、塞擦音。

发音时，舌面前部抵住硬腭前部，软腭上升，堵塞鼻腔通道，声带不振动，同时舌尖下垂，较弱的气流把舌面前部的阻碍冲开，形成一条窄缝，气流从窄缝中挤出，摩擦成声。需要注意的是，发这个音的着力点在前舌面纵中部，不要整个舌面用力。例如：
解决　家具　经济　阶级　坚决　间距　纠结　接近　家教　讲究　禁忌　焦急
拒绝　居家　交际　降价　结局

q：舌面前、送气、清、塞擦音。

发音的状况与和 j 相近，只是气流较强。例如：
气球　前期　氢气　亲戚　崎岖　牵强　恰巧　翘起　倾情　亲切　确切　亲情
秦腔　缺勤　齐全　确权　清泉　秋千

x：舌面前、清、擦音。

发音时，舌面前部接近硬腭前部，不要用力挤压，要留出窄缝，软腭上升，堵塞鼻腔通道，声带不振动，气流从窄缝中挤出，摩擦成声。例如：
细小　学校　小学　谢谢　习性　相信　新鲜　纤细　闲暇　虚心　形象　兴许

（七）舌面后音 g、k、h

g：舌面后、不送气、清、塞音。

发音时，舌面后部抵住软腭，软腭后部上升，堵塞鼻腔通路，声带不振动，较弱的气流冲破阻碍，爆发成声。例如：
改革　国歌　广告　刚刚　拐棍　挂钩　尴尬　规格　光顾　古怪　钢管

k：舌面后、送气、清、塞音。

发音的状况与 g 相近，只是气流较强。例如：

开口　可靠　开阔　慷慨　空旷　宽阔

h：舌面后、清、塞音。

发音时，舌面后部接近软腭，但不要用力挤压，要留出窄缝，软腭上升，堵塞鼻腔通路，声带不振动，气流从窄缝中挤出，摩擦成声。例如：

后悔　回话　和好　合伙　黄昏　皇后　行货　黄河　辉煌　回合　混合

四、声母辨正

（一）分辨 n 和 l

n 是鼻音，发音时气流通过鼻腔，由鼻孔呼出，而不由口腔呼出。l 是边音，发音时气流从舌头的两旁呼出，不从鼻腔呼出。普通话 n 和 l 的区别是很清楚的，但在广东清远、肇庆等地区存在 n、l 不分的情况。

辨正方法有：

第一，掌握 n、l 的区别和发音要领。n 和 l 发音部位相同，都是舌尖中音，它们的区别是发音方法不同，n 是鼻音，发音时软腭下降，气流同时在鼻腔和口腔形成共鸣；l 是边音，发音时软腭上升，气流从舌头与齿龈接触的两侧通过。因此，我们可以用捏鼻法来练习 n 音。先用拇指和食指捏住鼻孔试图发 n 音，如果有很强的憋气的感觉，说明发音部位和发音方法正确，然后松开拇指和食指，带上元音 e 或 ɑ 呼读，n 则自然成声，反之则错误。用捂嘴法来练习 l 音的方法是，用手捂住嘴巴，并试图发 l 音，如果两腮鼓起并伴有憋气的感觉，说明符合发音要求，然后移开手掌，带上元音 e 或 ɑ 呼读，l 则自然成声。

就发音要领来说，发 n、l 需要注意以下几点：发 n 时舌尖由上齿龈往口腔内收，而发 l 时舌尖由上齿龈往前弹动；发 n 时舌尖抵住上齿龈，同时舌的两侧跟上颚的两侧形成弧形的闭合，发音时气流只能从鼻腔透出，l 则不行；发 n 时可以延长，l 则不行。

总结起来，辨正 n、l 的八字诀窍为：圆、平、重、贴、尖、立、轻、点。发 n 音是舌尖抵住上齿龈，同时舌的两侧跟上颚两侧形成弧形的闭合，也就是舌头的边缘和上颚的边缘形成一个半圆的闭合，发 l 音时只需要舌尖轻点上齿龈；从舌头的侧面看，发 n 音时舌头比较平，而发 l 音时舌尖是立起来的，没有那么平；从舌尖与上齿龈接触的力度看，发 n 音接触力度大，发 l 音接触力度小；从舌尖与上齿龈贴合的接触面看，发 n 音贴合得比较紧，而发 l 音只是舌尖轻轻点在上齿龈上。

第二，在练好发音的基础上，还要知道哪些字该读 n 声母，哪些字该读 l 声母。分辨的办法主要是利用形声字的声旁类推。例如，以"宁"作声旁的"柠、拧、咛、狞、聍"等字的声母都是 n；以"雷"作声旁的"蕾、擂、镭、檑"等字的声母都是 l。

【训练材料】
1. 对比练习

无奈—无赖　水牛—水流　男裤—蓝裤　女客—旅客　脑子—老子　年夜—连夜
留念—留恋　浓重—隆重　南部—蓝布　烂泥—烂梨　牛黄—硫黄　大娘—大梁
牛年—流年　泥巴—篱笆　难住—拦住　男女—褴褛　黏液—连夜　南天—蓝天
鲇鱼—鲢鱼　大怒—大路　闹灾—涝灾　小牛—小刘　内胎—擂台　思念—思恋

2. 组合练习

n—l

哪里　纳凉　奶酪　脑力　内涝　能力　内敛　嫩绿　能量　尼龙　年轮　农历
努力　逆旅　浓烈　奴隶　女郎　女篮　凝练　鸟类　年龄　暖流　耐劳　内力
内陆　农林

l—n

来年　老农　冷暖　留念　岭南　烂泥　老年　累年　理念　连年　粮农　两难
辽宁　鲁南　来年　落难　流年　老娘　凌虐　利尿　历年

3. 绕口令

小丽小齐学捏梨：
盘里放着一个梨，桌上放块橡皮泥，小丽小齐学捏梨。
眼看梨，手捏泥，一会儿捏成一个梨。
比一比，真梨假梨差不离。

妞妞牛牛：
牛牛要吃河边柳，妞妞赶牛牛不走。妞妞护柳扭牛头，牛牛扭头瞅妞妞。
妞妞扭牛牛更拗，牛牛要顶小妞妞。妞妞捡起小石头，吓得牛牛扭头走。

小牛赔油：
小牛放学去打球，踢倒老刘一瓶油，小牛回家取来油，向老刘道歉又赔油。
老刘不要小牛还油，小牛硬要把油还给老刘，老刘夸小牛，小牛直摇头。
你猜老刘让小牛还油，还是不让小牛还油。

牛郎和刘娘：
牛郎年年恋刘娘，刘娘年年念牛郎。
牛郎恋刘娘，刘娘念牛郎，郎恋娘来娘念郎。

南南有个篮篮：
南南有个篮篮，篮篮装着盘盘，盘盘放着碗碗，碗碗盛着饭饭。
南南翻了篮篮，篮篮扣了盘盘，盘盘打了碗碗，碗碗撒了饭饭。

4. 诗歌朗读

问刘十九 （唐）白居易

绿蚁新醅酒，红泥小火炉。
晚来天欲雪，能饮一杯无？

陋室铭 （唐）刘禹锡

山不在高，有仙则名。水不在深，有龙则灵。斯是陋室，惟吾德馨。苔痕上阶绿，草色入帘青。谈笑有鸿儒，往来无白丁。可以调素琴，阅金经。无丝竹之乱耳，无案牍之劳形。南阳诸葛庐，西蜀子云亭。孔子云：何陋之有？

（二）分辨 z、c、s 和 zh、ch、sh

平翘舌不分是很多方言区的人学习普通话的普遍性难题。特别在粤语区，人们不仅不会发声母 zh、ch、sh，而且连 z、c、s 也发得不太标准。因为发粤语的 z、c、s 时，舌位比普通话稍微偏后。因此，粤语区的人要想分辨好普通话的 zh、ch、sh 和 z、c、s，不仅要按照发音要领学会 zh、ch、sh，还要准确听辨 z、c、s。而讲客家话的人则特别需要训练翘舌音。同时，平翘舌也是雷州地区的人们需要注意学习的难点音。

辨正方法有：

第一，首先要辨别这两组声母发音特征的差异，掌握正确的发音要领。z、c、s 是舌尖前音，发音时舌尖轻轻抵住下齿背；zh、ch、sh 发音时舌尖翘起抵住或接近硬腭前部，在练习时要注意舌头伸开、翘起的灵活度。

第二，其次，可采用记少不记多的方法掌握字音。普通话平翘舌的比例大致为 3:7。平舌音的字比翘舌音的字少得多。学习者可利用《zh、ch、sh 和 z、c、s 对照辨音字表》将平舌音 z、c、s 声母字熟记，容易混淆的其他字词自然就熟悉了。

第三，结合形声字声旁类推原理和记特例的方法掌握字音。如"叟"是平舌音，因此以"叟"为声旁的形声字一般都是平舌音，这就是形声字声旁类推原理。但是，也有特例，如"瘦"字。因此，我们需要将形声字声旁类推原理和记特例这两种方法结合起来掌握字音。

【训练材料】

1. 对比练习

z—zh

造势—肇事	栽花—摘花	自立—智力	资源—支援	阻力—主力	自愿—志愿
钻营—专营	赠品—正品	祖父—嘱咐	造就—照旧	杂技—札记	资助—支柱
早稻—找到	暂时—战时				

c—ch

| 彩铃—拆零 | 从简—重茧 | 曾经—乘警 | 惨淡—产蛋 | 擦车—叉车 | 蹭课—乘客 |
| 木材—木柴 | 擦嘴—插嘴 | 粗布—初步 | 村庄—春装 | | |

s—sh

| 素菜—蔬菜 | 森林—身临 | 三角—山脚 | 私交—视角 | 塑身—束身 | 私塾—时蔬 |

搜集—手机　素油—书友　丧生—上升　司机—史记

2. 组合练习

z—zh

| 在职 | 杂质 | 载重 | 增长 | 总账 | 奏章 | 阻止 | 诅咒 | 罪证 | 尊重 | 佐证 | 遵照 |
| 组装 | 做主 | 作者 | 组织 | | | | | | | | |

zh—z

| 渣滓 | 张嘴 | 种族 | 长子 | 沼泽 | 振作 | 争嘴 | 正字 | 职责 | 指责 | 治罪 | 著作 |
| 铸造 | 壮族 | 准则 | 知足 | | | | | | | | |

c—ch

| 财产 | 操场 | 裁处 | 采茶 | 彩绸 | 餐车 | 残喘 | 辞呈 | 催产 | 错处 | 存储 | 促成 |
| 磁场 | | | | | | | | | | | |

ch—c

| 车次 | 唱词 | 蠢材 | 纯粹 | 差错 | 场次 | 陈词 | 成材 | 除草 | 楚辞 | 储存 | 储藏 |
| 揣测 | 穿刺 | 出操 | | | | | | | | | |

s—sh

| 散失 | 桑葚 | 丧失 | 扫射 | 私塾 | 死水 | 四声 | 四时 | 俗世 | 桑树 | 诉说 | 算式 |
| 算术 | 随身 | 岁首 | 损伤 | 琐事 | 素食 | 缩水 | | | | | |

sh—s

| 上诉 | 哨所 | 深思 | 深邃 | 申诉 | 神思 | 神速 | 生涩 | 生死 | 绳索 | 誓死 | 收缩 |
| 守岁 | 疏松 | 声速 | | | | | | | | | |

3. 绕口令

山羊上山（练习 sh）：

山羊上山山碰山羊角，水牛下水水没水牛腰，

猪出猪圈猪拱大猪槽，毛驴驮草草压毛驴腰。

撕字纸（练习 sh、z、zh）：

窗户上面撕字纸，字纸湿了才能撕。

一撕横字纸，再撕竖字纸。横横竖竖撕掉湿字纸。

三山撑四水（练习 s、sh）：

三山撑四水，四水绕三山。三山四水春常在，四水三山四时春。

数狮子（练习 sh、z）：

公园有四排石狮子，每排是十四只大石狮子。

每只大石狮子背上是一只小石狮子，

每只大石狮子脚边是四只小石狮子。

史老师领四十四个学生去数石狮子，

你说共数出多少只大石狮子和多少只小石狮子？

四和十（练习 s、sh）：

四和十，十和四，十四和四十，四十和十四。

说好四和十得靠舌头和牙齿，

谁说四十是细席，他的舌头没用力；

谁说十四是石室，他的舌头没伸直。

认真学，常练习，十四、四十、四十四。

4．诗歌朗续

滁州西涧 （唐）韦应物

独怜幽草涧边生，上有黄鹂深树鸣。
春潮带雨晚来急，野渡无人舟自横。

赋得古原草送别 （唐）白居易

离离原上草，一岁一枯荣。
野火烧不尽，春风吹又生。
远芳侵古道，晴翠接荒城。
又送王孙去，萋萋满别情。

（三）分辨 j、q、x 和 z、c、s

南方方言没有规范的舌面前音 j、q、x，只有舌尖前音 z、c、s 和近似于舌面音音色但发音位置完全不同的舌叶音。因此，广东地区普通话学习者在发 j、q、x 这组音时经常会犯以下两种错误：

一是本方言为粤方言、闽方言（包括雷州地区的）者，说普通话时会出现声母 z、c、s 与 j、q、x 混用的情况，如把"自己"读成"寄己"。

二是本方言为粤方言者习惯将本方言系统中自有的舌叶音去代替 j、q、x。

辨正方法有：

第一，了解发音特征的区别，掌握 j、q、x 和 z、c、s 的发音要领。

将这两组音进行对比，发现它们的区别主要在于发音部位不同，j、q、x 是舌面前音，z、c、s 是舌尖前音。发 j、q、x 时，注意当舌面前部与硬腭接触或接近时，舌尖一定要自然松弛地下垂在下齿龈（是下齿龈，而不是下齿背），如果舌尖平伸就会与齿背接触而发出近于 z、c、s 的音色了。需要注意的是，发 j、q、x 时，舌尖和舌叶一定不能参与发音，如果舌尖或舌叶受力参与了发音，发出的一定是 z、c、s，而不是 j、q、x。

第二，采用记多不记少的方法记字音。普通话里读 zi、ci、si 的字比读 ji、qi、xi 的字少，只有 39 个，记住这些发 zi、ci、si 的字即可。

【训练材料】

1．对比练习

紫—己　字—记　资—机　词—奇　次—气　此—起　四—细　思—希　死—喜

2. 组合练习

集资　自己　缉私　妻子　其次　席子　戏词　仔细　刺激　瓷器　私企　机器
奇迹　司机　死角　私情　祭祀

3. 绕口令

漆匠和锡匠：
七巷一个漆匠，西巷一个锡匠。
七巷漆匠偷了西巷锡匠的锡，西巷锡匠偷了七巷漆匠的漆。

巧巧和小小：
巧巧过桥找嫂嫂，小小过桥找姥姥。
巧巧桥上碰着小小，
小小约巧巧去找姥姥，巧巧约小小去找嫂嫂。
小小与巧巧，一同去找姥姥，找罢姥姥又去找嫂嫂。

司机买雌鸡（练习 s、c、j、x、zh）：
司机买雌鸡，仔细看雌鸡，四只小雌鸡，叽叽好欢喜，司机笑嘻嘻。

4. 诗歌朗读

夜雨寄北　（唐）李商隐
君问归期未有期，巴山夜雨涨秋池。
何当共剪西窗烛，却话巴山夜雨时。

峨眉山月歌　（唐）李白
峨眉山月半轮秋，影入平羌江水流。
夜发清溪向三峡，思君不见下渝州。

（四）分辨 h 和 f

f 是唇齿音，发音时下唇和上齿构成阻碍。h 是舌面后音，发音时舌面后部和软腭构成阻碍。雷州地区存在 h、f 混读的现象，粤方言把普通话里一些读 h 的字（大多是和 u 结合的字，如虎 hǔ、花 huā）也读作 f，客家方言和土话区的人也容易把 h 读成 f。

辨正方法有：

第一，了解发音特征的区别，掌握发音要领。f 和 h 的区别在于发音部位不同。f 是唇齿音，发音时上齿和下唇构成阻碍；h 是舌面后音，发音时舌面后部和软腭构成阻碍。

第二，利用形声字声旁类推方法记字音。例如：

非——菲、匪、斐、霏、啡、绯、扉、翡、蜚
会——荟、恢、烩

【训练材料】

1. 对比练习

公费—工会　翻腾—欢腾　辅助—互助　发红—花红　放荡—晃荡　防风—黄蜂

飞鱼—黑鱼　浮面—湖面　老房—老黄　芬芳—昏黄　西服—西湖　舅父—救护
仿佛—恍惚　防虫—蝗虫　斧头—虎头　富余—互余　非凡—辉煌　奋战—混战
方地—荒地　防止—黄纸　发生—花生　废话—回话　三伏—三壶

2．组合练习
f—h
返航　肥厚　防护　符合　发挥　绯红　附和　飞鸿　分化　奉还　符号　丰厚
孵化　负荷　风化　凤凰　返还　返回　腐化　发狠　饭盒　分红　富豪　发话
发慌　反悔　繁华　复合

h—f
盒饭　恢复　何妨　伙房　耗费　挥发　海风　合肥　焕发　划分　化肥　话锋
花房　豪放　洪福　海防　画舫　黄蜂　回访　寒风　混纺　后方　洪峰　画符
花粉

3．绕口令
方幌子，黄幌子：
方幌子，黄幌子，方幌子是黄幌子，黄幌子是方幌子。
晃动方幌子，是晃动黄幌子；晃动黄幌子，是晃动方幌子。

画凤凰：
粉红墙上画凤凰，凤凰画在粉红墙。
红凤凰，粉凤凰，红粉凤凰，花凤凰。

化肥会挥发：
化肥会挥发。黑化肥发灰，灰化肥发黑。
黑化肥发灰会挥发，灰化肥挥发会发黑。
黑化肥发灰挥发会花飞，灰化肥挥发发黑会飞花。

华华和红红：
华华有两朵黄花，红红有两朵红花。
华华要红花，红红要黄花。
华华送给红红一朵黄花，红红送给华华一朵红花。

4．诗歌朗读

　　　　　　　　花非花　（唐）白居易
　　　　　　花非花，雾非雾，夜半来，天明去。
　　　　　　来如春梦几多时？去似朝云无觅处。

第三节　韵　　母

一、韵母及其构成

韵母是中国汉语音韵学术语，是指汉语音节中声母、声调以外的部分。例如，"娘"niáng 的韵母是 iang。普通话中共有 39 个韵母。

韵母主要由元音构成，如 a、ia、iao、iou、uei 等；也有的由元音加辅音构成，如 an、en、in、ang、eng、ing 等。这些组成成分在韵母的结构里可以分为韵头（介音）、韵腹（主要元音）、韵尾三部分。

韵头：又称介音，是韵腹前面、起前导作用的部分，发音轻而短，往往迅速带过，是发音的起点，发完韵头的音就要迅速滑向后面的主要元音（韵腹）。韵头限于三个高元音 i、u、ü，如 "家 jiā" 中的 "i"，"怪 guài" 中的 "u"，"学 xué" 中的 "ü"。

韵腹：又称主要元音，是一个韵母发音的关键，是韵母发音过程中，口腔肌肉最紧张，发音最响亮的部分。汉语的 10 个单元音都可以充当韵腹。主要又由元音 a、o、e 充当。例如，"家 jiā" 中的 "a"，"国 guó" 中的 "o"，"学 xué" 中的 "e (ê)"。

韵尾：韵尾是韵腹后面、起收尾作用的部分，是韵母滑动的最后位置，发音也比较模糊，但务求发到位。韵尾可为元音或辅音，一种是元音做韵尾，称为口韵尾，由元音 i、u (o) 充当，如 "带 dài" 中的 "i"，"苗 miáo" 中的 "o (u)"。另一种是辅音做韵尾，称为鼻韵尾，有 -n、-ng 这 2 个，如 "但 dàn" 中的 "n"，"当 dāng" 中的 "ng"。

一个结构完整的韵母，其韵头、韵腹和韵尾都存在。有的韵母虽然可以没有韵头或韵尾，或韵头、韵尾都没有，但一定会有韵腹。如：

"娘" niáng 的韵母是 iang，其中 i 是韵头，a 是韵腹，ng 是韵尾；
"瓜" guā 的韵母是 ua，其中 u 是韵头，a 是韵腹，没有韵尾；
"刀" dāo 的韵母是 ao，其中 a 是韵腹，o (u) 是韵尾，没有韵头；
"大" dà 的韵母是 a，其中 a 是韵腹，韵头、韵尾都没有。

二、韵母的分类

普通话韵母共有 39 个，数目比声母多，系统也比较复杂。韵母按结构可以分为单韵母、复韵母、鼻韵母；按开头元音发音口形可分为开口呼、齐齿呼、合口呼、撮口呼，简称 "四呼"。见表 1-3。

表1-3 普通话韵母总表

	开口呼	齐齿呼	合口呼	撮口呼
单韵母	-i [ɿ]、-i [ʅ]	i	u	ü
	a	ia	ua	
	o		uo	
	e			
	ê	ie		üe
	er			
复韵母	ai		uai	
	ei		uei	
	ao	iao		
	ou	iou		
鼻韵母	an	ian	uan	üan
	en	in	uen	ün
	ang	iang	uang	
	eng	ing	ueng	
			ong	iong

（一）按结构可以分为单韵母、复韵母、鼻韵母

1. 单韵母（单元音韵母）

单韵母是由单元音充当的，普通话的 10 个单韵母可以分为舌面元音、舌尖元音和卷舌元音三类。

（1）舌面元音

舌面元音是由舌面起主要作用的元音，有 a、o、e、ê、i、u、ü 这 7 个。

a 舌位为央、低，口大开，唇形自然。例如：

ā　　fādá　　dǎbǎ　　dàshà　　mǎdá　　lǎba　　nǎpà
啊　　发达　　打靶　　大厦　　马达　　喇叭　　哪怕

o 舌位为后、半高，口半闭，唇形圆。例如：

ō　　mópò　　bóbo　　pópo　　mòmò　　pōmò　　mómo
喔　　磨破　　伯伯　　婆婆　　默默　　泼墨　　馍馍

e 舌位为后、半高，口半闭，唇形自然展开。例如：

é　　géhé　　hégé　　kèchē　　tè sè　　zhéshè　　zhège
鹅　　隔阂　　合格　　客车　　特色　　折射　　这个

ê 舌位为前、半低，口半开，唇形呈扁平状。例如：

ê	jiéyè	gàobié	gǎnxiè	yèwǎn	xiāomiè	jiānjué	shěnglüè
欸	结业	告别	感谢	夜晚	消灭	坚决	省略

i 舌位为前、高，唇形呈扁平状。例如：

yī	yī xī	bǐ jì	jī lì	jī dì	jì yì	pī lì	xí tí
衣	依稀	笔记	激励	基地	记忆	霹雳	习题

u 舌位为后、高，双唇拢圆。例如：

wū	dúshū	bǔzhù	dúwù	gūfù	pùbù	rùwǔ	shūhū
乌	读书	补助	读物	辜负	瀑布	入伍	疏忽

ü 舌位为前、高，唇形拢圆。例如：

yǔ	lǚ jū	jù jū	qūyù	qū jū	xūyú	xùqǔ	yǔxù
雨	旅居	聚居	区域	屈居	须臾	序曲	语序

(2) 舌尖元音

这类韵母有 -i [ɿ]、-i [ʅ]，发音时由舌尖的活动节制气流。

-i [ɿ] 是舌尖前、高、不圆唇元音，又称舌尖前元音。例如：

zì sī	sī zì	cǐ cì	cì zǐ	zì cí	zì sī	zī zī
自私	私自	此次	次子	字词	自私	孜孜

-i [ʅ] 是舌尖后、高、不圆唇元音，又称舌尖后元音。例如：

zhǐshì	shíshī	zhīchí	zhīshi	zhìzhǐ	zhí rì	shìzhì
指示	实施	支持	知识	制止	值日	试制

(3) 卷舌元音

这是特别韵母 er，它是卷舌、央、中、不圆唇元音，发音时先发 e（舌位在中央，比 e 略前略低），同时舌尖向上卷起，接近硬腭，然后马上放下。此处的"r"是表示卷舌动作的符号，不是韵尾、也不是辅音 r，所以 er 仍是单元音。例如：

érqiě	ér gē	ěrduo	èrhú	èrshěn	értóng
而且	儿歌	耳朵	二胡	二审	儿童

2. 复韵母（复元音韵母）

由两个或三个元音音素结合而成的韵母叫复韵母。这些相结合的元音音素里有一个是主要元音，它的发音最为响亮。普通话语音共有 13 个复韵母。

(1) 前响复韵母

它们是 ai、ei、ao、ou。

ài dài	cǎizhāi	hǎidài	kāicǎi	pāimài	zāihài	féiměi	mèimei
爱戴	采摘	海带	开采	拍卖	灾害	肥美	妹妹
pèibèi	bèilěi	àonǎo	cāoláo	sāorǎo	táopǎo	zǎocāo	chǒulòu
配备	蓓蕾	懊恼	操劳	骚扰	逃跑	早操	丑陋
dōushòu	kǒutóu	lòudǒu	shōugòu				
兜售	口头	漏斗	收购				

(2) 后响复韵母

它们是 ia、ie、ua、uo、üe。

jiǎyá	qiàqià	yājià	xiàjiā	jiéyè	tiēqiè	xièxie	guàhuā
假牙	恰恰	压价	下家	结业	贴切	谢谢	挂花
shuǎhuá	wáwa	cuòluò	shuòguǒ	tuōluò	kuòchuò	luòtuo	quèyuè
耍滑	娃娃	错落	硕果	脱落	阔绰	骆驼	雀跃
yuēlüè	juéjué						
约略	决绝						

(3) 中响复韵母

它们是 iao、iou、uai、uei。

diàoxiāo	liáoxiào	qiǎomiào	tiáoliào	xiāoyáo	jiǔliú	qiújiù	xiùqiú
吊销	疗效	巧妙	调料	逍遥	久留	求救	绣球
yōuxiù	yōujiǔ	niúyóu	wàikuài	guāiguāi	chuíwēi	guīduì	huǐzuì
优秀	悠久	牛油	外快	乖乖	垂危	归队	悔罪
zhuīhuǐ	tuīwěi						
追悔	推诿						

3. 鼻韵母（带鼻音韵母）

由一个或两个元音音素后面带上一个鼻辅音作韵尾的韵母叫鼻韵母。普通话中共有 16 个鼻韵母。

鼻韵尾共有两类，一个是舌尖中音的 –n，另一个是舌根鼻音 –ng。要发准鼻韵母首先要掌握这两个鼻音韵尾的发音部位。发 –n 时，舌尖抵住上齿龈，舌头前伸，同时软腭下垂挡住气流，使气流在鼻腔形成共鸣后呼出；发 –ng 时，舌根部分抬起（舌尖下垂），舌面后部后缩，同时软腭下垂挡住气流，使气流在鼻腔形成共鸣后呼出。

(1) 舌尖鼻音韵母（前鼻音韵母）

它们是 an、ian、uan、üan、en、uen、in、ün。

cānzhàn	fǎngǎn	lànmàn	tánpàn	tǎnrán	zàntàn	jiānxiǎn	
参战	反感	烂漫	谈判	坦然	赞叹	艰险	
jiǎnbiàn	liánpiān	qiántiān	qiǎnxiǎn	tiánjiān	guànchuān		
简便	连篇	前天	浅显	田间	贯穿		
ruǎnduàn	suānruǎn	wǎnzhuǎn	zhuānkuǎn	yuánquán	xuānyuán		
软缎	酸软	婉转	专款	源泉	轩辕		
juānjuān	yuánquān	yuānyuán	gēnběn	ménzhěn	rénshēn	rènzhēn	
涓涓	圆圈	渊源	根本	门诊	人参	认真	
shēnchén	kūnlún	wēncún	wēnshùn	lùnwén	húntun	zhūnzhūn	
深沉	昆仑	温存	温顺	论文	馄饨	谆谆	
jìnlín	pīnyīn	xìnxīn	xīnqín	yǐnjìn	bīnlín	jūnxùn	
近邻	拼音	信心	辛勤	引进	濒临	军训	
jūnyún	yúnyún	xúnhuán	yǔnxǔ				
均匀	芸芸	循环	允许				

(2) 舌根鼻音韵母（后鼻音韵母）

它们是 ang、iang、uang、eng、ueng、ing、ong、iong。

bāngmáng	cāngmáng	dāngchǎng	gānggāng	shāngchǎng	liǎngyàng
帮忙	苍茫	当场	刚刚	商场	两样

yángxiàng 洋相	xiǎngliàng 响亮	chángjiāng 长江	liàngqiàng 踉跄	kuángwàng 狂妄	shuānghuáng 双簧
zhuàngkuàng 状况	zhuānghuáng 装潢	chéngméng 承蒙	fēngshèng 丰盛	gēngzhèng 更正	méngshēng 萌生
shēngchēng 声称	wèngchéng 瓮城	wēngzhòng 翁仲	dīngníng 叮咛	jīngyíng 经营	mìnglìng 命令
píngdìng 评定	qīngjìng 清静	gòngtóng 共同	hōngdòng 轰动	kōngdòng 空洞	lóngzhòng 隆重
tōngróng 通融	jiǒngjiǒng 炯炯	xiōngyǒng 汹涌	jiǒngjìng 窘境		

(3) 前、后鼻音的对照练习

奔—崩　盆—朋　门—盟　分—风　跟—更　痕—横　真—争　陈—程　身—生
人—仍　岑—层　森—僧
红心—红星　信服—幸福　申明—声明　金鱼—鲸鱼　长针—长征　吩咐—丰富
陈旧—成就　弹词—搪瓷　赞颂—葬送　轮子—笼子　浑水—洪水　鲜花—香花
专车—装车　勋章—胸章　亲生—轻生　金质—精致　人民—人名　频繁—平凡
深层　真正　成分　证人　民警　聘请　听信　影印

（二）按开头元音发音口形可将韵母分为"四呼"

"四呼"指开口呼、齐齿呼、合口呼、撮口呼。

1. 开口呼

开口呼韵母为 a、o、e、ê、er、-i [ɿ]、-i [ʅ] 或以 a、o、e 开头的韵母。即 a、o、e、ê、er、ai、ei、ao、ou、an、en、ang、eng、-i [ɿ]、-i [ʅ]，共 15 个。

开口呼练习：发达、薄膜、客车、尔耳、开采、肥美、高潮、收购、展览、根本、帮忙、生成、自私、值日。

2. 齐齿呼

齐齿呼韵母为 i 或以 i 开头的韵母，即 i、ia、ie、iao、iou、ian、in、iang、ing，共 9 个。

齐齿呼练习：汽笛、加价、贴切、逍遥、优秀、连绵、拼音、想象、宁静。

3. 合口呼

合口呼韵母为 u 或以 u 开头的韵母，即 u、ua、uo、uai、uei、uan、uen、uang、ueng、ong，共 10 个。

合口呼练习：突出、耍滑、过错、摔坏、摧毁、贯穿、论文、状况、嗡嗡、共同。

4. 撮口呼

撮口呼韵母为 ü 或以 ü 开头的韵母，即 ü、üe、üan、ün、iong，共 5 个。

撮口呼练习：雨具、决绝、源泉、逡巡、茕茕。

（三）韵母辨正

1. 区分单韵母与复韵母

普通话的单韵母与复韵母各成系统。一些方言中存在着单韵母与复韵母相互转化的现象。这突出地表现在两个方面：一是复韵母的单元音化，二是单韵母可以转化为复韵母。

复韵母的单元音化，在吴方言中表现得最为突出，另外，这在湘方言、闽方言、客家方言中以及在北方方言区的陕西关中地区、山东济南、云南昆明、安徽合肥、江苏扬州、湖北郧县等地方都有不同程度的反映。例如，普通话 ai、ei、ao、ou 等复韵母在上海话中读单元音，"摆"读［pɑ］，"悲"读［pe］，"飞"读［fi］。

少数方言的单韵母可以转化为复韵母，主要是［i］、［u］、［y］转化为复韵母。这一现象在粤、闽方言中表现得较为明显，在北方方言的西南官话中也有一定的体现。例如，广州话的"谜"［mai］、"素"［sou］，常德话和武汉话将"闭"读成［pei］、"杜"读成［tou］。

2. 区分 o、e、uo

方言区的人学习普通话时对这一组韵母应注意辨认。

有些方言区 o 和 uo 不分。例如，桂林话只有 o 韵母，没有 uo 韵母。常德话虽然分 o 与 uo 两个韵母，但 o 只与声母拼合，uo 只成为零声母音节。例如，"玻、坡、多、拖、罗、锅"都读 o 韵母。

有些方言区 o 和 e 不分。例如，山东、四川等地只用 o 不用 e，该用 e 的时候都用了 o；重庆话"喝、河、合、禾、鹅"等读［o］。东北方言中，则大多数该用 o 的却用了 e，如哈尔滨、黑河、齐齐哈尔等地的"拨、泼、摸"分别读 be、pe、me。

有些方言 uo 和 e 不分。例如，武汉话、常德话"俄、禾"的韵母 e 读韵母 uo；宜昌话"可、哥、河、贺"等的韵母 e 读韵母 uo；鄂东南的阳新等地"火、果、货"的韵母 uo 读韵母 e；雷州话 uo 读 e，"国 guó"读"革 gé"。

要分辨 o、e、uo 这组韵母，我们可以首先分析韵母的发音要领，以便从音色上准确把握它们各自的发音。我们还要注意 uo 的发音过程，即先发 u，接着舌位降低，发 o 音。然后，我们再从普通话的拼合规律入手对它们加以区分。

在普通话里，单韵母 o 只跟声母 b、p、m、f 相拼，不跟其他声母相拼；uo、e（"什么"的"么 me"除外）则相反，不跟 b、p、m、f 拼合，而是跟其他声母（除 j、q、x 外）相拼。

在与 g、k、h 相拼时，e 与 uo 容易发生混淆，要仔细分辨。练习下列词语：

鸽子—锅子　隔音—国音　老歌—老郭　客气—阔气　合口—活口　干戈—坩埚
河马—活马　赫然—豁然　骨骼—古国

3. 分辨 e 和 er

er［ɚ］是卷舌、央、中、不圆唇元音。很多南方方言都无此卷舌音，所以发此音时舌尖不是卷不起来，就是卷得不到位，使卷舌音听起来不自然。此外，还有一些地方是用元音 e 或 ai 来替代 er。"儿子"说成"蛾子"，"二哥哥"叫成"爱哥哥"，像《红楼梦》里在南方长大的史湘云叫贾宝玉"二哥哥"那样。发 er 时应口形略开，舌位居中，舌头稍后缩，唇形不圆，在发 e［ə］的同时，舌尖向硬腭卷起。我们可采取"卷舌先行"的方法练习此音：先将舌头卷好，保持好后再发音，这样可以克服方言习惯的影响，解决一发音舌头就会伸直的问题。练习下列词语：

饿—二　蛾子—儿子　恶心—二心　额度—二度
儿歌　耳朵　儿媳　而立　遐迩　饵料　洱海

4．防止丢失韵头

普通话的复韵母和鼻韵母的韵头 i 和 u，在有些方言区中却没有。例如，广州话把"流"读成 [lɑu]、"钻"读成 [zyun]，上海话把"队"读成 [de]、"吞"读成 [teng]。西南官话和江淮官话也不同程度地存在这样的情况。武汉话把"六"读成 [nou]，安庆话把"队"读成 [tei]。此外，广西桂林话和柳州话、湖南常德话、湖北宜昌话中，还有"袄、咬"同音的现象，这也是一种韵头的丢失。这些方言区的人学习普通话必须注意增加韵头，有时声母、韵母、韵尾也要作相应的改变。我们练习这类发音时，在有辅音声母的音节里，可以运用三拼连读法，先慢后快，使韵头到位。如"岁"，方言中容易读成 sei，练读时应注意不要忽略了介母即韵头的发音，读成 s－u－ei。练习下列词语：

下降　阶级　钻石　尊严　追寻　对付　推论　寸心　团体　盘存　计算

5．鼻音韵尾的分合、脱落与错位

现代汉语普通话中只有 －n、－ng 两个辅音韵尾。

（1）韵尾 －n 的保存与少量丧失

汉语的绝大部分地区完整地保留了 －n 韵尾，只有个别地区有失落 －n 韵尾的现象。例如，安徽歙县话的 －n 韵尾基本上已经脱落，前鼻音韵母都混入了单韵母或复韵母，歙县话中"元"读"危"的同音，"川"读"吹"的同音。另外，少数地方将 －n 韵尾混入了 －ng 韵尾，如上海、福州、潮州等地。兰银官话的一些地方，也有类似混读，如宁夏话，将"心"与"星"，"慎"与"盛"都读后鼻音 －ng。雷州话与普通话相比，有 [m] 和 [ŋ] 韵尾，而没有 [n] 韵尾。雷州话中带鼻尾音 [m] 的字，在普通话中都是带前鼻韵母 [n] 的字，如览、三、南等等。

（2）韵尾 －ng 的保存、失落与错位

汉语方言中大都有 －ng 韵尾，只有部分地区的部分后鼻音韵尾有弱化和错位的现象。江淮官话如南通、南京等地的前鼻音韵尾和 ang、uang 的韵尾弱化了，分别读成了元音加鼻化音。还有大部分地区将后鼻音韵尾混入了前鼻音韵尾，如湖北荆州的个别地方把"买床"说成"买船"。在一些方言中，－ng 韵尾出现了一种错位：韵尾没变，而主要元音却变了。如北方方言中说西南官话和江淮官话的一些地方，将 eng 读成 ong 或近似于 ong 的音，如"朋、蓬、蹦、猛、孟、逢、峰、风、崩、捧、梦、冯、封"这些汉字，在昆明、成都、武汉、天门、安庆、芜湖等地都读成了 ong 韵母。普通话里绝大部分 uen 韵母，如"敦、唇、吞、轮、润、春"等字在闽语雷州话中读成 ong 韵母。如果不了解此规律，而将方言中的读音误当作普通话的读音来读，就会出现以 uen 为 ong 的错误。普通话中，b、p、m、f 不与 ong 相拼，方言中的这一类音节，都应改读为 eng 或 uen/en。练习下列词语：

红心—红星　信服—幸福　亲生—轻声　申明—声明　金鱼—鲸鱼　小陈—小程
长针—长征　盼咐—丰富　陈旧—成就　弹词—搪瓷　赞颂—葬送　轮子—笼子
浑水—洪水　鲜花—香花　专车—装车　勋章—胸章

普通话有16个鼻韵母，其中有前鼻音韵母8个，后鼻音韵母8个，基本上可形成两两相对的7组，见表1-4。

表1-4 前后鼻音韵母表

	一级		二级			三级	
前鼻音韵母	in	en	an	uan	ian	uen	ün [yn]
后鼻音韵母	ing	eng	ang	uang	iang	ueng	iong [yŋ]
					ong		(üan [yan])

值得指出的是，这7组成对韵母的混读程度并不是处在同一层次上的。根据混读程度，我们可以将7组韵母分成三个等级。就方音辨正的全局来说，级别排前的比排后的混读严重一些。第三级很少混读，只在个别地方出现，如银川话将"春天"读成"冲天"。第二级在少数地区存在混读，如南京话"蓝"与"方"，"团"与"双"，韵母相同，昆明话也有类似情况。此外，客家人会将"政治思想要加强（qiáng）"读成"政治思想要加钱（qián）"。第一级的混读则较为普遍，如吴、湘、赣、客家等方言区，包括中原官话（如甘肃天水话）、西南官话（如重庆话），一般都将ing、eng混入了in、en。

我们在分辨前鼻音韵尾与后鼻音韵尾时，除了要区分-n与-ng的发音外，还应该记住普通话中哪些字是前鼻音，哪些字是后鼻音。记字方法主要是：

其一，利用声旁类推。前鼻音韵尾的声旁如：申、艮、今、分、真、林；后鼻音韵尾的声旁如：争、凌、正、令、生。

其二，记声韵调拼合规律。例如：普通话中，d、t不与in相拼，只与ing拼，常用字如"丁、顶、定、听、挺、停"等都是后鼻音；l不与en相拼，只与eng拼，常用字如"棱、冷、愣"等都是后鼻音；bin没有上声字，"秉、丙、炳、柄"等常用字都是后鼻音；ping没有上声和去声字，"品、聘"等常用字都是前鼻音。

其三，记少丢多。记住了g-en只有"跟、根、亘"这三个常用字，也就记住了"庚、赓、羹、耕、更、耿、梗"等后鼻音的常用字；记住了h-en只有"痕、很、狠、恨"这四个常用字，也就记住了"亨、哼、横、衡、恒"等后鼻音的常用字；记住了z、c、s和en相拼的只有"怎、参、岑、森"这四个常用字，也就记住了"曾、增、层、赠、憎、蹭、僧"等后鼻音的常用字；记住了n-in只有"您"这一个常用字，也就记住了"宁、拧、柠、咛、狞、凝、佞"等后鼻音常用字。

前、后鼻音的正音训练有如下方法：

第一，对镜训练法。

我们可对镜找准前后鼻韵尾不同的成阻部位，如发前鼻韵尾-n时，舌尖上抵成阻，从镜中可以看见舌头底部（舌身随舌尖前伸）；发后鼻韵尾-ng时，舌根上抵成阻，从镜中可看见舌面（舌身随舌根后缩）。

第二，后字引衬正音法。

n：在前鼻韵母字的后面，加一个用d、t、n、l作声母的音节，两字连读，因发音部位相同（舌尖中音），后字可引衬前字的前鼻韵母归音准确。

例如：温暖、心得、看哪、分流、村头。

ng：在后鼻韵母字的后面，加一个用 g、k、h 作声母的音节，两字连读；因发音部位相同（舌面后音），后字可引衬前字的后鼻韵母归音准确。

例如：唱歌、疯狂、灯火、捧个场、送过信。

【训练材料】

（1）对比练习

训练方法：读准韵母，再用每个词说句话。

反问——访问　开饭——开放　心烦——心房　铲子——厂子　清真——清蒸
伸张——声张　瓜分——刮风　终身——钟声　禁地——境地　临时——零食
民生——名声　信服——幸福　勋章——胸章　运费——用费　亲近——清静
深沉——生成

（2）诗歌朗读

清　明　（唐）杜牧

清明时节雨纷纷，路上行人欲断魂。
借问酒家何处有？牧童遥指杏花村。

观　猎　（唐）王维

风劲角弓鸣，将军猎渭城。
草枯鹰眼疾，雪尽马蹄轻。
忽过新丰市，还归细柳营。
回看射雕处，千里暮云平。

江城子·乙卯正月二十日夜记梦　（宋）苏轼

十年生死两茫茫，
不思量，自难忘。
千里孤坟，无处话凄凉。
纵使相逢应不识，
尘满面，鬓如霜。
夜来幽梦忽还乡，
小轩窗，正梳妆。
相顾无言，惟有泪千行。
料得年年肠断处，
明月夜，短松冈。

（3）绕口令

扁担长，板凳宽（练习 an 和 ang）：

扁担长，板凳宽，扁担没有板凳宽，板凳没有扁担长。

扁担绑在板凳上，板凳不让扁担绑在板凳上，扁担偏要绑在板凳上。

船与床：
你说船比床长，他说床比船长。
我说船不比床长，床也不比船长，船床一样长。

藤与铜铃（练习 en 和 eng）：
高高山上一条藤，藤条头上挂铜铃。风吹藤动铜铃动，风停藤停铜铃停。

盆与瓶：
桌上放个盆，盆里有个瓶。
砰砰啪啪，啪啪砰砰，
不知是瓶碰盆，还是盆碰瓶。

陈庄城和程庄城：
陈庄程庄都有城，陈庄城通程庄城。陈庄城和程庄城，两庄城墙都有门。
陈庄城进程庄人，陈庄人进程庄。请问陈程两庄城，两庄城门都进人，
哪个城进陈庄人，程庄人进哪个城？

小青和小琴（练习 in 和 ing）：
小青和小琴，小琴手很勤，小青人很精，
手勤人精，琴勤青精。你是学小琴还是学小青？

红绿灯：
十字路口红绿灯，红黄绿灯分得清，
红灯停，绿灯行，黄绿灯亮向左行，行停停行看灯明。

是灯还是星：
天上满天星，地上满山灯。
满天星亮满天庭，满山灯接满天星。
星映灯，灯映星，分不清是灯还是星。

6．区分撮口呼、合口呼、齐齿呼

（1）区分撮口呼与齐齿呼

普通话的撮口呼、齐齿呼两类韵母，在一些方言中会发生混淆。有些方言，如客家方言、闽南方言（如雷州话）、部分地区的西南官话（如云南昆明话、四川西昌话）没有撮口呼韵母，会把撮口呼读成齐齿呼："买鱼"说成"买疑"，"聚会"说成"计会"，"拳脚"说成"前脚"。

此外，还有的地方在少数字中出现齐齿呼、撮口呼错位，即把应该读齐齿呼的字读成了撮口呼，把应该读成撮口呼的字读成了齐齿呼。例如，武汉话把"茄子"说成"瘸子"，"掀起"说成"宣起"，而把"下雪"说成"下写"，"姓薛"说成"姓歇"。对于前者，要训练撮口呼的发音，分辨撮口呼和齐齿呼的发音动作，把双唇撮圆了发撮口呼，展开了发齐齿呼；对于后者，则要注意纠正那些容易出错的少数字。例如：

i—i 积极 地理 提议 笔记　　ü—ü 雨具 聚居 区域 女婿
i—ü 体育 鲤鱼 崎岖 急需　　ü—i 狙击 蓄意 余地 语义

(2) 区分撮口呼与合口呼

普通话的撮口呼、合口呼两类韵母，在少数方言区会出现混淆现象。例如，武汉话、河南信阳话都把"朱、厨、书"读 jū、qú、xū。在湖北（鄂东、黄冈、浠水等），这类现象比较典型。这些由合口呼混入撮口呼的，主要限于普通话中 zh、ch、sh 与合口呼相拼的一部分音节。学习普通话，应将方言中的这些撮口呼改读为合口呼。

齐齿呼和撮口呼韵母辨正练习的方法：

韵母 i 和 ü 的主要区别在于，i 是不圆唇元音，ü 是圆唇元音。发音时要注意口形的圆和展的不同。

【训练材料】

(1) 发音练习

i：剃头　泥巴　鸡蛋　音乐　英雄　家园
ü：距离　毛驴　女孩　趣味　绿草　抚恤

(2) 对比辨音

名义—名誉　结集—结局　意义—寓意　盐分—缘分
绝迹—绝句　沿用—援用　通信—通讯　意见—预见
容易—荣誉　雨具—雨季　原料—颜料　院子—燕子

(3) 绕口令

女小吕和女老李：
这天天下雨，体育局穿绿雨衣的女小吕，去找穿绿运动衣的女老李。
穿绿雨衣的女小吕，没找到穿绿运动衣的女老李，
穿绿运动衣的女老李，也没见着穿绿雨衣的女小吕。

(4) 朗读练习

我爱月夜，但我也爱星天。从前在家乡七、八月的夜晚在庭院里纳凉的时候，我最爱看天上密密麻麻的繁星。望着星天，我就会忘记一切，仿佛回到了母亲的怀里似的。

三年前在南京我住的地方有一道后门，每晚我打开后门，便看见一个静寂的夜。下面是一片菜园，上面是星群密布的蓝天。星光在我们的肉眼里虽然微小，然而它使我们觉得光明无处不在。那时候我正在读一些天文学的书，也认得一些星星，好像它们就是我的朋友，它们常常在和我谈话一样。

如今在海上，每晚和繁星相对，我把它们认得很熟了。我躺在舱面上，仰望天空。深蓝色的天空里悬着无数半明半昧的星。船在动，星也在动，它们是这样低，真是摇摇欲坠呢！渐渐地我的眼睛模糊了，我好像看见无数萤火虫在我的周围飞舞。海上的夜是柔和的，是静寂的，是梦幻的。我望着许多认识的星，我仿佛看见它们在对我眨眼，我仿佛听见它们在小声说话。这时我忘记了一切。在星的怀抱中我微笑着，我沉睡着。我觉得自己是一个小孩子，现在睡在母亲的怀里了。

有一夜，那个在哥伦波上船的英国人指给我看天上的巨人。他用手指着：那四颗明亮的星是头，下面的几颗是身子，这几颗是手，那几颗是腿和脚，还有三颗星算是腰

带。经他这一番指点,我果然看清楚了那个天上的巨人。看,那个巨人还在跑呢!

(节选自巴金《繁星》)

第四节 声　　调

一、什么是声调

在汉语里,"妈 mā、麻 má、马 mǎ、骂 mà"的声母、韵母都一样,唯一不同的就是贯穿整个音节的音高变化。"妈 mā"是平调,"麻 má"是升调,"马 mǎ"是降升调,"骂 mà"是降调。声调就是这种可以区别意义的高低升降、曲直长短的音高变化。声调是汉语音节里不可缺少的重要组成部分,每个音节除声母、韵母外,一定有一个声调贯穿始终。声调具有区别意义的作用,例如,"事实"和"试试"的声母、韵母都相同,但因声调的不同而表示了不同的意义。

声调主要是由音高决定的,而音高的不同是由发音体振动的快慢决定的。发音体振动得快,音高就高;发音体振动得慢,音高就低。人们通过控制声带的松紧变化来控制发音体振动的快慢,从而发出不同的声调。声带拉紧,发出的声调就高;声带放松,发出的声调就低。如果声带松紧保持不变,就是平调;声带先松后紧,声调由低到高,就是升调;声带先紧后松,声调由高到低,就是降调。

声调的变化有两个特点:第一,声调的音高是相对音高,而不是绝对音高;第二,声调的高低升降变化是渐变的、滑动的,而不是跳跃的。

二、调值和调类

声调可以从调值和调类两个方面进行分析。

(一) 调值

声调不同,具体表现就是调值不同。调值是声调高低变化的具体形式,也就是声调的实际读音。

调值的描写一般采用由赵元任先生创制的"五度标调法"(如图 1-2 所示),即先画一条竖线作标尺,自上而下分为四格五点,再把声调的高低调值分为五度,用 1、2、3、4、5 来表示,分别指"低、半低、中、半高、高"。然后,分别用横线、斜线、折线按声调的实际读法标明调值的升降起止度数。普通话有四种调值:高平(55)、中升(35)、降升(214)、全降(51)。

代表声调的符号叫调号。《汉语拼音方案》规定了四声的调号为ˉ、ˊ、ˇ、ˋ。这些符号实质上就是五度标调法的缩影。

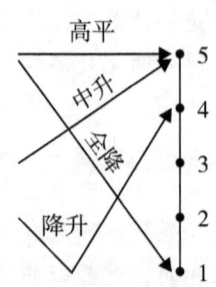

图 1-2　五度标调法

（二）调类

调类是指声调的种类。同一调值的字归为一类，有几种调值，就有几个调类。普通话有四种调值，它们对应的四个调类分别是阴平、阳平、上声、去声。我们也可以按照序号将它们依次命名为第一声、第二声、第三声、第四声。标记声调的符号叫调号，调号的形状大致可以反映四个声调音高变化的特点。

普通话的声调可以概括为表1-5。

表1-5 普通话声调表

调类	调值	调型	调号	发音特点
阴平	55	高平	ˉ	起音高高一路平
阳平	35	中升	´	由中到高往上升
上声	214	降升	ˇ	先降后升曲折起
去声	51	全降	`	高起猛降到底层

三、声调辨正与发音练习

汉语的声调具有区别意义的作用，声调错误会造成会话的歧义，而方言和普通话的声调差异很大，因此，要学好普通话，我们就必须了解自己的方言与普通话之间的区别，有针对性地进行声调训练。

广东省是粤语、客家话、闽语三大方言的聚集地，方言比较复杂。下面我们就根据这三大方言声调的特点指出四声的发音及辨正方法。

（一）阴平调的发音与辨正

普通话阴平调值是55，粤语阴平调值是55或33，潮汕话阴平调值是33，客家话阴平调值是44。受各自方言的影响，广东人学习普通话时对阴平调值的把握往往不够准确，主要表现为调值偏低、不够高。说粤语的人还常常把调值55读成53。

我们练习阴平调时，注意肌肉要始终保持紧张状态，起音高而平稳。可先用单韵母读出高、中、低三种不同的声调，体会发高音时声调拉紧、发低音时声带放松的不同感觉，找出发高平调的准确声带状态，然后进行强化练习。还可以用阳平调的字和阴平调的字连读的方式，把阳平调上升的高点作为阴平调的起点来练习。

【训练材料】

1. 单字练习

关 瓜 归 欢 锅 呼 花 辉 婚 机 加 交 接 金 缺 沙 湿 书
追 孙 它 贪 晕 颠 扔

2. 词语练习

阴平+阴平

优先 端庄 丰收 江山 诗歌 飞机 冰山 西安 八仙 悲观 秋分 交通

粗心　千金　铺张　波峰　佳期
阳平+阴平
国歌　寒冬　平安　南方　明天　黄金　提高　滑冰　前天　萌生　财经　来宾
评析　前锋　栏杆　崂山

（二）阳平调的发音与辨正

普通话的阳平调值是35，粤语的阳平调值是21或11，客家话的阳平调值是11。受各自方言的影响，粤语区、客家话区的人在学习普通话时，阳平调值往往起点低，读得低而平。而潮汕地区或雷州地区的人容易把阳平调读成44，听起来像阴平。

多数人读不好这个声调表现在高音升不上去，原因是起点太高，声带已经很紧了，无法再拉紧，因此音高升不上去。纠正的方法是：先把声带放松，然后再拉紧。声带放松的方法是先读一个去声，把声带放松，紧接着再读阳平调，这样就能读得比较准。所以，多读去声与阳平相连的词语有助于读准阳平调。

【训练材料】

1. 单字练习

拔　白　别　平　婆　皮　魔　梅　迷　佛　服　敌　碟　提　甜　泥　年　男
柠　格　含　活　滑　洁　绝　局　齐　前　闲　学　竹　折　值　迟　馋　十
啥　杂　咱　才　残

2. 词语练习

阳平+阳平
昂然　昂扬　拔除　白旗　鼻梁　驳回　勃勃　才华　嘈杂
去声+阳平
自然　化学　特别　报名　电台　到达　会谈　上游　热情

（三）上声调的发音与辨正

普通话上声调值是214。普通话的上声是广东人最难掌握的一个声调。粤方言的上声分为阴上35和阳上13，客家话的上声调值为31，潮汕地区包括雷州地区的上声分为阴上53和阳上35。

人们读不准上声的主要原因是声调没有读完整，有的人发音起点高，降不下来，给人感觉拐弯不够大；或者降调部分完整，但结尾上升的部分太短。上声字如果处于句末、词末或单独出现，我们要把它读完整。

学习者练习上声声调时，要让声带放松，使声调的起点降低，并稍稍把低音部分延长，或者可以先读一个去声，以帮助放松声带和增加前半段的长度，这时气流不要中断，紧接着再读个短促的声调，就能读出比较准确的上声了。

【训练材料】

1. 单字练习

百　北　笔　抹　免　法　打　舔　谷　渴　喊　减　假　起　谴　洗　雪　显
指　展　尺　铲　赏　傻　怎　紫　此　伞　死

2. 词语练习

上声 + 上声

把酒　百感　版本　绑匪　榜眼　饱览　宝典　保暖　北纬

去声 + 上声

创举　记者　剧本　驾驶　进取　问好　购买　恰巧　并且

（四）去声调的发音与辨正

普通话去声调值是 51。大多数人读这个声调都不会觉得困难。少数人读这个声调降不下来时，可以用阴平带去声的方法来练习，先读一个阴平，使声带拉紧，然后紧接着让声带放松，发出全降调的去声。因此，多读阴平和去声相连的词语，有助于读好去声。

【训练材料】

1. 单字练习

在　媚　练　酿　爸　变　票　怕　面　店　替　亮　赣　鹤　恨　记　见　欠
下　向　赞　璨　菜　赛　莫　梦　费　放

2. 词语练习

去声 + 去声

奥秘　懊恨　罢赛　败仗　办案　棒喝　报告　暴富　背后

阴平 + 去声

杀价　诗句　颁布　当代　丰富　夫妇　发现　拉架　家具

四、本节补充训练材料

（一）单音节四声练习

八　拔　把　罢　　拍　牌　迫　派　　妈　麻　马　骂　　发　罚　法　珐
搭　达　打　大　　郭　国　果　过　　哥　格　葛　个　　波　伯　跛　薄

（二）双音节同调练习

阴平 + 阴平	哀伤	颁发	灯光	分居	开通	批发	期刊	山冈	通风	垃圾
	安插	安居	安康	八方	班机	邦交	包抄	卑微	背包	
阳平 + 阳平	昂扬	沉吟	独裁	鹅毛	隔离	回答	狂人	邻国	挠头	赔偿
上声 + 上声	矮小	补考	打扫	拱手	给予	坎坷	笼统	扭转	偶尔	谱曲
去声 + 去声	爱护	伴奏	定量	噩耗	过分	抗议	论证	茂密	内幕	确立

（三）双音节异调练习

阴平 + 阳平	新闻	青年	科学	非常	发言	知足	丝绸	诗坛	单纯	支持
	宣传	优良	欢迎	中华	批评	通俗	观摩	私营	新闻	
阴平 + 上声	清早	山水	开始	根本	生产	花草	金属	多少	乡土	标本

阴平 + 去声	沙漠	车站	担待	宽阔	阶段	生命	需要	工具	公布	空气
阳平 + 阴平	时间	提出	难听	投机	云梯	浮雕	石碑	红灯	毛衣	皮靴
	来宾	崇高	回家	蓝天	平安	除非	爬山	同乡	回声	红花
	航空	时光								
阳平 + 上声	食谱	描写	合理	传统	儿女	留影	游泳	良好	没有	雄伟
阳平 + 去声	严峻	严肃	名利	绵密	崖壁	人脉	责任	执照	杂技	拔份
上声 + 阴平	阐发	处方	顶峰	耳机	紧缩	楷书	苦衷	抹杀	洒脱	始终
上声 + 阳平	果园	改革	坦白	远洋	口才	普及	敏捷	反常	表决	小学
	统筹	指南	谴责	久别						
上声 + 去声	把握	草案	胆略	俯视	诡秘	火速	窘迫	泯灭	拟定	遣送
	稿件	请假	统治	理论	苦难	左右	主要	想象	广阔	感受
	场面	领会	诡计	选派						
去声 + 阴平	用心	召开	电灯	内科	窃听	印刷	夏天	化妆	焊接	外资
	特征	列车	录音	唱歌	律师	认真	办公	矿工	象征	救灾
	自发	外观	构思							
去声 + 阳平	送行	阅读	路途	论文	内容	自由	质疑	化学	确实	富强
	问题	地图	配合	调查	面前					
去声 + 上声	外语	饲养	代理	破产	物理	困苦	瑞雪	恰好	况且	色彩
	汉语	阅览	幻想	默写	下午					

（四）词语声调练习

四声同调：
春天花开　江山多娇　珍惜光阴　人民团结　豪情昂扬　回国华侨　儿童文学
厂长领导　理想美好　稳妥处理　日夜奋战　胜利闭幕

四声顺序：
钻研马列　心明眼亮　胸怀广阔　坚持努力　山河锦绣　英雄好汉　山明水秀
风调雨顺　高朋满座　深谋远虑　兵强马壮　精神百倍

四声逆序：
破釜沉舟　万马腾空　智勇无双　探讨原因　刻苦读书　暮鼓晨钟　寿比南山
字里行间　大有文章　万古流芳　痛改前非　四海为家　大显神通　逆水行舟
驷马难追　兔死狐悲

四声交错：
忠言逆耳　水落石出　身体力行　得心应手　无可非议　集思广益　绝对真理
百炼成钢　卓有成效　轻描淡写　班门弄斧　五光十色　明目张胆　信口开河
营私舞弊　掌上明珠

（五）绕口令

妈妈妞妞：
妈妈骑马，马慢，妈妈骂马。妞妞轰牛，牛拧，妞妞拧牛。

扁担长，板凳宽：
扁担长，板凳宽，扁担没有板凳宽，板凳没有扁担长。
扁担绑在板凳上，板凳不让扁担绑在板凳上，扁担偏要扁担绑在板凳上。

黄毛猫偷吃灌汤包：
王家有只黄毛猫，偷吃汪家灌汤包，
汪家打死王家的黄毛猫，
王家要汪家赔黄毛猫，汪家要王家赔灌汤包。

小柳和小妞：
路东住着刘小柳，路南住着牛小妞。
刘小柳拿着大皮球，牛小妞抱着大石榴。
刘小柳把大皮球送给牛小妞，
牛小妞把大石榴送给刘小柳。

拖拉机：
一台拖拉机，拉着一张犁，拖拉机拉犁犁翻地，翻地翻得深又细。
拖拉机出的力，犁翻的地，你说是犁犁的地还是拖拉机翻的地？

（六）诗歌朗读

鹿　柴　（唐）王维
空山不见人，但闻人语响。
返景入深林，复照青苔上。

第五节　语流音变

说话或朗读时，音节组成词、句连续不断地发出，在连续的语流中，音节之间、音素之间、声调之间相互影响，就会产生语音变化，这就是音变。音变是语言发音中的正常变化现象。汉语普通话语音中常见的音变现象有变调、轻声、儿化、语气词"啊"的变化等。

一、变调

音节连续发出时，有些音节的声调会发生变化，即实际的语音高低变化形式不同于原来的调值，这就是所谓的变调。普通话主要有上声的变调，"一"、"不"的变调和形容词重叠式的变调等。

（一）上声的变调

上声音节在单独念或位于词尾时，不发生变调，即读原调，调值214。一般在位于别的音节之前时，上声才发生变调。变化的主要类型有以下五种：

第一，上声在上声音节前，即两个上声相连时，前面一个上声字变读为阳平（调值由214变为35，词语的调值描写为35＋214）。例如：

米粉　理想　港口　审美　走访　古典

第二，上声在非上声（阴平、阳平、去声）音节前，前面的上声字变读为半上（调值由214变为21）。例如：

北方　火车　满足　朗读　宝贵　宇宙

第三，三个上声字相连，分两种情况：

词语结构是双单格时，前面两个上声字变成阳平（调值为35＋35＋214）。例如：

演讲稿　展览馆　洗脸水　总统府　手写体

词语结构是单双格时，第一个上声字变读为21调值，第二个为阳平35调值（调值为21＋35＋214）。例如：

纸老虎　海产品　冷处理　李小姐　老保守

第四，三个以上的上声字相连，按词或语气划分为两个或三个字一节，然后按照上述方法变调。例如：

我很/了解你。

请你/给我/找好手/整理好。

第五，上声在轻声音节前变成半上或近似阳平。

上声与本调是阴平、阳平、去声的轻声字相连，变为半上（调值21）。例如：

比方　讲究　枕头　老实　口气　脑袋

上声与本调是上声的轻声字相连，变为近似阳平（调值35）。例如：

打手　哪里　走走　想想　瞅瞅

上声重叠表示亲属称谓的词，变为"半上＋轻声"。例如：

姥姥　姐姐　婶婶　奶奶

【训练材料】

晃眼　口水　拇指　理解　鼓掌　广场　勇敢　彩礼　水桶　本领

老领导　洗脸水　好产品　手写体　岂有此理　永远友好　辅导小组

海军　祖宗　演出　许多　早操　脸盆　党员　伟人　羽毛　企鹅

法律　果树　解放　美术　宝贵　小姐　打手　宝宝　奶奶　铲子

（二）重叠式形容词的变调

形容词的重叠形式分为三种，即AA式、ABB式和AABB式。

第一，AA式，一般不变调。比如，快快地、长长的。只有在带儿化韵尾时第二个叠字才可能会变成阴平。例如：

慢慢儿地　远远儿地　暖暖儿的　好好儿的

第二，ABB式，有时后面的两个叠字都变成阴平。例如：

热腾腾　红彤彤　沉甸甸

第三，AABB式，有时，第二个字变轻声，第三、第四个字变阴平。例如：

漂漂亮亮　大大方方　认认真真

上述几种重叠式形容词，如果读得缓慢而又清楚，不变调也可以。至于一部分书面语言中的重叠式形容词，则不能变调。

（三）"一"的变调

第一，单念，在词句末尾，表示序数、基数或后面跟着别的数词时，"一"读本调阴平，调值55。例如：

一　第一　一班　始终如一　一九九五年

第二，在去声字前，"一"读阳平，调值35。例如：

一定　一切　一概　一律　一部　一半

第三，在非去声字（阴平、阳平、上声）前，"一"读去声，调值51。例如：

一心　一天　一年　一回　一起　一早

第四，夹在重叠的词中间会失去原调值，"一"读轻声。例如：

看一看　尝一尝　说一说　想一想

【训练材料】

一天　一年　一笔　一样　一家　一群　一起　一致
想一想　听一听　试一试　走一走　笑一笑
一来二去　一了百了　一落千丈　一脉相承
一毛不拔　一劳永逸　一心一意　一生一世

（四）"不"的变调

第一，单念，在词句末尾或非去声（阴平、阳平、上声）前时，"不"读本调去声，调值51。例如：

不　决不　不说　不谈　不写

第二，在去声前，"不"变读为阳平，调值35。例如：

不错　不看　不论　不要　不会

第三，夹在词语之间时，"不"变读为轻声。例如：

信不信　差不多　来不及　对不起

【训练材料】

不去　不想　不看　不行　不惜　不来　不要　不忍　不敢　不对　不可　不好
说不定　来不及　买不起　好不好
不卑不亢　不屈不挠　不三不四　不伦不类　不见不散　不离不弃

二、轻声

　　普通话的每个音节都有一定的声调。但在一定的语言环境中，有的音节接在其他音节后面出来时，会失去原调值，变成一种既轻又短的调子，这就是轻声。普通话中有些双音节词的第二个音节读轻声，如"棉花"的"花"，"地方"的"方"。有些字如"着、了、过、的"等虚词和做后缀的"子、头"等都读轻声。

　　轻声是音节连读时产生的一种音变现象，轻声音节总是出现在其他音节后面，或夹在词语中间，一般不出现在一个词或句子的开头。所有的轻声音节都要失去它原来的调值，但是轻声音节在音的高低上又会受前面音节调值的影响，从而产生差异。一般情况下，前面的音节是上声，后面的轻声就稍高；前面的音节是阴平、阳平或去声，后面的轻声就稍低。

　　轻声使普通话语音变得更加丰富，有些轻声还具有区别词义或区分词性的作用。例如：

兄弟 xiōngdì（［名］哥哥和弟弟）
兄弟 xiōngdi（［名］弟弟）
言语 yányǔ（［名］指所说的话）
言语 yányu（［动］开口；招呼）
东西 dōngxī（［名］表方向）
东西 dōngxi（［名］物体）

普通话多数轻声与词汇、语法有密切联系，普通话语音有以下几种情况常读轻声：

第一，结构助词：的、地、得。例如：
我们的　愉快地　写得好

第二，时态助词：着、了、过。例如：
笑着　哭了　学过

第三，语气助词：吗、吧、啦、呀、嘛、哇、啊等。例如：
好吗　去吧　行啦　好啊

第四，名词或代词的后缀：子、头、们等。例如：
桌子　椅子　木头　石头　他们　朋友们

第五，名词或代词的方位词：上、下、里、边、面等。例如：
墙上　地下　家里　左边　里面

第六，动词或形容词后面的趋向动词：来、去、起来、下去等。例如：
进来　出去　站起来　请进来

第七，某些常用量词：个、些、封等。例如：
两个　有些　写封信

第八，名词、动词叠音形式的第二个音节和重叠动词的第二、第四个音节。例如：
爸爸　奶奶　看看　说说　谈谈
跳跳　想想　讨论讨论　研究研究

第九，作宾语的人称代词：你、我、他等。例如：

请你　叫我　找他

第十，口语中有一批双音节词的第二个音节习惯上读轻声。例如：

葡萄　玻璃　云彩　月亮　眼睛　嘴巴　眉毛　耳朵　胳膊
明白　暖和　萝卜　知道　事情　衣服　聪明　漂亮　老实

【训练材料】

抽屉　胳膊　客气　功夫　脑袋　脾气　包袱　窗户
阔气　耳朵　亲戚　溜达　便宜　喇叭　亮堂　俏皮
惦记　桌子　故事　合同　妈妈　拳头　什么　他们
尾巴　衣服　月亮　外甥　新鲜　热闹　星星

三、儿化

在普通话里，卷舌元音 er 自成音节时，只有"儿、耳、而、饵、尔、二"等几个字。普通话的"儿（ér）"可以同其他韵母结合起来，形成卷舌韵（儿化韵），这种现象就是儿化。被儿化的韵母叫儿化韵（拼写音节缩写成 r）。

普通话的韵母除 er、ê 之外，都可以儿化。儿化韵里的 er 不能读成 er，只在前面韵母的元音上附加一个卷舌动作，使那个韵母带上卷舌的色彩。例如：

歌儿 gēr　　花儿 huār

南方方言里多数没有卷舌韵母 er，因而也没有儿化韵，南方人说普通话时也往往不习惯，发不准儿化韵。其实，在读儿化音节时，到最后的韵尾处，只要把舌尖又轻又快地卷起就行了。注意不要紧张，舌头不要僵硬，动作不要太大。

（一）儿化的作用

1. 区别词义

例如：

头 tóu（脑袋）　　　　　　　　头儿 tóur（领头的人）

信 xìn（信件）　　　　　　　　信儿 xìnr（消息）

末 mò（最后）　　　　　　　　末儿 mòr（细碎的或呈粉状的东西）

2. 确定词性

例如：

盖 gài（动词）　　　　　　　　盖儿 gàir（名词）

个 gè（量词）　　　　　　　　个儿 gèr（名词，表示身高）

画 huà（动词）　　　　　　　　画儿 huàr（名词）

破烂 pòlàn（形容词）　　　　　破烂儿 pòlànr（名词）

3. 表示细小、轻微的意思

例如：

小脸儿　树枝儿　小鱼儿
门缝儿　一会儿　办事儿

4. 表示温婉、亲切、可爱等语义感情

例如：

山歌儿　好玩儿　小孩儿

小曲儿　公园儿　大婶儿

慢慢儿走　说说贴心话儿

（二）儿化韵的发音变化规律

儿化韵的发音，在朗读时根据"儿"字前那个音节的韵母结构的不同而不同。但儿化韵的标注音只需在音节末尾加一个 r，不必表示出韵母实际读音的变化。

第一，韵母为 a、o、e、u 的音节，儿化后主要元音基本不变，后面直接加上表示卷舌动作的"r"。例如：

号码儿 hǎomǎr　　山坡儿 shānpōr　　饭盒儿 fànhér　　水珠儿 shuǐzhūr

第二，韵母 ia、ua、ao、ou、uo 和 iao、iou 等，儿化后主要元音或韵尾基本不变，直接加卷舌动作"r"。例如：

一下儿 yīxiàr　　鲜花儿 xiānhuār　　手稿儿 shǒugǎor　　封口儿 fēngkǒur

小说儿 xiǎoshuōr　　知了儿 zhīliǎor　　小牛儿 xiǎoniúr

第三，韵母 i、ü 儿化后在原韵母之后加上 er，i、ü 仍保留。例如：

小米儿 xiǎomǐr　　　　读作 xiǎomiěr

有趣儿 yǒuqùr　　　　读作 yǒuquèr

第四，韵母 -i [ɿ]、-i [ʅ] 儿化后失去原韵母，加 er。例如：

戏词儿 xìcír　　　　　读作 xìcér

果汁儿 guǒzhīr　　　　读作 guǒzhēr

第五，以 i 或 n 为韵尾的韵母，儿化后丢掉韵尾，主要元音后面加 r。例如：

一块儿 yīkuàir　　　　读作 yīkuàr

树根儿 shùgēnr　　　　读作 shùgēr

饭馆儿 fànguǎnr　　　 读作 fànguǎr

冰棍儿 bīnggùnr　　　 读作 bīnggùr

第六，以 ng 为韵尾的韵母，儿化后丢掉韵尾 ng，主要元音鼻化，同时在鼻化元音后加上 r。例如：

瓜瓤儿 guārángr　　　读作 guārár（元音 a 鼻化）

板凳儿 bǎndèngr　　　读作 bǎndèr（元音 e 鼻化）

第七，韵母 in、ün 儿化后，丢掉韵尾 n，主要元音保留，后面加上 er；韵母 ing 儿化后，丢掉韵尾 ng，主要元音保留、鼻化，后面加上 er。例如：

手印儿 shǒuyìnr　　　读作 shǒuyièr

花裙儿 huāqúnr　　　 读作 huāquér

花瓶儿 huāpíngr　　　读作 huāpiér（元音 i 鼻化）

【训练材料】

奔头儿（bèntour）　　冰棍儿（bīnggùnr）　　大伙儿（dàhuǒr）

刀把儿（dāobàr）	电影儿（diànyǐngr）	调号儿（diàohàor）
调门儿（diàoménr）	兔儿（tùr）	号码儿（hàomǎr）
味儿（wèir）	花儿（huār）	盖儿（gàr）
粉末儿（fěnmòr）	书桌儿（shūzhuōr）	草帽儿（cǎomàor）
麦苗儿（màimiáor）	唱歌儿（chànggēr）	眼珠儿（yǎnzhūr）
小猴儿（xiǎohóur）	打球儿（dǎqiúr）	一块儿（yíkuàir）
刀背儿（dāobèir）	心眼儿（xīnyǎnr）	药水儿（yàoshuǐr）
弯儿（wānr）	花园儿（huāyuánr）	窍门儿（qiàoménr）
帮忙儿（bāngmángr）	瓜瓤儿（guārángr）	果汁儿（guǒzhīr）
板凳儿（bǎndèngr）	玩意儿（wányìr）	毛驴儿（máolúr）
词儿（cír）	事儿（shìr）	籽儿（zǐr）
麦穗儿（màisuìr）	干劲儿（gànjìnr）	飞轮儿（fēilúnr）
花裙儿（huāqúnr）	打鸣儿（dǎmíngr）	花瓶儿（huāpíngr）

四、语气词"啊"的变化

"啊"用在语句末尾时，由于受前面音节末尾音素的影响，常发生不同的连读音变现象，主要有以下几种情况。

（一）前面音节的末尾音素是 a、o、e、ê、i、ü 时

"啊"读 ya，可写作"呀"。例如：
①她怎么不回家呀？
②怎么给我这么多呀？
③多漂亮的天鹅呀！
④那是谁的鞋呀？
⑤桂林的山真奇呀！
⑥会不会下雨呀？

（二）前面音节的末尾音素是 u（包括 ao、iao）时

"啊"读 wa，可写作"哇"。例如：
①她会不会跳舞哇？
②这个小朋友真好哇！
③花篮做得多精巧哇！

（三）前面音节的末尾音素是 n 时

"啊"读 na，可写作"哪"。例如：
①投得真准哪！
②你是哪里人哪？
③空气多清新哪！

(四) 前面音节的末尾音素是 ng 时

"啊"读 nga。例如：
①河水真清啊！
②大家唱啊！
③这幅图真漂亮啊！
④注意听啊！
⑤最近太忙啊！

(五) 前面音节的末尾音素是 -i [ɿ]、r (er 或儿化韵) 时

"啊"读 ra [ZA]。例如：
①她真是一位好老师啊！
②歌声多么悦耳啊！
③多可爱的小狗儿啊！
④你有什么事啊？
⑤你怎么撕了一地纸啊？

(六) 前面音节的末尾音素是 -i [ʅ] 时

"啊"读 [ZA]。例如：
①要好好练字啊！
②你可要三思啊！
③今天来回几次啊？

【训练材料】

朗读下列句子，注意"啊"的音变。
ia 你怎么还不回家呀 (jiā ya)？
o 他是你大伯呀 (bó ya)！
üe 好大的雪呀 (xuě ya)！
ai 你发什么呆呀 (dāi ya)！
uei 你看对不对呀 (duì ya)？
ü 漓江的水真绿呀 (lù ya)！
ou 这么多够不够哇 (gòu wa)？
iou 这是什么酒哇 (jiǔ wa)！
ao 实习老师对我们多好哇 (hǎo wa)！
ian 这孩子真可怜哪 (lián na)！
üan 你快点选哪 (xuǎn na)！
eng 这几天真冷啊 (lěng nga)！
ong 电话打不通啊 (tōng nga)！
-i [ɿ] 办学要舍得投资啊 (zī [ZA])！

-i [ɿ] 要实事求是啊（shì ra [ᴢᴀ]）！
er 明天是三月二十二啊（èr ra [ᴢᴀ]）！

掌握"啊"的变读规律，并不需要一一硬记，只要将前一个音节顺势连读"a"（像读声母与韵母拼音一样，其间不停顿），自然就会念出"a"的变音来。用汉语拼音拼写音节时，"啊"仍写作 a，不必写出音变情况。

五、音变综合训练

根据标音规则一般标原调，轻声音节不标调，读时根据具体语音环境进行变读。

（一）读准带"一、不"的双音节词语

yī yī	yī bàn	yī dìng	yī bān	yī qǐ
一一	一半	一定	一般	一起
yī shēng	yī lù	yī tiān	yī tǐ	yī xíng
一生	一路	一天	一体	一行
bùhǎo	bùgù	bùgòu	bùqū	bùnéng
不好	不顾	不够	不屈	不能
bù jí	bùxiǎng	bù bì	bù jū	bùshì
不及	不想	不必	不拘	不适

（二）读准带轻声字的双音节词语（轻声音节不标调）

dāo zi	chē zi	sūn zi	yātou	hòutou	gēbo	chōu ti
刀子	车子	孙子	丫头	后头	胳膊	抽屉
gūniang	shī fu	cāngying	duōsuo	tā men	péngyou	shíhou
姑娘	师傅	苍蝇	哆嗦	他们	朋友	时候
huánggua	jì de	xīn si	zhīshi	zhāshi	ruǎnhuo	nàbian
黄瓜	记得	心思	知识	扎实	软和	那边
zàihu	lǎopo	móhu	yuèliang	shìde	qìngjia	bò ji
在乎	老婆	模糊	月亮	似的	亲家	簸箕
jìnxiang	bián yi	bièniu	bōnong	zhíliu	yìnglang	
进项	便宜	别扭	拨弄	直溜	硬朗	

（三）读准带儿化韵的双音节词语

běnshǎir	hǎohǎor	niānjiūr	bájiānr	bīnggùnr	lǎotóur
本色儿	好好儿	拈阄儿	拔尖儿	冰棍儿	老头儿
dòujiǎor	guōguor	nàmènr	mòshuǐr	wéibór	yī kuàir
豆角儿	蝈蝈儿	纳闷儿	墨水儿	围脖儿	一块儿
zhàopiānr	wánrmìng	qǐmíngr	zhōngjiànr	xiǎoqǔr	piànrtāng
照片儿	玩儿命	起名儿	中间儿	小曲儿	片儿汤
yī huìr	zuòhuór				
一会儿	做活儿				

六、音变朗读练习

　　对于一个在北平住惯的人，像我，冬天要是不刮风，便觉得是奇迹；济南的冬天是没有风声的。对于一个刚由伦敦回来的人，像我，冬天要能看得见日光，便觉得是怪事；济南的冬天是响晴的。自然，在热带的地方，日光是永远那么毒，响亮的天气，反有点儿叫人害怕。可是，在北中国的冬天，而能有温晴的天气，济南真得算个宝地。

　　设若单单是有阳光，那也算不了出奇。请闭上眼睛想：一个老城，有山有水，全在天底下晒着阳光，暖和安适地睡着，只等春风来把它们唤醒，这是不是个理想的境界？小山整把济南围了个圈儿，只有北边缺着点口儿。这一圈小山在冬天特别可爱，好像是把济南放在一个小摇篮里，它们安静不动地低声地说："你们放心吧，这儿准保暖和。"真的，济南的人们在冬天是面上含笑的。他们一看那些小山，心中便觉得有了着落，有了依靠。他们由天上看到山上，便不知不觉地想起："明天也许就是春天了吧？这样的温暖，今天夜里山草也许就绿起来了吧？"就是这点幻想不能一时实现，他们也并不着急，因为有这样慈善的冬天，干啥还希望别的呢！

　　最妙的是下点儿小雪呀。看吧，山上的矮松越发的青黑，树尖儿上顶着一髻儿白花，好像日本看护妇。山尖儿全白了，给蓝天镶上一道银边儿。山坡上，有的地方雪厚点儿，有的地方草色还露着；这样，一道儿白，一道儿暗黄，给山们穿上一件带水纹儿的花衣；看着看着，这件花衣好像被风儿吹动，叫你希望看见一点儿更美的山的肌肤。等到快日落的时候，微黄的阳光斜射在山腰上，那点儿薄雪好像忽然害了羞，微微露出点儿粉色。就是下小雪吧，济南是受不住大雪的，那些小山太秀气。

（节选自老舍《济南的冬天》）

第六节　语音规范化

　　语音规范化是指根据语音发展的规律来确立语音标准和推广普通话。现代汉语语音规范化的主要内容，包括确立正音标准、推广标准语。

一、确立正音标准

（一）需要规范的分歧现象

　　普通话以北京语音为标准音，但北京语音并不完全等同于普通话语音，北京语音内部还存在一些需要规范的分歧现象，这里主要需要解决两类问题。

　　一是剔除北京话里的土音成分。北京话里的土音成分包括：个别字的读音特殊，如"太好了"读成"tūi hǎo le"，"不言语"读成"bù yuàn yi"，"我们"读成"m me"，这些都应该剔除；北京话里过多的轻声、儿化、变调现象，如"找地方"说成"找地儿"、"现在"、"闹意见"等词语第一个音节变阳平等现象，这些也应剔除。

　　二是解决异读字的读音问题。

异读字要区别不同情况对待，一个字有两种以上的读音，如果有区别意义的作用，则应该保留。例如：

觉 jiào—jué 睡觉—知觉
恶 è—wù 罪恶—好恶
长 cháng—zhǎng 长短—长幼
饮 yǐn—yìn 饮水—饮马

而一个字有两种读音，又没有区别意义的作用，形成累赘，就应该剔除一个。例如：

波 bō—pō
暂 zàn—zhàn
酵 jiào—xiào

异读词以1985年12月公布的《普通话异读词审音表》为准，如前文所举例的"波"、"暂"、"酵"都确定为前一种读音。

（二）规定现代汉语用字的标准读音

确立正音标准，即定音，是指规定现代汉语用字的标准读音。普通话审音委员会曾于1957年到1962年间先后发表了《普通话异读词审音表初稿》正编、续编和三编，并于1963年将其辑录成《普通话异读词三次审音总表初稿》（以下简称《初稿》）。《初稿》自公布以来，受到了文化、教育、出版、广播、电视等部门的重视，并对现代汉语语音规范和普通话的推广起到了积极作用。但是，随着语言的发展，《初稿》中原审定的一些词语需要重新审定；同时，作为语音规范化的标准，《初稿》也亟须定稿。因此，普通话审音委员会于1985年6月进行了重建，开始了修订工作。这次修订，以符合普通话语音发展规律为原则，以便利广大群众学习普通话为着眼点，采取约定俗成、承认现实的态度，对《初稿》原定读音进行了重新审定。1985年12月27日，国家语言文字工作委员会、国家教育委员会、广播电视部发出通知，正式公布了《普通话异读词审音表》（以下简称《审音表》）。通知中写道："自公布之日起，文教、出版、广播等部门及全国其他部门、行业所涉及的普通话异读词的读音、标音，均以本表为准。"

《审音表》的修订内容，包括以下几个方面。

1. 修订原表读音

《审音表》共修订《初稿》词语41条。见表1-6。

表1-6 读音修订表

词条	《初稿》读音	修订读音	说　明
呆板	（ái）bǎn	dāibǎn	取消ái音，统读dāi
穿凿	chuān（zuò）	chuānzáo	取消zuò、zuó音，统读záo
从容	（cōng）róng	cóngróng	取消cōng音，统读cóng

续上表

词条	《初稿》读音	修订读音	说　明
指甲	（zhī）jia	zhǐjia	取消 zhī、zhí 音，统读 zhǐ
自作自受	zì（zuō）-zìshòu	zìzuò-zìshòu	除"作坊"读 zuō 外，其余都读 zuò

2. 增补词条

《审音表》共增补原表未审词语 16 条。见表 1-7。

表 1-7　词条增补表

词条	《新华字典》、《现代汉语词典》（分别简称《字典》、《词典》）	新订注音	附　注
嗟叹	（jiē 又 juē）tàn	jiētàn	取消又音 juē
拎	《字典》līng，《词典》līn	līn	
猹	《字典》zhā，《词典》chá	chá	
霰	《字典》xiàn，《词典》sǎn、xiàn	xiàn	《词典》二音、二义，不取

3. 删汰词条

《审音表》删汰了原表部分词条。其中有的是现在已经没有异读的，如"队伍"、"理会"；有的是罕用词语，如"俵分"（按份儿或按人分发）；有的是方言土音，如"告送（song）"；有的是不常用的文言词语，如"肯綮（qǐng）"；有的是重复累赘，如原表"色"字的有关词语分列达 23 条之多。这些被删汰的条目，《审音表》都不再编入。

《审音表》审定的读音中，也有一些值得思考的问题。

第一，《审音表》审定的字中，有的仍然保留"文白异读"。例如，表示蜜蜂、蝎子之类用毒刺刺人或动物的意思，有可能用到"蜇"、"螫"二字。其中"蜇"念 zhē 符合人们的认知习惯，不会产生差错；但"螫"却有 zhē（语）、shì（文）二音，这就值得思考了。表达相同意思（并无诸如感情色彩之类的差别），已有"蜇"，何必还用"螫"？"螫"字既已读 zhē，何必又保留 shì？杨朔散文《荔枝蜜》中说"蜜蜂轻易不螫人"的"螫"，如果读成 shì，听起来就成"蜜蜂不是人"了。这种审音的结果是：表示同一意思，用了两个没有区别意义的字（"蜇"和"螫"）；同一个意思的同一个"螫"字，保留了两个不同的音（zhē、shì），其中一个音（shì）还可能引起歧义，这样是不利于简化、规范现代汉语的。

第二，《审音表》将"阴"审定为 yīn，将"荫"审定为 yìn。这在"阴暗"、"阴电"、"阴阳"、"阴云"和"荫庇"、"封妻荫子"等词语中，一般能理解，不会错。可是在使用频率很高的"树×"、"林×道"中，无论从时间上还是从范围上，人们都习惯用"荫"，不习惯用"阴"。人们的潜意识中，总感到"树×"、"林×道"的"×"，应当跟草木有关；而且"林×道"的"×"如果写成"阴"，就总与"阴道"有些混淆了。我们随手翻一下当前的许多图书、报纸、杂志，可以看到"树×"、"林×道"

的"×"字，写的都是"荫"。于是，《现代汉语词典》便不遵守《审音表》的规定了：它仍然保留了"荫"的两个读音 yīn 和 yìn。了解《审音表》的人不多，但使用工具书的人极多，这样，《审音表》就没有起到应有的作用。

第三，《审音表》中"统读"提法的特点是排他性，即"只此一音，别无他读"。这种提法的好处是让人们放心地将某字读某音，没有例外。例如："癌"统读 ái，排斥了 yán；"厕"统读 cè，排斥了 sī；"惩"统读 chéng，排斥了 chěng，等等。如果不标明"统读"，则表明还有其他读音是认可的，尽管《审音表》或工具书没有列举出来。例如：《审音表》标明"朴"有三个音，"朴素"中读 pǔ，"朴刀"中读 pō，"厚朴"（一种中药）中读 pò，但它没有排除在姓氏中读 piáo。又如工具书标明"缪"有三个音，"纰缪"中读 miù，姓氏中读 miào，"未雨绸缪"中读 móu，但它没有排除在"秦缪公"中读 mù。一对比，我们不难发现，《审音表》说"骑"统读 qí，排除了"翩翩两骑"的"骑"念 jì 的可能性；说"射"统读 shè，排除了"仆射"的"射"读 yè 的可能性，也排除了"无射"的"射"读 yì 的可能性。《审音表》能容忍毫无辨义作用的异读（如"荨"念 qián，又念 xún；"谁"念 shéi，又念 shuí），为什么不能容忍有辨义作用的异读呢？《审音表》审的是普通话的异读，不要用"统读"来排除古汉语中的异读；现代汉语的字典辞书可以不讲"骑"有 jì 音，"射"有 yè 音和 yì 音，但不必说"骑"只能读 qí，"射"只能读 shè。只有这样，才能给古代汉语的研究留有空间或余地。

二、推广标准音

1956 年 2 月 6 日，国务院成立了中央推广普通话工作委员会，发出关于推广普通话的指示，把普通话的定义增补为"以北京语音为标准音，以北方话为基础方言，以典范的现代白话文著作为语法规范"。这个定义从语音、词汇、语法三个方面明确规定了普通话的标准。国务院指示中国社会科学院语言研究所编纂《现代汉语词典》，该词典于 1978 年由商务印书馆正式出版。《现代汉语词典》和《新华字典》，是继 20 世纪 30 年代《国语辞典》之后最权威的现代汉语工具书。1956 年普通话审音委员会成立，历经数年先后编成了《普通话异读词审音表初稿》正编、续编和三编，并于 1963 年将其辑录为《普通话异读词三次审音总表初稿》，奠定了普通话语音规范的基础。1982 年中国文字改革委员会重新组织成立普通话审音委员会，开展了第二次普通话审音工作，以《普通话异读词三次审音总表初稿》为基础，形成了《普通话异读词审音表》。此表于 1985 年 12 月由国家语言文字工作委员会、国家教育委员会、广播电视部联合发布，是普通话语音的现行国家标准，是普通话推广普及的基础依据。从 1998 年开始，每年 9 月的第三周是全国推广普通话宣传周。2011 年 10 月 28 日，国家语言文字工作委员会组建了新一届普通话审音委员会。

我国人口众多，方言种类较多、分布情况复杂。推广标准音的工作，应在对汉语方言进行较为全面调查的基础上，找出方言与普通话的对应规律，进而克服方音影响，逐渐推广标准音。各个方言的语音、词汇和语法都自成系统，各具特点，方言区的学习者学习普通话时应注意各自的方言特点，加强针对性训练，才能有效提高普通话水平。

第二章 朗诵训练

第一节 朗诵概述

一、朗诵的定义

朗诵是指把书面语言转变为形象生动、发音规范的有声语言的再创作活动，是朗诵者在理解作品的基础上用自己的语音塑造形象、反映生活、说明道理、重现作者思想感情的再创造过程。

二、朗诵的作用

朗诵，既是推广普通话的重要形式，也是达到语言规范化的途径。我们不学习普通话，不掌握普通话，就不是一个合格的朗诵者。而学习朗诵的过程，同时就是学习普通话的过程，通过朗诵学习普通话，是非常有效的方法。

朗诵有利于提高语言表达能力，朗诵者只有具备一定的表现力，才能把对作品的理解感受形之于声。由于对文字作品的深入体味、准确的词语概念、生动的语法修辞、巧妙的构思布局、感人的情景描写、严谨的逻辑序列、优美的韵律配置等，总是十分具体地启迪着我们的思路；而用有声语言将这些表达出来的愿望又迫使我们去运用各种技巧，尽可能完美地表现出文字作品的精妙。久而久之，我们自然而然地就贮存了许多可供借鉴、取用的表现手段，并在需要时能招之即来，或妙手偶得。这一切是仅仅通过分析、讲解文字作品所不易得到的，也是只靠眼看手写所不易达到的。

朗诵有利于深入体味文字作品。朗诵，不但要反复看，还要变为有声语言，这样，对体味作品就提出了更高的要求，同时，我们在深入体味中所得的也就更多了。通过朗诵，我们自会发觉"对味儿"或"不对味儿"，"贴切"或"不贴切"的问题，于是要再看、再体味、再读。我们通过这种精益求精的反复，就能对文字作品有更深的理解、更深的感受。

朗诵是一种高雅的精神享受，无论对朗诵者还是听众来说都是如此。今天，在社会主义精神文明的建设中，朗诵也一定能产生巨大的能量，激励人们蓬勃向上、奋发有为；并使人们的思想更加纯净、生活更加充实。

三、朗诵的基本要求

朗诵，是把文字作品转化为有声语言的再创作活动，所以朗诵首先应该使用规范的普通话。朗诵时要注意声、韵、调标准，发音清晰响亮，这样才能为准确地表达作品的内容做好准备。

朗诵要忠实于原作品，做到不丢字、不添字、不改字、不读错字。朗诵者的任务，是把书面作品通过自己的有声语言创造性地再现给听众。因此，朗诵者既要与作者心灵沟通，又要与听众神情交流，既要能感染自己，又要能感染听众。所以，朗诵者的身份只能是朗诵者自己，而不是文学作品的代表或化身，也不能去扮演作品中的人物（分角色朗诵除外）。

朗诵时，朗诵者还要注意避免机械地照字读音，或从头到尾没有高低起伏，没有感情和抑扬顿挫的"念字式"和"念经式"读法。朗诵者要根据作品的内容、风格，以及自身的语音条件，运用各种技巧和方法去朗诵，充分发挥出自己的优势，将作品的内涵和思想感情表达出来。

初学朗诵五忌：

念字式——单纯念字，照字读音；

念经式——声音小，速度快，无变化；

八股式——腔调固定，无变化；

演戏式——过分夸张，表演成分过多；

固定式——腔调固定，声调无变化。

第二节 朗诵规律

朗诵作为把文字作品转化为有声语言的再创作，它是一种艺术形式，从而必然有规律可循。朗诵时要能意识到这些规律，并能运用，才会产生良好的朗诵效果。朗诵规律大致可分为五条：语词感受律、引向情感律、不可替换律、定向推进律、语言规整律。

一、语词感受律

朗诵者面对文字作品，无论是在分析、理解作品时，还是进行朗诵时，都必须对文字作品产生相应的感受，这就是语词感受律。

这种感受是通过视觉产生的，而这视觉并非看到实物，只是看到白纸黑字。这些文字符号意义，有其社会交际的一般共性，也有其自身的独特个性。这种独特个性在朗诵中，有很强的实践意义，朗诵者可以通过自身的经历、经验来抓住一些表达事物的"实词"或表示逻辑关系的"虚词"，通过技巧处理，使听者好像"看到、听到、嗅到、尝到、伸手即可得到"这些实物一样，使这些文字活起来，以增强有声语言表达的强烈感染力。只有这样，朗诵才能沟通作者、朗诵者、听者的思想感情，达到它的目的。

二、引向情感律

朗诵者要在"深入开掘"的基础上，调整自己的内部心理状态，使自己的思想处于运动状态，有感情地朗诵，这就是引向情感律。

"深入开掘"的任务就是要找到细微的思想感情及其变化。"理智"地、缺乏感情地朗诵必会使朗诵者与听众隔离开，达不到感染听众的作用，从而也不再是语言艺术的再创作。因为"理智"地朗诵会使朗诵者以旁观者的身份去"审视"作品，这样，作品词语与声音形式就变成了两张皮。而因为缺乏情感的支撑、变化，朗诵技巧也成了有形无神的多余之物，最终使有声语言变得黯然失色。

三、不可替换律

一个句子的声音形式不可被另一句子的声音形式所替换，这就是不可替换律。

一个词有一个词的感受，一句话有一句话的语气，一篇作品有一篇作品的节奏。所以，一个句子的声音形式不可被另一个句子的声音形式所替换。而现在常见的朗诵的弊病是"可替换性"，就是说各个句子的声音形式极少变化，几乎雷同，体现不出爱和憎、悲和喜，听不出语气、节奏的差异，就是用一种声音形式去表达千变万化的思想感情，结果，这就使朗诵变得"有音无义，有声无情"。

四、定向推进律

朗诵中，思想感情的运动状态造成的声音形式的每一次起伏，都是不尽相同的，都不是处于同等重要、同样分量、同一高度、同一强度的位置上的。朗诵中的一句话，一段话，或一整篇，总有某种制高点，我们需要调动各种因素和手段，沿着语言链条，向着那"制高点"的方向推进，以便突出它、加强它，这就是朗诵中的定向推进律。

朗诵推进的那种定向推进感要十分鲜明、有力。在推进过程中，不应分散力量、企图面面俱到，而应明确方向、主动进取。

定向推进律能使语言本质明朗化，使语言链条跃动起来，从而给予听者更强的认知、更深的感染，以更好地实现朗诵的目的。

五、语言规整律

语言规整律是指：声音形式规规矩矩，工工整整，严密恰当，质朴无华，去粉饰、无虚夸、少做作、不浮飘、蕴深意、重分寸、现庄重、显从容。

朗诵，是一种严肃、郑重的转述，是一种比较庄重、质朴的再创作。朗诵者的任务是传达而非表演。朗诵的内容非常广泛，没有局限性，不追求情节性、趣味性，而强调准确性、深刻性。朗诵的语言非常多样，不追求渲染性、夸张性，而强调严谨性、规范性。

下面以舒婷的《祖国啊，我亲爱的祖国》为例，分析现代诗朗诵中"定向推进律"的运用。

这首诗写于我国刚刚结束"十年浩劫"的历史时期，诗中选取了生活中极具特征的意象，从不同角度提示了"我"与祖国不可分割的血肉联系，倾吐了热爱祖国的感情和为祖国献身的强烈愿望。诗歌感情真挚，语言节奏由舒缓到急促，由低沉到高亢，适合朗诵。通过朗诵，我们可以把握诗歌的情感历程，体会作者强烈的爱国之情及历史责任感。

整首诗的高潮部分应该在第三节。

我是你｜簇新的｜理想，→（感情平稳，气平声静）

刚从｜神话的｜蛛网里｜挣脱；→（感情平稳，声音坚定）

我是你│雪被下古莲的│胚芽；→（感情略显激昂，声音稍高）
我是你│挂着眼泪的│笑涡；→（同上）
我是新刷出的雪白的起跑线；↑（感情激越，语速快，气上提）
⌒是绯红的黎明↑ˇ（感情更加激越，语速更快，气大量上提，并停蓄）
正在喷薄；↑（"制高点"，声音高昂，感情喷发）
——祖国啊！↓（"制高点"，气满声高）

（注："│"表示停顿，但不换气；"·"表示次重音；"△"表示重音；"⌒"表示连接、不换气；"ˇ"表示长时间的停顿；"→"表示平调；"↑"表示升调；"↓"表示降调。）

"簇新的理想"、"古莲的胚芽"、"笑涡"、"雪白的起跑线"、"绯红的黎明"等意象的运用，写出了祖国的新生，我们朗诵时要充满欣喜，语速渐快，而且越来越快，声音也要越来越高，并在"黎明"处上提蓄气，在"正在喷薄"及"祖国啊"处爆发，达到高潮。

在朗诵此节时，那种定向推进感要十分鲜明、有力。一、二句感情平稳，气息平静；三、四句感情略显激昂，声音稍高，语速稍快；到了五、六句，感情要更加激昂，语速更快，最后在"正在喷薄"及"祖国啊"处爆发，如重捶击鼓，使人豁然开朗，达到"制高点"。

在推进的过程中，朗诵者千万不要分散力量，企图面面俱到、每一句都引起震撼，会适得其反。如果处处是高潮，就没有高潮了，我们应明确方向，重点处理。法国戏剧理论家弗朗西斯科·萨赛曾说过："如果诗人希望感受强烈而又持久，感受就必须是单一的。"通俗地说，比如谈恋爱，如果恋爱对象只有一个，感情就容易强烈而持久；如果恋爱对象多了，感情被分散了，恋爱的感觉就会被冲淡，甚至有找不到感觉的可能。他还说，戏剧诗人觉得"想要直达观众灵魂的深处，就必须永远朝一个地方冲击，感受越单一，才能越强烈和越持久"。

其他三节定向推进的朗诵过程也十分明显。分析如下。
第一节：
我是你│河边上│破旧的│老水车，→（思想感情沉郁痛苦，声音低沉伤感）
数百年来│纺着│疲惫的│歌；→（语速慢，气沉声缓）
我是你额上│熏黑的│矿灯，↑（语速稍快，声音稍高）
照你在历史的隧洞里│蜗行摸索；↓（快中显慢，虚实互转）
我是干瘪的稻穗；⌒是失修的路基；⌒是淤滩上的驳船，↑（语速快，且一气呵成，三句另形成推进，渐高渐快，感情逐渐加深）
把纤绳│深深⌒勒进│你的肩膊；↓（缓、降、沉痛）
——祖国啊！↓（痛苦而有压抑感，声音低沉）

"破旧的老水车"、"熏黑的矿灯"等意象，写出了祖国的贫穷和落后，情绪痛苦而沉重，朗诵时声音应缓慢低沉。"蜗行摸索"四个字也要读得缓且沉，以表现中国艰难的发展历史，这也与前面"照你在历史的隧洞里"形成快中显慢、虚实互转的效果，能使语言抑扬顿挫，增强语言感染力。"我是干瘪的稻穗；是失修的路基；是淤滩上的驳船"三句形成推进，语速渐快，声音渐高，感情逐渐加深，到"驳船"处达到"制高点"。"深深"、"肩膊"、"祖国啊"要读出沉痛感，气沉而降。

诗的第二节是高亢激昂的情感表达，声音要饱满，感情要喷发，要读得有力量。

第二节：

我是贫困，⌣→

我是悲哀。⌣→

我是你｜祖祖辈辈⌣↑

痛苦的希望啊，↑

是"飞天"袖间⌣↑（语调稍高，语速稍快，充满喜悦）

千百年来｜未落到地面的｜花朵；→（语速稍慢，语调低沉，快中显慢）

——祖国啊！↓

"我是贫困，我是悲哀，我是你祖祖辈辈痛苦的希望啊"三句构成推进，语速渐快，声音渐高，感情逐渐加深，最后在"希望"处爆发，形成"制高点"。

"飞天"袖间的花朵是人们的些许希望，朗诵时语调可以稍高，充满喜悦。而后句"千百年来未落到地面的花朵"语速要稍慢，语调低沉，从而与前句共同构成成快中显慢的朗诵方法。最后一句"祖国啊"要读得语调稍高，充满希望。

第四节：

我是你｜十亿分之一，→（平稳）

是你九百六十万平方的｜总和；→（前半句稍快，后半句稍慢，快中显慢）

你以伤痕累累的｜乳房，→（略缓）

喂养了

迷惘的我，⌣深思的我，⌣沸腾的我；↑（感情逐渐加深）

那就从我的血肉之躯上→（坚定）

去取得

你的富饶，⌣你的荣光，⌣你的自由；↑（感情逐渐加深）

——祖国啊！↑（"制高点"，声音要饱满，感情要喷发）

我亲爱的祖国！↓（声情并茂）

"迷惘的我，深思的我，沸腾的我"以及"你的富饶，你的荣光，你的自由"两处排比句各形成推进，要分别一气呵成，中间不换气，语速渐快，声音渐高，感情越来越强烈，最后一句爆发，形成高潮。而第四节整节的高潮则在最后两句"祖国啊！我亲爱的祖国"上，这两句是"制高点"，要读得有力度，声音要饱满，感情要喷发。

诗中的四个"祖国啊"分别出现在每一节诗歌的结尾，对它们的处理也要遵循"定向推进律"，读第一个时要读得痛苦而有压抑感，声音低沉；读第二个时，要在焦灼中透露出一点希望，声音稍高；读第三个时，要充满希望，声音再高些；读第四个时，要竭尽力量表达，激情饱满，声音雄壮。

第三节　朗诵技巧

一、理解作品

（一）熟悉朗诵内容，把握朗诵基调

弄懂词句：生字、生词、成语典故、语句含义、相关关节，都要清清楚楚。

弄清结构：语句之间、自然段之间、层次之间是什么关系，它们的内在联系是什么，都要明明白白。

弄明主题：主题就是中心思想，主题应该成为统领全篇的基本线索和作品生枝发叶的地下根基。

弄通背景：作者的写作年代、社会条件、特定环境、具体心情等都要紧紧联系作品本身去思考。朗诵者所处的社会环境、自身生活、兴趣爱好，与作品也是有一定关系的。朗诵者只要主动建立起此时此地的联系，投入此时此地的氛围中，便能赋予作品以新的生命。

在此基础上，朗诵者把握好朗诵的基调。基调指作品的基本情调，或激昂，或悲哀，或深沉，或忧伤，或喜悦。

（二）确定朗诵目的，分清朗诵对象

朗诵目的是指朗诵者为什么要朗诵这样内容、这样主题思想的作品。

朗诵目的中，既包含着作者当时的写作意图，又存在着朗诵者现实的愿望。朗诵的目的同朗诵的对象也有重要的关系。因为朗诵的过程是朗诵者与听众相互感应的过程，区别对待不同的朗诵对象，是实现朗诵目的的重要方式。朗诵同一篇作品，对象是幼儿或低年级小学生与对象是成年人相比，朗诵的目的是完全不同的；就算朗诵的对象同是成年人，由于文化层次的不同，朗诵目的也不尽相同。

（三）设计朗诵符号，做好朗诵准备

朗诵符号记录法：

重音 △　　　　　　　次重音 .

延长 ——　　　　　　连接 ⌒

快中显慢（快）（慢）

高低相间（高）（低）　　升调 ↗　降调 ↘

前后顿歇 ／

虚实互转　　　　　　　渐低，渐慢（虚）

二、感受作品

感受作品，是指朗诵者被作品的文字所激发，产生内心体会和体验的过程，即朗诵

者透过语言文字的符号感觉到其中所代表的具体客观事物,同时感知客观事物的存在及它们之间的关系,进而用这些感受来充实、丰富文字,将思维引向情感。

感受是从理解到表达的桥梁,朗诵者只停留在对作品内容的理解上是不够的,如果只有理解、没有感受,读出来的作品就会呆板、枯燥,而通过感受发出的有声语言才有活力和生命力。

感受可以分为形象感受和逻辑感受两大类。

(一) 形象感受

朗诵者的形象感受来源于作品中词语概念对朗诵者产生的内心刺激所引起的对客观事物的感受、体会、思考,是"感之于外,受之于心"而形成的。

朗诵者要善于抓住那些表达事物形象的"实词",透过文字,直达其物,好像"看到、听到、嗅到、感到、伸手即可得到"一样,使作品中的情景、物、人、事、理在朗诵者内心"活"起来,形成内心现象。例如:

①乘流而下,姗姗而来,近了,近了。

②盼望着,盼望着,东风来了,春天的脚步近了。

③没有一片绿叶,没有一缕炊烟,没有一粒泥土,没有一丝花香,只有水的世界,云的海洋。

朗诵者自身的经历、经验和知识积蓄,是形成"内心现象"的重要条件,朗诵者要善于使用记忆联想和塑造想象的能力,以增强有声语言表达的强烈感染力。例如:

①天冷极了,下着雪,又快黑了。

②一开瓶子塞儿,就是那么一股甜香;调上半杯一喝,甜香里带着股清气,很有点鲜荔枝的味儿。

(二) 逻辑感受

朗诵中的逻辑感受,是朗诵者在阅读作品时,对作品内容中事物间的逻辑关系所产生的一种感受。

作品中的逻辑关系,主要指全篇各层次、各段落、各语句之间的内在联系。

逻辑感受主要体现在三个方面:

第一,语言目的要明确,不能似是而非。

第二,朗诵者内心要目的明确,不能模糊不清。

第三,语言脉络要清晰,不能模棱两可。

在判断逻辑关系时,一些关联词语可以帮助我们增强感受。我们通过强调一些虚词甚至实词可使语言脉络清晰,就像"不但……而且……"、"虽然……"、"然而……"等。我们决不能忽视在组成语言链条中起重要作用的虚词。例如:

第三个人询问智者:"观察同一只虫子,两个人的见解和判断截然相反,得到的启示迥然不同,可敬的智者,请您说说,他们哪一个对呢?"

智者回答:"两个人都对。"

询问者感到困惑:"怎么会都对呢?对虫子的行为,一个是褒扬,一个是贬抑,对立是如此鲜明。然而，您却一视同仁，您是好好先生吗？您是不愿还是不敢分辨是非呢？"

智者笑了笑，回答道："太阳在白天放射光明，月亮在夜晚投洒青辉——它们是'相反'的；你能不能告诉我，太阳和月亮，究竟谁是谁非？……

"不分是非的好好先生不足为训。但是，世界并不是简单的'是非'组合体。同样观察虫子，两个人所处的角度不同，他们的感受和判断就不可能一致，他们获得的启示也就有差异。

"你只看到两个人之间的'异'，却没有看到他们之间的'同'，他们同样有反省和进取的精神。……"

三、表达技巧

朗诵者在有了内心感受的基础上，还需要运用表达技巧将作品的思想内容和情感表达出来，表达技巧主要包括重音、语气、节奏、停连的运用四种。

（一）重音的运用

朗诵时，为了实现朗诵目的，而强调或突出的字、词、短语，称为重音。

在日常生活中，我们说话时能够很容易地、甚至不假思索地确定重音的位置，例如"我找你"这句话，如果想说明是谁在找，就自然会把"我"重读；如果要说明找的是谁，就自然会把"你"重读；如果想表明自己刚才在干什么，就自然会把"找"重读。但我们在朗诵时，却往往不清楚重音在哪里。

重音的运用是朗诵最重要的基本技巧之一。在朗诵过程中，有些地方要轻读，有些地方要重读，这样才能传达出生动活泼的语气，突出文章的重点。如果我们将所有音节都读得一样重，就很难把文章的内容准确地传达出来。

朗诵中的重音运用更是传达思想情感的有效手段。我们要准确而清楚地表现作品的深刻含义和丰富感情，赋予朗诵以音乐美，就必须处理好重音。重音很重要，可有些朗诵者却处理不好，他们想当然地认为：重音，就是要加重声音、加大音量，把要强调的词语突出出来。殊不知，这种认识是不全面的。突出重音的方法多种多样，重捶、重读是突出，轻读、拖长也是突出，可以快中显慢，也可重中见轻，还可高低相间、虚实互转、前后顿歇，等等。

1. 重读、重捶

这是指将全句中的非重音词或词组置于较弱的声音中，重音词或词组置于比较强的声音中。

例1：要比漂亮我第一。——《骄傲的大公鸡》

其中"我"是强调性重音，把"我"重读、重捶，可以表现出大公鸡骄傲而不可一世的语气和神态。由于全句是喜悦心情，声音普遍较强，所以重音词"我"就要更强些。这也被称作强中加强法。

例2：妈妈常常对我讲，不比新衣比志气！——《孔雀》

将"比志气"三字重读、重捶，可以表现出儿童的自信、勇气和毅力。

例3：公鸡的尾巴弯，鸭子的尾巴扁，孔雀的尾巴最好看。——《比尾巴》

将"最"字重读、重捶，可使语句的逻辑表达更加准确。从内容上看，可表明孔雀的尾巴比前两个的更加好看，引起听众的注意，同时也表现出儿童骄傲、可爱、自信的语气和神态。

2．轻读、轻吐

重读、重捶是一种突出，轻读、轻吐也是一种突出。将要强调的词或词组降低音量，以表示与其他词组有所区别，也是一种突出重音的方法，可以产生与重读、重捶完全不同的表达效果。

例1：风，轻悄悄的；草，软绵绵的。——《春》

将"轻悄悄的"与"软绵绵的"降低音量、用温柔细腻的声音轻读、轻吐出来，可以将春天的温暖与柔情表达得淋漓尽致，给人以美好亲切的感受，有利于加强朗诵的熏陶感染、传情达意的作用。

例2：风不吹，云不飘，蓝色的天空静悄悄，小宝宝啊，好好睡一觉。——《小宝宝要睡觉》

将"静悄悄"轻读、轻吐，是根据作品的内容来决定的，目的是读出静的感觉，因为小宝宝睡着了。而将"睡一觉"轻读、轻吐，则有内心充满喜爱，柔声哄小宝宝入睡之意，我们朗诵时要注意语气的儿童化。

例3：青蛙为什么没参加？它在洞里睡着啦！——《雪地里的小画家》

"睡着啦"三个字要轻读、轻吐，要读得轻且慢，压低声音，一个字一个字地读，读出小心翼翼、不想惊醒熟睡青蛙的语气，朗诵的语气也要儿童化。

3．拖长

例1：只要我的爱人，是一只小鸟，在我稠密的树枝间做窠，鸣叫——《我愿意是急流》

波浪线"～"表示拖长。拖长也是一种重音处理方法。拖长的目的是加强语意，传达感情。此处将"做窠、鸣叫"拖长，可以表达出我对"我的爱人"的喜爱、关注之情，同时可使语气显得更加柔和、亲切，充满爱意。

例2：那河畔的金柳，是夕阳中的新娘，波光里的艳影，在我的心头荡漾——《再别康桥》

将"荡漾"拖长，表达出了对夕阳中新娘的喜爱之情，并使语气充满了柔情，也使"荡漾"一词更加灵动可感。这也是使文字"活"起来、增强文字作品可感性的一种较好的表达方法。

例3：小猫和老虎一见面，都叫了起来。小猫想：这大概是只顶大顶大的大猫吧？老虎想：这大概是只顶小顶小的小老虎吧？他们在山顶上，面对面谈起话来，不一会儿，就成了好朋友。——《小猫和老虎》

"顶大顶大"要重读，并拖长，读出一种夸张的语气以表现出小猫与大老虎之间体形的差距以及站在小猫的立场上，语气的惊讶及夸张，我们朗诵时同时要注意语气的儿童化。"顶小顶小"则要重音轻读，并拖长，以反映出老虎眼里的小猫特别小，语气也要儿童化。

4. 快中显慢

由于具体思想感情的需要，突出重音有由快转慢一法。所谓转慢，其实是重音音节延长的意思。

例1：寂寞梧桐↗深院锁清秋。↘——《乌夜啼》

前一句稍快，后一句稍慢，由快转慢法是古诗词朗诵常用的技法，可造成抑扬顿挫之感，突出古诗词的韵律之美。

例2：任傍晚的天光，照着冰冷的泪滴。——《一月的哀思》

前一句语速稍快，后一句语速稍慢，以表现悲伤哽咽之情。悲则气沉声缓，气息下沉、声音迟缓才能表现出悲伤哽咽的语气。

例3：侵略者口口声声说希望和平。

"和平"是反义性重音，为了表明否定的态度，更要延长重音音节，主要是延长"和"这个音节，而且一定要沿着阳平声调延长，我们朗诵时甚至要有一种夸张的感觉。

5. 高低相间

例1：商女不知↗亡国恨↘。——《泊秦淮》

疑是银河↗落九天↘。——《望庐山瀑布》

别是一番滋味↗在心头↘。——《乌夜啼》

在朗诵高处蓄势，有利于后半句感情的爆发及气息的控制。这几句诗句用的都是高低相间的技巧，这种技巧也是古诗词常用的技巧，可体现古诗词高低起伏、抑扬顿挫的韵律感，使古诗词朗朗上口、曲折多变、充满美感。

例2：正在澡盆里的师父，眼看弟子倒掉剩水，不禁语重心长地说："世界上任何东西，不管是大↗小↘、是多↗是少↘、是贵↗是贱↘，都各有各的用处，不要随便就浪费了。"——《珍视自己的存在价值》

这里的"大小"、"多少"、"贵贱"都是反义词，用一高一低、高低相间的朗诵方法可以使句意逻辑更加清楚，对比更加鲜明，从而提高了语言的逻辑表现力。

6. 虚实互转

朗诵中一般以实声为主，很少用虚声。所谓实声即响亮实在的声音，虚声是指声轻气多的声音。在朗诵中，遇有轻巧的动作、静谧的环境、深沉的情思、内心的感怀等情况，我们都可以适当运用实中转虚的方法来突出重音，提高表达效果。

例1：一群小白兔，轻手轻脚——经过这里。——《绿色的和灰色的》

"轻手轻脚"是一种轻巧的动作，声音要由实转虚，同时，我们要压低嗓门，用气多声轻的声音来读这几个字。我们朗诵时要模拟实情实景，使文字"活"起来、灵动起来，以增强语言文字的感染力。

例2：傍晚时候，上灯了，一点点黄晕的光，烘托出一片安静而和平的夜。——《春》

这句话表达出的是一种静谧的环境。所以，"安静而和平"这几个字要由实转虚，我们要用轻柔、气多声轻的声音来朗诵出环境的静谧与安宁，增强作品的语言感染力。

例3：我挥一挥衣袖，不带走一片云彩。——《再别康桥》

在这句话中，前半句用实声，后半句用虚声，可以表达出一种深沉的情思、深切的内心感受。

7. 前后顿歇

前后顿歇是突出重音的一个常用的重要方法，几乎每个主要重音的突出都离不开它。在重音前，或重音后，或重音前后安排或长或短的停顿，会使重音的分量加重。

例1：别有天地／非人间。——《山中问答》

我们在"天地"后作较长时间的停顿，可以酝酿感情，造成悬念，诱发听众的思索兴味，制造出"此时无声胜有声"的意境，并使本诗蒙上一层神秘浪漫的色彩。这也正符合李白浪漫豪放的诗仙风格。

例2：别是一番滋味／在／心头。——《乌夜啼》

这句古诗词表达的是一种内心的深切感受。我们在"滋味后"作较长时间停顿，能给听众以思索、体味这种凄苦愁思的空间。而"在"之后的适当停顿，则能形成哽咽伤心之感。

例3：天／冷／极了，下着雪，又快／黑了。——《卖火柴的小女孩》

这句话在重音前、后都安排了停顿。在语言的流动中，于重音前后留出声音的某种空隙，使朗诵者可作短暂的酝酿，听众也可能产生某种新鲜的感觉，从而产生"欲言先止"、"言而又止"的心理过程和感情波澜，增强了有声语言的表现力。

以上所述7种突出重音的方法，是相互联系、互为基础的，在朗诵中常常综合运用、相辅相成。掌握了这7种方法，我们就能使重音真正成为朗诵技巧的重要组成部分，在朗诵中发挥应有的作用。

（二）语气的运用

语气，从字面上理解，"语"是通过声音表现出来的"话语"，"气"是话语的"气息状态"。在朗诵中使用的语气则包含两个方面的内容：既有内在的思想感情的色彩和分量（也称"神"），又有外在的快慢、高低、强弱、虚实的声音形式（又称"形"）。所以说，语气就是朗诵中"话语"的"神"与"形"的结合体。在朗诵中，语气占有极为重要的位置，我们甚至可以说，朗诵学实质上就是"语气学"。

因为语气是情、气、声的结合体，所以，有什么样的感情，就产生什么样的气息，有什么样的气息，就有什么样的声音状态。据此，我们可以将语气的运用大致归纳为10条规律：喜则气满声高，悲则气沉声缓，爱则气缓声柔，憎则气足声硬，急则气短声促，冷则气少声淡，惧则气提声抖，怒则气粗声重，疑则气细声粘，静则气舒声平。

语气的这些声音气息运动过程也大致可以用语调来作简单的描述。目前，语调一般可分为四类：平直调（→），上扬调（↗），弯曲调（〰），下降调（↘）。但我们要知道这种分类是不够严谨的，只是在使用上有简单明了的好处。我们使用时不要过分拘泥于这些调式，要明白曲折性才是语调的根本特征。（注：以下例子中符号"."表示重音）

儿童故事、寓言故事中对语气的运用是最为丰富的，下面我们以中小学语文课本中的部分儿童文学作品为例分析语气运用的10条规律。

1. 喜则气满声高

例：小蝌蚪听了，高兴得在水里翻起跟斗来，一面还大声喊："啊！↗我们找到妈妈啦！"↗（《小蝌蚪找妈妈》）小蝌蚪经过千辛万苦终于找到妈妈了，非常兴奋。我们朗诵时要气息饱满、声音洪亮、语调上扬、充满激情。"气满声高"的语气色彩能产生跳跃感，这时口腔宽松，气息通畅。

2. 悲则气沉声缓

例：她死了，在旧年的大年夜冻死了，新年的太阳升起来了，照在她小小的尸体上。小女孩坐在那儿，手里还捏着一把烧过了的火柴梗。→（《卖火柴的小女孩》）朗诵时气息要沉重、迟缓、断续，造成一种迟滞感，以表达哽咽之情。话语要显得很凝重，好像气息快要用尽了。

3. 爱则气缓声柔

例：妈妈摸着我的头发笑了："那好吧↘，亲爱的小水兵！"↘（《帽子的秘密》）我们朗诵时要气息缓慢、声音温柔，造成一种温和感，这时口腔宽松，气息柔和深长。

4. 憎则气足声硬

例：长工们个个捏紧拳头，愤怒地说："周扒皮逼得我们活不下去了，我们要团结起来和他斗争！"（《半夜鸡叫》）我们朗诵时要气息粗重，声音用力向下，造成一种挤压感，这时口腔紧窄，气息流动猛、多阻塞。

5. 急则气短声促

例：突然，一只小松鼠跳到小马跟前，大叫道：小马，↗别过河，别过河，河水会淹死你的！（《小马过河》）我们朗诵时气息要短，声音要急促，造成紧迫感。这时口腔紧迫，气息短促有力。

6. 冷则气少声淡

例：卡特看牛顿发愣了，笑着说："讲不出道理来，光会做有什么稀罕呢？真可笑！"（《做风车的故事》）这里的"笑"是冷笑，冷淡无情、漠不关心。卡特见牛顿讲不出做风车的原理，就冷言冷语讽刺他。朗诵这部分内容时，我们用气少，语气平淡，没有激情，这样可以产生冷寂的效果。此时口腔松懈无力，气息微弱。

7. 惧则气提声抖

例：小白兔一边跑一边喘着气："咕咚——咕咚——"（《咕咚》）我们在朗诵时要表现出由于惧怕而气息高提，声音颤抖，造成紧缩感。这时口腔受阻，气息凝塞。

8. 怒则气粗声重

例：大官恼怒了，说："谁叫你画海？↘快画金山！↘"（《神笔马良》）我们朗诵时要气息粗，声音重，造成震动感。这时口腔如鼓，气息如重锤击鼓。

9. 疑则气细声粘

例：但桑娜坐着一动不动。"你怎么啦？不愿意吗？你怎么啦，桑娜？""你瞧，他们在这里啦。"桑娜拉开了帐子。（《穷人》）渔夫怀疑妻子不愿意将孩子抱回家里，所以用怀疑的语气询问妻子。这时语气要迟疑、犹豫，气息细而声粘，以造成踟蹰感，同时口腔欲松还紧，气息欲连还断。

10. 静则气舒声平

例：大黑和小黑你看看我，我看看你，一句话也说不出来。(《两只笨狗熊》) 我们朗诵时要轻轻送气，声音平稳稍慢，造成一种冷漠平静之感。

在模仿各种动物的语气时，我们要注意根据不同动物的声音特点使用不同的语气。例如，狐狸多疑，则用气细声粘的语气；大象、熊笨重，声音粗声粗气，宜用气足声粗的语气；小鸟、猴子灵活，宜用快速而尖细的语气。用气技巧为细、软、柔的声音，气上升至鼻尖；粗、硬、重的声音，气下沉至丹田。不同年龄的动物，语气也应不同。例如，《猴子捞月亮》中老猴子、中年猴子、小猴子的语气应有所不同，小猴子的要轻快、儿童化；中年猴子的语气要平静、沉稳；老猴子的要粗、沙哑，用老年人断续吃力的语气。又如《小马过河》中，小马、老马、老牛伯伯、小松鼠的语气均应不同。小马的要轻快，有跳跃感、儿童化；老马的要平静、沉稳，语重心长；老牛伯伯的要瓮声瓮气、老年化；小松鼠则要快言快语，充满热情、儿童化。

当然，这10条规律并没有囊括语气运用的全部内容，语气在朗诵中是千变万化、十分丰富的，运用时也绝不是孤立的，经常是交错结合的。下面我们以义务教育课程标准实验教科书小学三年级的儿童文学作品《陶罐和铁罐》为例，综合分析语气的运用：

国王的御厨里有两个罐子，一个是陶的，一个是铁的。骄傲的铁罐看不起陶罐，常常奚落它。静则气舒声平，叙述的语气一般都是平静的。所以朗诵时感情色彩不用太浓烈，平淡即可。

"你敢碰我吗？陶罐子！"↗铁罐傲慢地问。骄傲是一种得意忘形的喜乐之情。喜则气满声高，气息饱满上提，声音洪亮，表现出铁罐的傲慢无礼，自以为是。

"不敢，铁罐兄弟↘"陶罐谦虚地回答。谦虚是一种略为自卑的情感，悲则气沉声缓，声音下沉，低小、温和，显出陶罐的谦虚、谨慎和礼貌、友善。

"我就知道你不敢，懦弱的东西↘！"铁罐说，带着更加轻蔑的神气。轻蔑是一种憎的情绪，憎则气足声硬，气息充足，声音用力下沉，造成挤压感。我们朗诵时要将铁罐放肆无礼、咄咄逼人的蛮横语气表现出来，使陶罐与铁罐的态度产生鲜明的对比。

"我确实不敢碰你，但并不是懦弱。↘"陶罐争辩说，"我们生来就是盛东西的，并不是来互相碰撞↘。说到盛东西，我不见得比你差。再说……"。陶罐受了铁罐的羞辱，极力想为自己争辩。急则气短声促，气息短，声音急促，造成紧迫感，表现出陶罐被铁罐羞辱时急于为自己辩护的语气。

"住嘴！"铁罐恼怒了，"你怎么敢和我相提并论！你等着吧，要不了几天，你就会破成碎片，我却永远在这里，什么也不怕。"怒则气粗声重，气息粗、饱满，声音厚重且高，产生震动感。铁罐没料到陶罐竟敢抵嘴，就怒气冲冲地斥责它。朗诵时声音要粗重，表现出铁罐的蛮横无理。

"何必这样说呢？"陶罐说，"我们还是和睦相处吧↘，有什么可吵的呢↘！"劝说的语气是充满爱的，爱则气缓声柔，气息和缓，声音温柔，造成一种温和感，表明了陶罐的友好及深明大义。虽然铁罐对陶罐恶语相加，但陶罐对与自己朝夕相处的朋友还是一再退让，好言相劝。

"和你在一起，我感到羞耻，你算什么东西！"铁罐说，"走着瞧吧，总有一天，我要把你碰成碎片！"怒则气粗声重，铁罐仍然咄咄逼人、得寸进尺，坚持与陶罐为敌。我们朗诵时声音要尽量粗重有力，以表现出铁罐极端的蛮横无理。

陶罐不再理会铁罐。

时间在流逝，世界上发生了许多事情。王朝覆灭了，宫殿倒塌了，两个罐子遗落在荒凉的场地上，上面覆盖了厚厚的尘土。静则气舒声平，气息舒缓，声音平静。叙述的语气一般都是平静的。我们朗诵时要读出时光流逝，万物变迁的悠远平静感，使用的是娓娓道来的语气。

许多年代过去了。有一天，人们来到这里，掘开厚厚的堆积物，发现了那个陶罐。"哟，↗这里有一个罐子！↘"一个人惊讶地说。喜则气满声高，人们发现了一只陶罐，自然充满喜悦之情，最后一句要读出惊喜上扬的语气。

"真的，↗一个陶罐！↗"其他的人都高兴地叫起来。此句与前一句相同，都是喜的语气。喜则气满声高，声音上扬且响亮。

捧起陶罐，倒掉里面的泥土，擦洗干净，它还是那样光洁、朴素，美观。陈述的语气一般都是平静的，我们朗诵时要气息舒缓，声音只需平静、清晰即可。

"多美的陶罐！↗"一个人说，"小心点儿，千万别把它碰坏了，这是古代的东西，很有价值的。↘"第一句是赞美的喜悦之情，喜则气满声高，声音要饱满且高扬。第二句是对陶罐的一种爱惜之情，爱则气缓声柔，同时，我们对"小心点儿、千万别、很有"这几个重音的处理是压低声音轻读并拖长，以表现出生怕碰坏陶罐的珍爱之情。

"谢谢你们！↘"陶罐兴奋地说，"我的兄弟铁罐就在我旁边，请你们把它掘出来吧，它一定闷得够受了。"喜则气满声高，声音要轻快，气息饱满。

人们立即动手，翻来覆去，把土都掘遍了，但是，连铁罐的影子也没见到。失望是一种略带悲伤的情绪，悲则气沉声缓，最后一句声音要略显低沉缓慢，读出人们一无所得的失望情绪。

总之，在语气的运用中，情是统帅、主导，是内在的；气息、声音是被统帅、被引导的，是外在的。这当中，不但有语意，而且有情思；不但动于衷，而且流于外；不但音随意转，气随情动，而且因情用气，以情带声；不但以气托声，而且以声、气传情。语气，使神与形珠联璧合，使有声语言充满生命的活力。我们朗诵时要充分理解语气运用的规律和特点，情取其高，声取其中，气取其深，以达到"字正腔圆、清晰持久、刚柔自如、声情并茂"的境界。

（三）节奏的运用

1. 节奏的定义

由一定的思想感情的波澜起伏所造成的，在朗诵全篇作品的过程中所显示的抑扬顿挫、轻重缓急的声音形式的回环往复，就是节奏。

2. 节奏的类型

节奏的类型有以下几种：

第一，紧张型——急促、紧张、气急、音短。

第二，轻快型——多扬、少抑、轻快、欢畅。

第三，高亢型——语势向高峰逐步推进，高昂爽朗。
第四，低沉型——语势压抑、沉重，语音缓慢、暗沉。
第五，凝重型——多抑少扬，语音沉着、坚实、有力。
第六，舒缓型——气长而稳，语音舒展自如。

3. 节奏的转换方法

节奏的转换方法有：

第一，欲扬先抑，欲抑先扬。
第二，欲快先慢，欲慢先快。
第三，欲轻先重，欲重先轻。

节奏类型主要是针对全篇而言的，因此，注重其整体性，即从全篇来把握；注意其变化性，即鲜明地区分并体现出各个语句的变化；注意其回环性，即相同或相似节奏的合理转换。

例如，《卖火柴的小女孩》的节奏类型的变化是：扬—扬—更扬—最抑—回环交替—回环交替—低沉型。

《卖火柴的小女孩》充满了对穷苦小女孩的深切同情，并鲜明地揭示出贫富悬殊的阶级社会的一角。"冷"与"饿"是作品的一条明线，也是小女孩不可解脱的痛苦，就像想仅凭一根火柴驱走那黑夜寒冷一样不可能。所以，她只能在幻想中进入天堂——大年夜冻饿而死。作者用幻境中的"大火炉"、"烤鹅"、"圣诞树"与现实中的寒冷、饥饿、痛苦形成鲜明对比。这些幻境，似乎真的存在，伸手即可得到。但是，幻境破灭后的反差，即由扬转抑，也可以说是欲抑先扬：变化过程是由扬渐扬，更扬，突然最抑，一个回环交替，又一个回环交替，最后落入"低沉型"节奏之中。

（四）停连的运用

1. 停连的定义

停连是指朗诵语流中声音的顿歇和连接。声音中断处是停顿，声音延续处是连接。

有声语言必须适合听觉的规律，朗诵时不一定要按作品标点符号来停顿，有标点的地方可能会连接起来，没有标点的地方可能安排停顿。

停连，无论从朗诵者和听者两方面来说，都有生理和心理的要求。从朗诵者方面来说，因生理上呼吸量是一定的，所以不可能一口气把一篇作品读完，总要有换气的时候，还要有对气息进行调节的时候，这都需要停顿，停顿之后，才可以继续朗诵，这时就需要连接。

停连是根据作品的内容和语句的目的安排的，这其中不仅有生理上的需要和语法上的需要，更重要的是有感情上的需要。停连，是朗诵者思想感情的继续和延伸，而绝不是思想感情的中断和空白。

2. 停连的类型

停连的类型有以下几种：

第一，并列性停连。
第二，陈述性停连。

第三，呼应性停连。
第四，转折性停连。
第五，感情性停连。
下文中"⌒"是连接符号，"/"是停顿符号。
例1：海燕叫喊着，⌒飞翔着，像黑色的闪电，⌒箭一般地穿过乌云，翅膀刮起波浪的飞沫。（一气呵成）
例2：胡未灭，⌒鬓先秋，⌒泪/空流。此生谁料，心在天山，身老/沧州！（千回百转，思绪万千）
例3：小草虽小/一样能铺成辽阔的草原，我们平凡，一样能做到不平凡。陈腾达——城月镇一名普通的计生干部，从部队转业回到家乡，服从安排毫无怨言地来到全镇最偏远、⌒最贫穷、⌒工作条件最艰苦的村委任计生专干，为转变村民的婚育观念，带领群众少生快富，他顶着烈日、⌒冒着风雨、⌒走家串户，直至一次连续70多天带病工作，最后累倒在工作岗位上，年仅/34岁。

3. 停连的一般规律

停连必须根据作品内容和具体语句来安排，并以思想感情的运动状态为前提。我们不能无根据地乱停乱连，也不能一直读下去，不考虑停顿。

我们必须从"读"和"听"双方的需要来考虑停连，读是主导方面。

文字作品的标点符号是朗诵者安排停连的重要参考，但朗诵者不能因此而束手束脚，不敢有所创新。

一般来说，句子越长、内容越多，停顿就越多；相反，句子越短、内容越少，停顿就越少。感情沉重时，停顿较多，感情欢畅时，停顿较少。

停顿不是思想感情的空白和中断，恰当的停顿可以表达未尽之意。

停连必须与重音、语气、节奏等技巧共同完成朗诵的再创造，它永远不是孤立存在的。

第四节　各种文体的朗诵训练

一、古诗词朗诵训练

训练方法指导：

第一，热情洋溢的表演心态。这种表演心态要求朗诵者以个人身份当众"孤独"地创造文本的情境，表达文本的精神，把朗诵者对文章的理解、感受、体验、把握，有的放矢地向听众揭示出来、表现出来。

第二，自如的喷弹力度。气息的运动，声音的响亮，必须落实到唇舌的喷弹力度上。喷弹力度受情感把握控制。

第三，张弛鲜明的疏密尺度。这里是指语流的速度，必须有快有慢，而且快而不乱，慢而不断。

第四，高低起落的抑扬幅度。抑扬技巧多种多样，高低有依据，起落有层次。有时先抑后扬，有时先扬后抑，有时扬起再抑更扬，有时落下再扬更抑，切不可只用一种套路。

第五，见微知著的刚柔强度，这里的刚柔一般表现为声音的强度（又称硬度）。它绝不能简单地归结为声音的大小或强弱。有时刚性明显，却可能声音低或者声音小；有时柔性明显，却可能声音高或者声音大。

【训练材料】

蜀道难 （唐）李白

噫吁嚱，危乎高哉！蜀道之难，难于上青天！蚕丛及鱼凫，开国何茫然！尔来四万八千岁，不与秦塞通人烟。西当太白有鸟道，可以横绝峨眉巅。地崩山摧壮士死，然后天梯石栈相钩连。上有六龙回日之高标，下有冲波逆折之回川。黄鹤之飞尚不得过，猿猱欲度愁攀援。青泥何盘盘，百步九折萦岩峦。扪参历井仰胁息，以手抚膺坐长叹。问君西游何时还？畏途巉岩不可攀。但见悲鸟号古木，雄飞雌从绕林间。又闻子规啼夜月，愁空山。蜀道之难，难于上青天，使人听此凋朱颜。连峰去天不盈尺，枯松倒挂倚绝壁。飞湍瀑流争喧豗，砯崖转石万壑雷。其险也如此，嗟尔远道之人胡为乎来哉！剑阁峥嵘而崔嵬，一夫当关，万夫莫开。所守或匪亲，化为狼与豺。朝避猛虎，夕避长蛇，磨牙吮血，杀人如麻。锦城虽云乐，不如早还家。蜀道之难，难于上青天，侧身西望长咨嗟！

宣州谢朓楼饯别校书叔云 （唐）李白

弃我去者，昨日之日不可留；
乱我心者，今日之日多烦忧。
长风万里送秋雁，对此可以酣高楼。
蓬莱文章建安骨，中间小谢又清发。
俱怀逸兴壮思飞，欲上青天揽明月。
抽刀断水水更流，举杯销愁愁更愁。
人生在世不称意，明朝散发弄扁舟。

山中问答 （唐）李白

问余何意栖碧山，笑而不答心自闲。
桃花流水窅然去，别有天地非人间。

问刘十九 （唐）白居易

绿蚁新醅酒，红泥小火炉。
晚来天欲雪，能饮一杯无？

兵车行 （唐）杜甫

车辚辚，马萧萧，行人弓箭各在腰。爷娘妻子走相送，尘埃不见咸阳桥。牵衣顿足拦道哭，哭声直上干云霄。道旁过者问行人，行人但云点行频。或从十五北防河，便至四十西营田。去时里正与裹头,归来头白还戍边。边庭流血成海水,武皇开边意未已。君不闻,汉家山东二百州,千村万落生荆杞。纵有健妇把锄犁,禾生陇亩无东西。况复秦兵耐苦战,被驱不异犬与鸡。长者虽有问,役夫敢申恨?且如今年冬,未休关西卒。县官急索租,租税从何出?信知生男恶,反是生女好。生女犹得嫁比邻,生男埋没随百草。君不见,青海头,古来白骨无人收。新鬼烦冤旧鬼哭,天阴雨湿声啾啾!

诉衷情 (宋)陆游

当年万里觅封侯,匹马戍梁州。关河梦断何处?尘暗旧貂裘。胡未灭,鬓先秋,泪空流。此生谁料,心在天山,身老沧州!

乌夜啼 (五代)李煜

无言独上西楼,月如钩,寂寞梧桐深院锁清秋。剪不断,理还乱,是离愁,别是一番滋味在心头。

虞美人 (五代)李煜

春花秋月何时了,往事知多少。小楼昨夜又东风,故国不堪回首月明中。雕栏玉砌应犹在,只是朱颜改。问君能有几多愁,恰似一江春水向东流。

鹊桥仙 (宋)秦观

纤云弄巧,飞星传恨,银汉迢迢暗渡。金风玉露一相逢,便胜却人间无数。柔情似水,佳期如梦,忍顾鹊桥归路。两情若是久长时,又岂在朝朝暮暮。

送元二使安西 (唐)王维

渭城朝雨浥轻尘,客舍青青柳色新。
劝君更尽一杯酒,西出阳关无故人。

将进酒 (唐)李白

君不见,黄河之水天上来,奔流到海不复回。君不见,高堂明镜悲白发,朝如青丝暮成雪。人生得意须尽欢,莫使金樽空对月。天生我材必有用,千金散尽还复来。烹羊宰牛且为乐,会须一饮三百杯。岑夫子,丹丘生,将进酒,杯莫停。与君歌一曲,请君为我倾耳听。钟鼓馔玉不足贵,但愿长醉不复醒。古来圣贤皆寂寞,惟有饮者留其名。陈王昔时宴平乐,斗酒十千恣欢谑。主人何为言少钱,径须沽取对君酌。五花马,千金裘,呼儿将出换美酒,与尔同销万古愁。

丰乐亭游春三首 (宋)欧阳修

绿树交加山鸟啼,晴风荡漾落花飞。
鸟歌花舞太守醉,明日酒醒春已归。
春云淡淡日辉辉,草惹行襟絮拂衣。

行到亭前逢太守,篮舆酩酊插花归。
红树青山日欲斜,长郊草色绿无涯。
游人不管春将尽,来往亭前踏落花。

登 高 (唐)杜甫
风急天高猿啸哀,渚清沙白鸟飞回。
无边落木萧萧下,不尽长江滚滚来。
万里悲秋常作客,百年多病独登台。
艰难苦恨繁霜鬓,潦倒新停浊酒杯。

忆秦娥 (唐)李白
箫声咽,秦娥梦断秦楼月。秦楼月,年年柳色,灞陵伤别。乐游原上清秋节,咸阳古道音尘绝。音尘绝,西风残照,汉家陵阙。

江城子 (宋)秦观
西城杨柳弄春柔,动离忧,泪难收。犹记多情曾为系归舟。碧野朱桥当日事,人不见,水空流。韶华不为少年留,恨悠悠,几时休?飞絮落花时候一登楼。便做春江都是泪,流不尽,许多愁。

水调歌头 (宋)苏轼
明月几时有?把酒问青天。不知天上宫阙,今夕是何年。我欲乘风归去,又恐琼楼玉宇,高处不胜寒。起舞弄清影,何似在人间?转朱阁,低绮户,照无眠。不应有恨,何事长向别时圆?人有悲欢离合,月有阴晴圆缺,此事古难全。但愿人长久,千里共婵娟。

破阵子 (宋)辛弃疾
醉里挑灯看剑,梦回吹角连营。八百里分麾下炙,五十弦翻塞外声,沙场秋点兵。马作的卢飞快,弓如霹雳弦惊。了却君王天下事,赢得生前身后名。可怜白发生!

江城子 (宋)苏轼
十年生死两茫茫,不思量,自难忘。千里孤坟,无处话凄凉。纵使相逢应不识,尘满面,鬓如霜。夜来幽梦忽还乡,小轩窗,正梳妆。相顾无言,惟有泪千行。料得年年肠断处,明月夜,短松冈。

雨霖铃 (宋)柳永
寒蝉凄切,对长亭晚,骤雨初歇。都门帐饮无绪,留恋处,兰舟催发。执手相看泪眼,竟无语凝噎。念去去千里烟波,暮霭沉沉楚天阔。多情自古伤离别,更那堪冷落清秋节。今宵酒醒何处,杨柳岸,晓风残月。此去经年,应是良辰好景虚设。便纵有千种风情，更与何人说？

春江花月夜 （唐）张若虚

春江潮水连海平，海上明月共潮生。
滟滟随波千万里，何处春江无月明？
江流宛转绕芳甸，月照花林皆似霰。
空里流霜不觉飞，汀上白沙看不见。
江天一色无纤尘，皎皎空中孤月轮。
江畔何人初见月？江月何年初照人？
人生代代无穷已，江月年年望相似。
不知江月待何人，但见长江送流水。
白云一片去悠悠，青枫浦上不胜愁。
谁家今夜扁舟子？何处相思明月楼？
可怜楼上月徘徊，应照离人妆镜台。
玉户帘中卷不去，捣衣砧上拂还来。
此时相望不相闻，愿逐月华流照君。
鸿雁长飞光不度，鱼龙潜跃水成文。
昨夜闲潭梦落花，可怜春半不还家。
江水流春去欲尽，江潭落月复西斜。
斜月沉沉藏海雾，碣石潇湘无限路。
不知乘月几人归，落月摇情满江树。

二、现代诗朗诵训练

训练方法指导：

朗诵诗歌，要准确地把握诗人在诗歌中所表达的情感，使朗诵者受到感染，通过自己的真切体验，加以想象和创造，用有声语言表达出来。

诗人常将外在现实化为主观情思，又将说不清、道不明的主观情思寄托在具体的意象中。朗诵诗歌既要把握好诗的意象，又要用形象感受和情景再现的方法，将听众带入诗人用情和景创造出的意境中。

音乐性是诗歌语言与散文语言的主要分界。诗的音乐性既有外在的节奏和音韵，又有诗人内在情绪强弱起伏形成的内在旋律，朗诵诗歌要注意表达诗的音乐性。

【训练材料】

雨 巷 戴望舒

撑着油纸伞，独自
彷徨在悠长、悠长
又寂寥的雨巷
我希望逢着

　　　　　　　一个丁香一样的
　　　　　　　结着愁怨的姑娘

　　　　　　　她是有
　　　　　　　丁香一样的颜色
　　　　　　　丁香一样的芬芳
　　　　　　　丁香一样的忧愁
　　　　　　　在雨中哀怨
　　　　　　　哀怨又彷徨

　　　　　　　她彷徨在这寂寥的雨巷
　　　　　　　撑着油纸伞
　　　　　　　像我一样
　　　　　　　像我一样地
　　　　　　　默默彳亍着
　　　　　　　冷漠、凄清，又惆怅

　　　　　　　她静默地走近
　　　　　　　走近，又投出
　　　　　　　太息一般的眼光
　　　　　　　她飘过
　　　　　　　像梦一般地
　　　　　　　像梦一般地凄婉迷茫

　　　　　　　像梦中飘过
　　　　　　　一枝丁香地
　　　　　　　我身边飘过这女郎
　　　　　　　她静默地远了、远了
　　　　　　　到了颓圮的篱墙
　　　　　　　走尽这雨巷

　　　　　　　在雨的哀曲里
　　　　　　　消了她的颜色
　　　　　　　散了她的芬芳
　　　　　　　消散了，甚至她的
　　　　　　　太息般的眼光
　　　　　　　丁香般的惆怅

　　　　　　　撑着油纸伞，独自

彷徨在悠长、悠长
又寂寥的雨巷
我希望飘过
一个丁香一样的
结着愁怨的姑娘

再别康桥 徐志摩

轻轻的我走了,
正如我轻轻的来;
我轻轻的招手,
作别西天的云彩。

那河畔的金柳,
是夕阳中的新娘;
波光里的艳影,
在我的心头荡漾。

软泥上的青荇,
油油的在水底招摇;
在康河的柔波里,
我甘心做一条水草!

那榆荫下的一潭,
不是清泉,是天上的虹;
揉碎在浮藻间,
沉淀着彩虹似的梦。

寻梦?撑一支长篙,
向青草更深处漫溯;
满载一船星辉,
在星辉斑斓里放歌。

但我不能放歌,
悄悄是别离的笙箫;
夏虫也为我沉默,
沉默是今晚的康桥!

悄悄的我走了,

正如我悄悄的来；
我挥一挥衣袖，
不带走一片云彩。

教我如何不想她　刘半农

天上飘着些微云，
地上吹着些微风。
啊！
微风吹动了我头发，
教我如何不想她？

月光恋爱着海洋，
海洋恋爱着月光。
啊！
这般蜜也似的银夜，
教我如何不想她？

水面落花慢慢流，
水底鱼儿慢慢游。
啊！
燕子你说些什么话？
教我如何不想她？

枯树在冷风里摇，
野火在暮色中烧。
啊！
西天还有些儿残霞，
教我如何不想她？

我愿意是急流　（匈）裴多菲

我愿意是急流，
山里的小河，
在崎岖的路上、
崖石上经过……
只要我的爱人
是一条小鱼，
在我的浪花中
快乐地游来游去。

我愿意是荒林,
在河流的两岸,
对一阵阵的狂风,
勇敢地作战……
只要我的爱人
是一只小鸟,
在我的稠密的
树枝间作窠鸣叫。

我愿意是废墟,
在峻峭的山岩上,
这静默的毁灭,
并不使我懊丧……
只要我的爱人
是青青的常春藤,
沿着我荒凉的额头
亲密地攀缘向上。

我愿意是草屋,
在深深的山谷底,
草屋的顶上,
饱受风雨的打击……
只要我的爱人
是可爱的火焰,
在我的炉子里
愉快地缓缓闪现。

我愿意是云朵,
是灰色的破旗,
在广漠的空中,
懒懒地飘来荡去……
只要我的爱人
是珊瑚似的夕阳,
傍着我苍白的脸
显出鲜艳的辉煌。

祖国啊,我亲爱的祖国　舒婷
我是你河边上破旧的老水车,

数百年来纺着疲惫的歌；
我是你额上熏黑的矿灯，
照你在历史的隧洞里蜗行摸索；
我是干瘪的稻穗；是失修的路基；
是淤滩上的驳船，
把纤绳深深
勒进你的肩膊；
——祖国啊！

我是贫困，
我是悲哀。
我是你祖祖辈辈
痛苦的希望啊，
是"飞天"袖间
千百年来未落到地面的花朵，
——祖国啊！

我是你簇新的理想，
刚从神话的蛛网里挣脱；
我是你雪被下古莲的胚芽；
我是你挂着眼泪的笑涡；
我是新刷出的雪白的起跑线；
是绯红的黎明
正在喷薄；
——祖国啊！

我是你十亿分之一，
是你九百六十万平方的总和；
你以伤痕累累的乳房，
喂养了
迷惘的我，深思的我，沸腾的我；
那就从我的血肉之躯上
去取得
你的富饶，你的荣光，你的自由；
——祖国啊！
我亲爱的祖国！

我为少男少女们歌唱　何其芳

我为少男少女们歌唱。
我歌唱早晨,
我歌唱希望,
我歌唱那些属于未来的事物,
我歌唱正在生长的力量。
我的歌啊,
你飞吧,
飞到年轻人的心中,
去找你停留的地方。
所有使我像草一样颤抖过的,
快乐或者好的思想,
都变成声音飞到四方八面去吧,
不管它像一阵微风,
或者一片阳光。
轻轻地从我琴弦上,
失掉了成年的忧伤,
我重新变得年轻了,
我的血流得很快,
对于生活我又充满了梦想,充满了渴望。

我爱这土地　艾青

假如我是一只鸟,
我也应该用嘶哑的喉咙歌唱:
这被暴风雨所打击着的土地,
这永远汹涌着我们的悲愤的河流,
这无止息地吹刮着的激怒的风,
和那来自林间的无比温柔的黎明……
——然后我死了,
连羽毛也腐烂在土地里面。
为什么我的眼里常含泪水?
因为我对这土地爱得深沉……

比尾巴　程宏明

谁的尾巴长?猴子的尾巴长。
谁的尾巴短?兔子的尾巴短。
谁的尾巴好像一把伞?松鼠的尾巴好像一把伞。
谁的尾巴弯?公鸡的尾巴弯。

谁的尾巴扁？鸭子的尾巴扁。
谁的尾巴最好看？孔雀的尾巴最好看。

雪地里的小画家　程宏明

下雪啦，下雪啦！
雪地里来了一群小画家。
小鸡画竹叶，小狗画梅花，
小鸭画枫叶，小马画月牙。
不用颜料不用笔，
几步就成一幅画。
青蛙为什么没参加？
它在洞里睡着啦。

帽子的秘密　柯岩

我的哥哥可不是个普通的人，
他是一个三年级的学生。
他一连考了那么多个五分，
妈妈送他一顶帽子当奖品。
帽子的颜色可真蓝，
漆黑的帽檐亮闪闪；
别说把它戴在头上，
就是看看心里也喜欢。
可是这顶帽子有点奇怪，
它的帽檐老是掉下来，
妈妈把它缝了又缝，
不知道为什么它总是坏。

妈妈叫我跟哥哥一块儿，
好看帽檐怎么会掉下来，
可是哥哥只要一见我，
马上就把我赶开。
今天我偷偷地到了他的学校，
这事儿一下子就弄明白：
他们七八个三年级学生，
一出校门就把帽檐扯下来。
他们在空地上来回地跑，
又喊"靠岸"，又喊"抛锚"。
哥哥拿着个望远镜——木头的，

四面八方到处瞧。

我还没决定躲不躲,
望远镜已经瞄准了我。
忽然背后一声"站住"!
我叫人抓住怎么也挣不脱。
两个"水兵"向哥哥敬礼,
报告抓到了一个"奸细"。
哥哥看也不看我一眼,
就下命令把我"枪毙"。
我生气地说:"我不是什么奸细,
我是你的弟弟!"
可是哥哥皱着眉说:
"是奸细就不是弟弟!"

明明是弟弟,偏说是奸细,
我又吵又闹心里着急,
两个"水兵"只好安慰我,
"枪毙"是假的,一点儿不疼。
我说:"不管什么真的还是假的,
反正我不能叫你们'枪毙';
我长大了要当解放军,
随便说我是奸细就不成。"
"水兵"们听了哈哈大笑,
哥哥只得把命令取消。
大伙说:"这可不是胆小鬼,
欢迎他参加我们'海军部队'。"

晚上我回家见了妈妈,
向她谈了甲板又谈舰艇,
我告诉她什么叫做舰队,
还说天下最勇敢的就是水兵。
至于哥哥的帽子嘛……
我说:"这是个秘密您最好别管!"
妈妈摸着我的头笑了:
"那好吧,亲爱的小水兵!"
我奇怪妈妈怎么知道,
她说:"这也是个秘密。"

她还说，有几句话，
托我给所有的小水兵捎去：

"真正的水兵坚强英勇，
热爱祖国热爱劳动，
你们能不能学习英雄，
不看帽子，要看行动！"

三、散文朗诵训练

训练方法指导：

优秀的散文往往是作家审美倾向的袒露和倾吐，无论叙事、记人、写景，还是状物等等，它所展示的都是作家内心的精神世界。所以，朗诵散文要深入理解作家的审美韵致与精神旨趣，以自然、亲切的态度，带着自己的真情实感，循着散文优美、生动、凝练的语言，充分运用有声语言的艺术技巧，去展现散文的意境和情韵。

散文虽不局限于诗歌的格律，却具备诗歌的抒情性和深邃的意境。所以，朗诵时要饱含激情，读出散文的意境美。

【训练材料】

笑　冰心

雨声渐渐的住了，窗帘后隐隐的透进清光来。推开窗户一看，呀！凉云散了，树叶上的残滴，映着月儿，好似萤光千点，闪闪烁烁的动着。——真没想到苦雨孤灯之后，会有这么一幅清美的图画！

凭窗站了一会儿，微微的觉得凉意侵人。转过身来，忽然眼花缭乱，屋子里的别的东西，都隐在光云里；一片幽辉，只浸着墙上画中的安琪儿——这白衣的安琪儿，抱着花儿，扬着翅儿，向着我微微的笑。

"这笑容仿佛在那儿看见过似的，什么时候，我曾……"我不知不觉的便坐在窗口下想，——默默的想。

严闭的心幕，慢慢的拉开了，涌出五年前的一个印象。——一条很长的古道。驴脚下的泥，兀自滑滑的。田沟里的水，潺潺的流着。近村的绿树，都笼在湿烟里。弓儿似的新月，挂在树梢。一边走着，似乎道旁有一个孩子，抱着一堆灿白的东西。驴儿过去了，无意中回头一看。——他抱着花儿，赤着脚儿，向着我微微的笑。

"这笑容又仿佛是那儿见过似的！"我仍是想——默默的想。

又现出一重心幕来，也慢慢的拉开了，涌出十年前的一个印象。——茅檐下的雨水，一滴一滴的落到衣上来。土阶边的水泡儿，泛来泛去的乱转。门前的麦垄和葡萄架子，都灌得新黄嫩绿的非常鲜丽。——一会儿好容易雨晴了，连忙走下坡儿去。迎头看见月儿从海面上来了，猛然记得有件东西忘下了，站住了，回过头来。这茅屋的老妇人——她依着门儿，抱着花儿，向着我微微的笑。

这同样微妙的神情，好似游丝一般，飘飘漾漾的合了拢来，绾在一起。

这时心下光明澄静，如登仙界，如归故乡。眼前浮现的三个笑容，一时融化在爱的调和里看不分明了。

山雀子噪醒的江南　饶庆年

山雀子噪醒的江南，一抹雨烟
到处是布谷的清亮，黄鹂的婉转，竹鸡的缠绵
看夜的猎手回了，柳笛儿在晨风中轻颤
孩子踏着睡意出牧，露珠绊响了水牛的铃铛
扛犁的老哥子们，粗声地吆喝着问候
担水的村姑，小曲儿洒一路淡淡的喜欢

山雀子噪醒的江南，一抹雨烟
我的心宁静的依恋，依恋着烟雨的江南
故乡从梦中醒来，竹叶抖动着晨风的新鲜
走尽古老的石阶，已不见破败的童话
石砌的院落，新房正翘起昂起的飞檐
孩子们已无从知道当年蕨根的苦涩
也不再弯腰拾起落地的榆钱
乡亲们泡一杯新摘的山茶待我，我的心浸渍着爱的香甜

山雀子噪醒的江南，一抹雨烟
我爱崖头山脚野蔷薇初吐的芳蕊
这一簇簇野性的艳丽，惹动我一瓣甜蜜，半朵心酸
望着牛背上打滚儿如同草地上打滚的侄儿们
江南烟雨迷蒙了我凝思的双眼
这些懂事的孩子过早地担起了父辈的艰辛
稚气的眸子，闪射着求知的欲念
可是，草坡上他们却在比赛着骂人的粗野
油灯下，只剩"抓子儿"的消遣

山雀子噪醒的江南，一抹雨烟
那溪水半掩的青石，沉默着我的初恋
鸭舌草多情的记忆里，悄悄开着羞涩的水仙
赤脚，我在溪流中浣洗着叹息
浣洗着童年的亲昵，今日的无言
小路幽深，兰草花默默地飘散着三月
小路又热烈，野石榴点燃了如火的夏天
小路驮着我长大，林荫覆盖我的几多朦胧

山雀子噪醒的江南，一抹雨烟
山雀子噪醒的江南，一抹雨烟
烟雨拂撩着我如画的江南
桂花酒新酿着一个现实的神话
荞花蜜将我久藏的童心点染
我的心交给了崖头的山雀
衔一片喜悦装点我迟到的春天
山雀子衔来的江南，一抹雨烟

四、儿童故事朗诵训练

训练方法指导：

人物和情节是故事的两大要素。故事以叙述为主，侧重于事件过程的描述，强调情节的生动性和连贯性，但整个故事离不开人物的语言和人物的活动。（注意如何用语言来表现不同的人物和故事的情节）

叙述故事的情节要口语化，平实自然，随着故事情节和人物活动的展开，随着感情的变化，语气要有变化，节奏也要有变化，朗诵的故事才会生动吸引人。（注意模仿儿童故事中各种动物的语气、体态）

故事中的人物千姿百态，各有特征，我们朗诵故事，在分析人物特征的基础上，对角色、语气、节奏、表情方面都要认真设计，使故事中的人物栩栩如生，生动形象。（可以设计态势语以增强生动感）

我们朗诵故事要有一颗童心，这是把握好对象的关键，也是朗诵好故事的关键。（语言要儿童化）

【训练材料】

两只笨狗熊

狗熊妈妈有两个孩子，一个叫大黑，一个叫小黑，它们长得挺胖，可是都很笨，是两只笨狗熊。

有一天，天气真好，哥儿俩手拉手一起出去玩儿。它们走着，走着，忽然看见路边有一块干面包，捡起来闻闻，嘿，喷喷香。可是只有一块干面包，两只小狗熊怎么吃呢？大黑怕小黑多吃一点，小黑也怕大黑多吃一点，这可不好办呀！

大黑说："咱们分了吃，可要分得公平，我的不能比你的小。"

小黑说："对，要分得公平，你的不能比我的大。"

哥儿俩正闹着呢，狐狸大婶来了，她看见干面包，眼珠骨碌碌一转，说："噢，你们是怕分得不公平吧，让大婶来帮你们分。"哥儿俩说："好，好，咱们让狐狸大婶来分吧。"

狐狸大婶接过干面包，恨不得一口吞下去，可是它没有这样做，它把干面包分成两块，哥儿俩一看，连忙叫起来："不行！不行！一块大，一块小。"

狐狸大婶说："你们别着急，瞧，这一块大一点吧，我咬它一口。"狐狸大婶张开大嘴巴，啊呜咬了一口，哥儿俩一看，又叫起来了："不行，不行，这块大的被你咬了一口，又变成小的了。"

狐狸大婶说："你们急什么呀，那块大了我再咬它一口吧。"狐狸大婶张开大嘴巴又啊呜咬了一口，哥儿俩一看，急得叫起来："那块大的被你咬一口，又变成小的了。"狐狸大婶就这样这块咬一口，那块咬一口，干面包只剩下小手指头那么一点儿了。它把一丁点儿大的干面包分给大黑和小黑，说："现在两块干面包都一样大小了，吃吧，吃得饱饱的。"

大黑和小黑你看看我，我看看你，一句话也说不出来。小朋友说说看，它们是不是两只笨狗熊？

狐狸和乌鸦

乌鸦在大树上做了个窝，大树底下有个洞，洞里住着狐狸。

有一天，乌鸦飞出去给她的孩子找吃的，她找到一片肉，叼了回来，站在窝边的树枝上，心里很高兴。

这时候，狐狸也出来找吃的。它抬头一看，乌鸦嘴里叼着一片肉，馋得直流口水。狐狸想了想，就笑着对乌鸦说："你好，亲爱的乌鸦！"乌鸦不做声。狐狸又说："亲爱的乌鸦，你的孩子好吗？"乌鸦看了狐狸一眼，还是不做声。狐狸又说："亲爱的乌鸦，你的羽毛真漂亮，麻雀比起你来，可就差多了，你的嗓子真好，谁都爱听你唱歌。你唱几句吧！"乌鸦听了狐狸的话，得意极了，就唱起歌来。哇……刚一张嘴，肉就掉下来了。

狐狸叼起肉，钻到洞里去了。

小蝌蚪找妈妈

暖和的春天来了。池塘里的冰融化了。柳树上长出了绿色的叶子。

青蛙妈妈在泥洞里睡了一个冬天，也醒来了。她从泥洞里慢慢地爬出来，伸了伸腿，扑通一声，跳进池塘里，在碧绿的水草上，生下了许多黑黑的、圆圆的卵。春风吹着，阳光照着，池塘里的水越来越暖和了，青蛙妈妈生下的卵，慢慢地活动起来，变成一群大脑袋、长尾巴的小蝌蚪。小蝌蚪在水里游来游去，非常快乐。

有一天，鸡妈妈带着小鸡到池塘边来喝水。小鸡跟在妈妈后面，"唧唧唧唧"地叫着。小蝌蚪看见了，就想起了自己的妈妈。

他们你问我，我问你："我们的妈妈在哪里呢？"可是谁也不知道。他们一齐游到鸡妈妈身边，问："鸡妈妈，鸡妈妈，您看见过我们的妈妈吗？请您告诉我们，她在哪里？"

鸡妈妈亲热地回答说："看见过。你们的妈妈有两只大眼睛，嘴巴又阔又大。好孩子，你们到前面去找吧！"

"谢谢您，鸡妈妈！"小蝌蚪高高兴兴地向前面游去。

一条大金鱼游过来了。小蝌蚪看见大金鱼头顶上有两只大眼睛，嘴巴又阔又大。他们想：一定是妈妈来了。就追上去喊："妈妈！妈妈！"

大金鱼笑着说:"我不是你们的妈妈,我是小金鱼的妈妈。你们的妈妈肚皮是白色的,好孩子,你们去找吧!"

"谢谢您!金鱼妈妈!"小蝌蚪又向前面游去。

一只大螃蟹从对面游了过来。小蝌蚪看见螃蟹的肚皮是白的,就迎上去大声叫:"妈妈!妈妈!"

螃蟹摆着两只大钳子,笑着说:"我不是你们的妈妈。你们的妈妈只有四条腿,你们看我有几条腿呀?"

小蝌蚪一数,螃蟹有八条腿,就不好意思地说:"对不起呀,我们认错了。"

一只大乌龟在水里慢慢地游着,后面跟着一只小乌龟。小蝌蚪游到大乌龟跟前,仔细数着大乌龟的腿:

"一条,两条,三条,四条。四条腿!四条腿!这回可找到妈妈啦!"

小乌龟一听,急忙爬到大乌龟的背上,昂着头说:"你们认错啦,她是我的妈妈。"

大乌龟笑着说:"你们的妈妈穿着好看的绿衣裳,唱起歌来'呱呱呱',走起路来一蹦一跳。好孩子,快去找她吧!"

"谢谢您,乌龟妈妈。"小蝌蚪再向前面游过去。

小蝌蚪游呀游呀,游到池塘边,看见一只青蛙,坐在圆圆的荷叶上"呱呱呱"地唱歌。

小蝌蚪游过去,小声地问:"请问您,您看见我们的妈妈吗?她有两只大眼睛,嘴巴又阔又大,四条腿走起路来一跳一蹦的,白白的肚皮绿衣裳,唱起歌来呱呱呱……"

青蛙没等小蝌蚪说完,就"呱呱呱"大笑起来。她说:"傻孩子,我就是你们的妈妈呀,我已经找了你们好久啦!"

小蝌蚪听了,一齐摇摇尾巴说:"奇怪!奇怪!为什么我们长得跟您不一样呢?"

青蛙笑着说:"你们还小呢。过几天,你们会长出两条后腿来;再过几天,又会长出两条前腿。四条腿长齐了。脱掉尾巴,换上绿衣裳,就跟妈妈一样了。那时候,你们就可以跳到岸上去捉虫吃啦。"

小蝌蚪听了,高兴得在水里翻起跟斗来:"呵!我们找到妈妈了!我们找到妈妈了!"

青蛙扑通一声跳进水里,带着小蝌蚪一块儿游玩去了。

后来小蝌蚪长大了,变成了小青蛙。小青蛙常常跳到岸上捉虫吃,还快活地唱着:"呱呱呱,呱呱呱,我们长大啦!我们长大啦!我们会捉虫,捉尽了害虫,保护庄稼。"

金鸡冠的公鸡

从前有一只猫,有一只画眉鸟,还有一只公鸡——一只金鸡冠的公鸡。它们住在树林子里面一间小房子里。有一回,猫和画眉鸟到树林子里去砍柴,让公鸡一个人呆在家里。

它们临走的时候——严厉地叮嘱公鸡说:"我们走得很远,你呆在家里看门,一声不要响,狐狸走来的时候,你千万别朝窗子外面观望。"

狐狸听说猫和画眉鸟不在家,就跑到小房子前面来,在窗子下面唱歌,它唱道:

"公鸡呀公鸡,金鸡冠的公鸡,你的脑袋油光光,你的胡须丝一样,你把头探出窗口,我给你吃颗小豆。"

公鸡于是把头探出窗口。狐狸一把抓住它,要带回自己的狐狸洞去。公鸡喔喔叫:"狐狸把我捉紧,走过黑幽幽的森林,走过急腾腾的河流,走过高耸耸的山头……猫呀画眉鸟呀,来救救我吧……"猫和画眉鸟听见了,马上来追,从狐狸手里,把公鸡抢回来了。

猫和画眉鸟再次到树林子里去砍柴,又吩咐公鸡说:"喂,公鸡,这一回你别把头探出窗口,这次我们走得更远,会听不见你喊叫的。"

它们走了以后,狐狸又跑到小房子前面来唱到:"公鸡呀公鸡,金鸡冠的公鸡,你的脑袋油光光,你的胡须丝一样,你把头探出窗口,我给你吃颗小豆。"

公鸡坐在那里一声不响,狐狸接下去唱:"孩子们跑啊跑,麦子撒了一地,母鸡把它们捡起来,就是不给公鸡……"

公鸡把头探出窗口:"喔喔喔,干吗不给?!"狐狸一把抓住它,要带回自己的狐狸洞去。公鸡喔喔叫:"狐狸把我捉住,走过黑幽幽的森林,走过急腾腾的河流,走过高耸耸的山头……猫呀画眉鸟呀,来救救我吧……"

猫和画眉鸟听见了,便翻身回来追赶。猫在地上跑,画眉鸟在天上飞……它们赶上了狐狸——猫用爪子抓,画眉鸟用嘴啄,把公鸡抢回来了。

过了不知道多少时候,猫和画眉鸟两个又要到树林子里去砍柴了。它们临走的时候,非常严厉地吩咐公鸡说:"你别听狐狸的话,别把头探出小窗口了,我们这次走得还要远,是听不见你喊叫的。"

猫和画眉鸟去砍柴了,走得远远的。狐狸又来了——它坐在窗子下面,唱到:"公鸡呀公鸡,金鸡冠的公鸡,你的脑袋油光光,你的胡须丝一样,你把头探出窗口,我给你吃颗小豆。"

公鸡坐在那里一声不响,狐狸接着唱:"孩子们跑啊跑,麦子撒了一地,母鸡把它们捡起来,就是不给公鸡……"

公鸡依旧一声不响,于是狐狸接下去唱:"人们跑呀跑,核桃撒了一地,母鸡把它们捡起来,就是不给公鸡……"

公鸡把头探出窗口:"喔喔喔,干吗不给?!"

狐狸一把抓住它,要带回自己的狐狸洞去,它走过黑幽幽的森林,走过急腾腾的河流,走过高耸耸的山头……

不管公鸡叫了又叫,喊了又喊,猫和画眉鸟都没有听见。等它们回到家里来,公鸡没有了。

猫和画眉鸟跟着狐狸的脚印走。猫在地下跑,画眉鸟在天上飞,它们来到狐狸洞口。猫调好了小提琴,拉起了琴:"特令令,特令令,金弦线的小提琴……狐狸在不在家中,在那热烘烘的狐狸洞?"

狐狸听了又听,心里想:"让我去看看这是谁吧,他小提琴拉得这么好,歌唱得那么甜。"

于是它爬出洞口,猫和画眉鸟一把抓住它——又捶又打,直到它逃走为止。

它们救出了公鸡，把它放在树皮编的篮子里，捧回家去了。

五、文言文朗诵训练

训练方法指导：

第一，整体感知课文内容，读好停顿。

我们在读文言文时，要结合课文注释，综合课文中已有的标点符号，弄清基本句意、文意，在此基础上仔细体会一个长句中哪个词与哪个词该连在一起读，或不该连在一起读，才符合句意、文意。这样就能把握句子内部的自然停顿。

第二，了解文言文词语特点，读好停顿。

现代汉语中的一些双音节词，在文言文里常常是两个单音节词，词义与现代汉语也有所不同。在文言文里，就要将两个单音节词分开来读，而不能错把它们当成一个词来读。

第三，借助语法知识，读出停顿。

在弄懂文言句意的基础上，可以用语法知识来分析句子的结构。先判断一下构成句子的词或短语，在句中各充当什么成分，读出停顿。

【训练材料】

离骚　（战国）屈原

帝高阳之苗裔兮，朕皇考曰伯庸。
摄提贞于孟陬兮，惟庚寅吾以降。
皇览揆余初度兮，肇锡余以嘉名：
名余曰正则兮，字余曰灵均。
纷吾既有此内美兮，又重之以修能。
扈江离与辟芷兮，纫秋兰以为佩。
汨余若将不及兮，恐年岁之不吾与。
朝搴阰之木兰兮，夕揽洲之宿莽。
日月忽其不淹兮，春与秋其代序。
惟草木之零落兮，恐美人之迟暮。
不抚壮而弃秽兮，何不改乎此度？
乘骐骥以驰骋兮，来吾道夫先路！
昔三后之纯粹兮，固众芳之所在。
杂申椒与菌桂兮，岂维纫夫蕙茞！
彼尧、舜之耿介兮，既遵道而得路。
何桀纣之昌披兮，夫唯捷径以窘步。
惟夫党人之偷乐兮，路幽昧以险隘。
岂余身之惮殃兮，恐皇舆之败绩！
忽奔走以先后兮，及前王之踵武。
荃不察余之中情兮，反信谗而齌怒。

余固知謇謇之为患兮,忍而不能舍也。
指九天以为正兮,夫惟灵修之故也。
曰黄昏以为期兮,羌中道而改路!
初既与余成言兮,后悔遁而有他。
余既不难夫离别兮,伤灵修之数化。
余既滋兰之九畹兮,又树蕙之百亩。
畦留夷与揭车兮,杂杜衡与芳芷。
冀枝叶之峻茂兮,原俟时乎吾将刈。
虽萎绝其亦何伤兮,哀众芳之芜秽。
众皆竞进以贪婪兮,凭不厌乎求索。
羌内恕己以量人兮,各兴心而嫉妒。
忽驰骛以追逐兮,非余心之所急。
老冉冉其将至兮,恐修名之不立。
....

前赤壁赋 (宋)苏轼

　　壬(rén)戌(xū)之秋,七月既望,苏子与客泛舟游于赤壁之下。清风徐来,水波不兴。举酒属(zhǔ)客,诵明月之诗,歌窈窕之章。少(shǎo)焉,月出于东山之上,徘徊于斗(dǒu)牛之间。白露横江,水光接天。纵一苇之所如,凌万顷之茫然。浩浩乎如冯(píng)虚御风,而不知其所止;飘飘乎如遗世独立,羽化而登仙。

　　于是饮酒乐甚,扣舷而歌之。歌曰:"桂棹(zhào)兮兰桨,击空明兮溯流光。渺渺兮予怀,望美人兮天一方。"客有吹洞箫者,倚歌而和(hè)之。其声呜呜然,如怨如慕,如泣如诉;余音袅袅,不绝如缕。舞幽壑之潜蛟,泣孤舟之嫠(lí)妇。

　　苏子愀(qiǎo)然,正襟危坐,而问客曰:"何为其然也?"客曰:"'月明星稀,乌鹊南飞。'此非曹孟德之诗乎?西望夏口,东望武昌,山川相缪(liáo),郁乎苍苍,此非孟德之困于周郎者乎?方其破荆州,下江陵,顺流而东也,舳(zhú)舻(lú)千里,旌(jīng)旗蔽空,酾(shī)酒临江,横槊(shuò)赋诗,固一世之雄也,而今安在哉?况吾与子渔樵(qiáo)于江渚(zhǔ)之上,侣鱼虾而友麋(mí)鹿。驾一叶之扁舟,举匏(páo)樽以相属(zhǔ)。寄蜉(fú)蝣(yóu)于天地,渺沧海之一粟(sù)。哀吾生之须臾(yú),羡长江之无穷。挟(xié)飞仙以遨游,抱明月而长终。知不可乎骤得,托遗响于悲风。"

　　苏子曰:"客亦知夫水与月乎?逝者如斯,而未尝往也;盈虚者如彼,而卒莫消长也。盖将自其变者而观之,则天地曾不能以一瞬;自其不变者而观之,则物与我皆无尽也,而又何羡乎?且夫天地之间,物各有主。苟非吾之所有,虽一毫而莫取。惟江上之清风,与山间之明月,耳得之而为声,目遇之而成色。取之无禁,用之不竭,是造物者之无尽藏(zàng)也,而吾与子之所共适(shì)。"

　　客喜而笑,洗盏(zhǎn)更酌(zhuó)。肴(yáo)核既尽,杯盘狼籍(jí)。相与枕藉(jiè)乎舟中,不知东方之既白。

六、小说朗诵训练

（一）了解小说的特点

人物、情节、环境，是小说的三要素。我们朗诵时要注意抓住核心，深化感情；抓住个性，塑造人物；抓住情节，变化节奏。

（二）掌握小说朗诵的要求

首先，要对小说的环境描写作好交代；其次，把握好情节的开端、发展、高潮和结尾；最后，要细致地分析人物的个性特征，用有声语言塑造出活生生的人物来。

第五节　朗诵中的态势语

人们在朗诵中，除了有声语言外，还常常辅之以各种动作表情，来帮助表达自己的思想感情，我们把这种表达思想感情的动作表情叫做态势语。朗诵中最常用的态势语是眼神、面部表情和手势。

一、眼神

（一）目光语训练

正视：表示庄重、诚恳。
斜视：表示轻蔑。
环视：与听众交流。
点视：具有针对性和示意性。
仰视：表示崇敬或傲慢。
俯视：表示关心或忧伤。
凝视：表示专注。
漠视：表示冷漠。
虚视：可以消除紧张心理等。

（二）例子

①狐狸舔舔嘴巴，眼珠一转，计上心头。
②乌鸦躲到一棵大树上，准备好好地享享口福了。
③记住，千万别让拍马屁的人钻了我们心理的空子。

（三）训练

朗诵下列诗句，用眼神表现出括号中提示的表情。
①我，常常望着天真的儿童，心里充满了喜乐。（微笑）

②素不相识，我也抚抚红润的小脸。（亲切）
③他们陌生地瞅着我，歪着头。（陌生）
④像一群小鸟打量着一个恐龙蛋。（惊奇）
⑤他们走了，走远了……（失望）

二、表情

（一）要点

表情语和目光语的运用要与口语表达的内容和目的一致。

表情与眼神的变化不要过于频繁，要适度。

表情语与目光语是一个和谐的整体，不宜再做分解训练。

朗诵表情忌讳：一种是"麻木式"表情，面部呆板，毫无生气；另一种是"僵化式"表情，表情单一，缺少变化，好像把"笑容"冻在了脸上，毫无感染力。

（二）训练

练习各种笑：开怀大笑、微微一笑、羞涩的笑、冷笑、苦笑、皮笑肉不笑等。

三、手势语

手是第二个脸，手势表达的含义相当丰富。

（一）手势语的主要类型

情意手势：表达说话者的感情。

指示手势：指明要谈的人、事物、方向等。

象形手势：用来描摹，比划具体事物或人的形象。

象征手势：用来表达抽象概念。

（二）手势区域

根据手的动作范围，我们一般将手势分为三个区域。

上区：肩部以上，表现积极、振奋、肯定、张扬等。

中区：肩部至腰部，表现坦诚、平静等叙述、说明的中性意义。

下区：腰部以下，表现憎恨、鄙视、压抑、否定等贬义。

（三）手势语运用的原则

第一，简洁。所谓简洁，就是指手势的动作本身要简单、明了、不刻意雕琢。在朗诵过程中不宜频繁使用手势，以免干扰有声语言的表达。

第二，和谐。所谓和谐，就是指手势既要与其他的态势语配合，又要与所表达的内容相协调。从整体上既要有助于有声语言的表达，又要给人以和谐的美感。

第三，自然。"该出手时就出手"，手势要落在相应的字词上；出手要快，收手要慢。

四、态势语的综合训练

（一）示范训练

狐狸和乌鸦：

乌鸦在大树上（眼神）做了个窝，大树底下有个洞（手势），洞里住着狐狸。

有一天，乌鸦飞出去（手势）给她的孩子找吃的，她找到一片肉，叼了回来，站在窝边的树枝上，心里很高兴（表情）。

这时候，狐狸也出来找吃的。它抬头一看（表情），乌鸦嘴里叼着一片肉，馋得直流口水（表情）。

狐狸想了想（手势），就笑着对乌鸦说："你好，亲爱的乌鸦！"（表情）乌鸦不做声（手势）。

狐狸又说："亲爱的乌鸦，你的孩子好吗？"（表情）乌鸦看了狐狸一眼，还是不做声（手势）。

狐狸又说："亲爱的乌鸦，你的羽毛真漂亮，（表情）麻雀比起你来，可就差多了（手势），你的嗓子真好，谁都爱听你唱歌。你唱几句吧！"（手势）

乌鸦听了狐狸的话，得意极了，就唱起歌来。哇……刚一张嘴，肉就掉下来了（手势）。

狐狸叼起肉，钻到洞里去了。

（注：画线的地方是可以设计态势语的地方。）

（二）为下面的儿童故事设计态势语

字典公公家里的争吵：

字典公公家里吵吵闹闹，吵个不停的是标点符号。

看它们的眼睛瞪得多大，听它们的嗓门提得多高。感叹号挂着拐杖，小问号张大耳朵，调皮的小逗号急得蹦蹦跳。

首先发言的是感叹号，它的嗓门就像铜鼓敲："伙伴们，我的感情最强烈，文章里谁也没有我重要！"

感叹号的话招来一阵嘲笑，顶不服气的是小问号："哼，要是没有我来发问，怎么能引起读者的思考？"

小逗号说话头头是道，它和顿号一起反驳小问号："要是我们不把句子点开，文章就会像一根长长的面条。"

学问深的要算省略号，它的话总是那么深奥："要讲我的作用么……哦，不说大家也知道。"

水平高的要数句号，它总爱留在后面作总结报告："只有我才是文章的主角，没有我，话就说得没完没了。"

大家争得不可开交，字典公公把意见发表："孩子们，你们都很重要，少一个，我们的文章就没这样美妙。"

"滴水汇成了大江，碎石堆成了海岛，大家不要把个人作用片面强调，任何时候都不要骄傲！"

小朋友，你听了字典公公家里的争吵，心里想的啥，能不能让我知道？

第三章 演讲训练

第一节 演讲概述

一、演讲的定义

什么是演讲？《现代汉语词典》中将其解释为，人们就某一个问题对听众说明事理，发表见解。对此，国内的一些学者也有自己的观点。例如，任毕明认为，演讲是廉价的宣传品，有声的文章，多波澜的流水……演讲是语言和动作配合表达的一种宣传艺术；陈萍则主张，演讲是演讲者当众有气势地阐发自我主张和见解的一种口语表达方式；另有，姚友贤认为，演讲是演讲者在特定的时间、环境中，面对听众，以有声语言为主要形式，态势语言为辅助形式，系统地阐述自己的观点或介绍某种知识，并与听众相互交流信息的真实的社会活动过程。

相对来说，著名演讲专家邵守义的观点因为表达清晰、全面，而最为人们广泛接受。他认为，演讲是由有声语言、态势语言和主体形象等手段构成的一个综合、统一而完整的传达系统。演讲不是朗诵，不是表演，也不同于日常说话。演讲者在特定的时间、环境中，借助有声语言（主要）和态势语言（辅助）的艺术手段，针对社会现实和未来，面对广大听众发表意见、抒发情感，从而达到感召听众并促使其行为的一种现实的信息交流活动。这个定义告诉我们，演讲是一种信息交流活动，主要由三个要素构成，即演讲者（演讲主体）、听众（演讲客体）和演讲的手段（有声语言和无声语言）。

演讲是一种高级的口语表达形式，良好的口才和演讲能力在社会的各个领域都起到重要的作用。

（一）政治斗争的有力武器

演讲历来是政治家发表政见、阐明观点、批驳论敌、争取盟友的有力武器。口才对政治活动具有极大的组织、鼓动、激励、批判和推动的作用。子贡曾言："出言陈辞，身之得失，国之安危也。"刘勰在《文心雕龙·论说》中也认为："一人之辩，重于九鼎之宝，三寸之舌，强于百万之师。""二战"时，有些西方人士曾把舌头、原子弹和金钱合称为"世界三大威力"；后来又有人把口才、美元和电脑作为"三大战略武器"。无论何时，口才无不独冠其首。以下是毛泽东在1945年6月21日的著名演讲《愚公移山》中激励中国人民为事业不懈奋斗的文段：

中国古代有个寓言，叫做"愚公移山"。……愚公批驳了智叟的错误思想，毫不动摇，每天挖山不止。这件事感动了上帝，他就派了两个神仙下凡，把两座山背走了。现在也有两座压在中国人民头上的大山，一座叫做帝国主义，一座叫做封建主义。中国共产党早就下了决心,要挖掉这两座山。我们一定要坚持下去,一定要不断地工作,我们也会感动上帝的。这个上帝不是别人,就是全中国人民大众。全国人民大众一起起来和我们一道挖这两座山,有什么挖不平的呢?

(二) 经济活动的理想筹码

良好的口才和演说能力也是经济活动中不可或缺的要素。下面是一名医疗保险机构员工受命到一家单位征保,在该单位职工集会上的发言片断:

诸位,我很高兴跟你们谈谈"人如何才能活得长久"的问题。你们知道按照人寿保险的表格(向职员们出示),你这一生能活多久吗?据寿险统计学家说:你的寿命还有你现在的年龄与80岁之差的2/3。……年轻人,就60来岁!对你们来说,活这样一个年龄够吗?不!不!我们谁都想多活几年的。然而,这里的表格,是根据几百万人的精确记录制成的,绝对不会有错。那么,你我不能翻过这个"门槛"了吗?不,只要你们小心谨慎,保养适当,一定不难超过这个数字。第一步应该做的事,就是你得常有一个详细的体格检查,而只要入了我们的健康保险,就能保证经常性的免费检查。诸位,与其病害降临时花大钱去治疗,倒不如先花点小钱来投保,翻过"60"那道死"门槛"……

(三) 鼓舞士气的战斗号角

演讲是军事家动员部队、鼓舞士气、激励斗志的战斗号角。公元前209年,陈胜在大泽乡起义时对他的"徒属"发表演说:"公等遇雨,皆已失期,失期当斩。藉第令毋斩,而戍死者固十六七。且壮士不死即已,死即举大名耳,王侯将相宁有种乎!"而拿破仑在对一支需要整顿的部队演讲时说:"士兵们,你们没有衣服穿,吃得也不好,我想带你们到世界上最富庶的国家去。"几句话说得士兵们顿时振奋起来,战斗力大增,后来一举征服了意大利。

(四) 传播知识的有效途径

教师口语讲演是一种特殊形式的口才表现形式,但对良好的表达能力的要求都是一样的。掌握和提高了口语技巧,将直接有助于提高教师职业水平,从而使教学水平的提高成为可能。我们通常将教师分成学者型教师和授课型教师,前者博学多才,但往往是"牛皮灯笼——心里明"、"茶壶里煮饺子——倒不出来"。后者不一定有多么高深的学问,却能有效地传递信息,使学生听得明白、学得透彻。"要给学生一杯水,老师先有一桶水"的理论已经过时,课堂教学改革要求老师要用"一杯水"启发生成学生的"一壶水",乃至"一桶水"。这就对教师的口语表达能力提出了更高的要求。

(五) 增进沟通的必要形式

成人醒着的时候,平均要花30%的时间跟人谈话。请看下面一则笑话:

某公擅长恭维。一天,他请几位小有名气的人到家里来吃饭。等客人们接踵而至的时候,他挨个问道:"您是怎么来的呀?"

第一位客人说:"我是坐小汽车来的。"他立即用感叹加赞美的语气说:"啊,华贵之至!"

第二位客人听了,一皱眉头打趣道:"我是坐飞机来的。"他赞曰:"高超之至!"

第三位客人眼珠一转:"我是坐火箭来的!"他大喜曰:"勇敢之至!"

第四位客人坦白地说:"我是骑自行车来的。"他话锋一转脱口而出:"朴素之至!"

第五位客人羞怯地说:"我是徒步走着来的。"他抱拳作揖:"太好啦,走路可以锻炼身体,健康之至!"

第六位客人故意出难题:"我是爬着来的!"他真是词汇丰富,立刻恭维道:"稳当之至!"

第七位客人讥讽道:"我是滚着来的!"他并不脸红,哈哈大笑:"啊,周到之至啊!"

这虽然是一个笑话,有讥讽的意思,但它在一定的意义上揭示了口才的重要作用,显示了具备好口才,就能够打开人际交往局面的特点。

(六) 人才考核的重要尺度

口语表达能力是一种综合技能。口才活动离不开知觉、观察、记忆、思维、想象、气质、性格、能力、情感、意志等多种因素的支配、调节和控制作用。因此,在当今社会,口语表达能力越来越成为用人单位所招聘大学毕业生的个人素质中的第一位要求。

克莱斯勒的前任总裁李·亚柯卡解释说:你可以有聪明的想法,但如果你无法让别人明白你的想法,那你的大脑就不会让你有任何成果。美国学者查尔斯·赫斯特曾对157名大学二年级的学生进行了观察了解。这157名学生中有70名参加过演讲培训,其他的则没有。调查结果发现,凡是参加过演讲培训的学生在学习能力和实践上均占优势,他们的学习成绩也普遍高于其他学生。两者相比,受过演讲训练的学生受益匪浅,而没有受过培训的学生则损失不小。

口才是人的综合能力的表现,换言之,对口语表达能力和演讲能力的训练也是一种综合能力的训练,是开拓智力的一种有效途径。口才训练既训练表达能力,也训练心理素质;既要有有声语言的练习,也要有态势语言的练习;既要进行运思训练,也要进行控场训练;既要练听,也要练看;既要有充任角色的语境训练,也要有演讲、交谈、论辩等不同形式的语体训练。

鲁迅先生在对大学生讲《未有天才之前》时曾说:"其实即使是天才,在出生时的第一声啼哭,也和平常的儿童一样,决不会就是一首美妙的好诗。"毋庸置疑,良好的口才和演讲能力是需要通过刻苦的训练才能具备的。

二、演讲与其他口语表达形式的区别

在具体操作时,人们经常难以把握演讲与日常说话和朗诵之间的界限。其中,又尤以演讲与朗诵最易混淆。其实,它们在音长、规整度、语法结构、常用语词、口头语和表达姿态的处理等多方面都有着明显的区别。

就语言表达方面而言,演讲语言既有书面语规范、严谨的特点,又有口语通俗易懂、自然亲切的特点；而朗诵语言则书面语色彩较浓，典雅华丽。演讲时语调既要有起伏变化，又不能过多过大，既要自然亲切，又不能平淡、缺乏激情。演讲时的声音以本色为主，可适当进行修饰。朗诵时则语调变化较大，允许适度夸张，并且追求韵味。

就表达目的、心理准备方面来说，演讲的目的在于说理（即晓之以理）、抒情（即动之以情）和鼓动听众，强调内容上打动听众，观点上征服听众；而朗诵更侧重于欣赏价值，目的是给听众以美感。在内容的处理方面，演讲更要求贴近现实；朗诵则更注重内容的文学性。

再比如，就音长来说，日常说话、演讲、朗诵的音长之比为6：7：11。请大家尝试着分别用日常说话、演讲和朗诵的方式将下面这段文字表达出来：

多少动人的故事，因为青春而魅力无限！多少浪漫的情怀，因为青春而缤纷绚烂！

在规整度上，演讲不特别强调韵律之美，一般也没有由于句子韵律的需要而造成的明显分段。但朗诵时特别是朗诵诗歌时，则需特别强调诗中的韵律，要用停顿把语流分割成一个一个的群落，每一群落都用大致相同的时间来诵读，以形成"音步"的韵律美。不过，演讲不特别强调韵律美，一般不出现"音步"，不等于演讲就不讲究句式的整齐、不讲究声音的和谐，相反，有时演讲中也会特别安排一些排比句式，并适当押韵，这不仅抒发了演讲者内心的强烈感情和强化了内容的表达，也发挥出了重叠音响的渲染效果，加强了语势，带来了流畅动听、和谐悦耳的感受。然而演讲的内容不像诗歌一般在整首诗内都讲究规整度，它只是在适当的时候才有此安排：

一百年前，这位伟大的美国人签署颁发了《黑奴解放宣言》，这一举世瞩目的法令，犹如灯塔给在凶猛的不公正火焰炙烤下枯萎衰亡的数百万黑奴带来了光芒，使身陷囚笼的黑奴欣喜地见到了长夜将尽的黎明曙光。但是，一百年后的今天，……黑人依然在种族隔离和种族歧视的双重桎梏下挣扎谋生；一百年后的今天，黑人依然栖身于贫困子子的孤独之道，四周却是物质丰盈的浩渺之洋；一百年后的今天，黑人依然蜷缩在美国社会的角落里苟延残喘，身居祖国，如同沦落异乡。（《我有一个梦想》节选）

演讲稿的语言要尽可能地生动形象。例如，你说："意大利的梵蒂冈宫，有屋宇一万五千余间。"就不如换成："梵蒂冈宫里的屋子多得惊人，如果你每天换住一间房子，四十年也住不完。"这样说以给人一种切身的感受。再如，你说一个人胖的时候，只说"胖得吓人"，就不能给人一种具体的感受。如果说成："这个人胖得像个大水桶，摔倒了都不知从哪头捆起来。"这样就更容易给人一种形象感。契诃夫在描写胖子的时候，语言更为巧妙："这个胖子胖得脸上的皮肤都不够用了。要张开嘴笑的时候，眼睛就要闭上，而要睁开眼睛看的时候，就得把嘴巴闭上。"

演讲不是表演。演讲所说的"讲"与"演"实际上指的是"有声语言"与"无声语言"（或"态势语"），特别是"演"，不是要你演讲时从头到尾地"表演"，而是指你在演讲时的姿态，在适当的时候所借助的动作、手势、表情等。当它们与演讲内容完美结合时，可以增强有声语言的表达效果，营造出一次极富感染力的演讲。所以，有人说，真正的演讲一定是有声语言与无声语言的完美结合。

第二节 演讲的准备

一、演讲的知识储备和思维准备

口语表达绝不仅是一个人嘴上的工夫，口若悬河只是外在的表现形式，良好的口才实际上是一个人综合能力强的体现，这尤其有赖于丰厚的知识储备和良好的大脑思维能力。

许多人在表达（包括口语表达和书面表达）上都有畏难情绪，究其原因是缺乏积累，信息储备和词汇储备都非常匮乏，自然难以自如表达。还有一些人喜欢表达，但说出来的内容经常是假、大、空，要么就事论事，对话题不能有效展开，三言两语之后就不知道该说什么了；要么是天马行空、远离主题、不知所云，以至于不知如何收场作结，于是就造成了"台上云山雾罩，台下呵欠连天"。出现这种情况，最主要、最根本的原因是演讲者的知识储备不够。所谓"书到用时方恨少"，学待言时才知迟！因此，大家要善用大好年华多多学习知识，对待专业要精，所谓"术业有专攻"；同时，还要广泛涉猎各个领域的信息，包括时事政治、社会新闻，甚至花边新闻。只有信息储备达到一定程度，才不会临场词穷。

口语表达对思维的要求很高。只有思路清晰，才能行云流水、口若悬河；只有思维严谨，才能滴水不漏、无懈可击；只有思维新奇，才能出口成章、妙语惊人；只有思维敏捷，才能左右逢源、应对自如。思维决定着讲的内容、讲的速度、讲的程度和讲的效果。

（一）思维敏捷性训练

要领：迅速、准确地判断事物的本质并进行快速表达，同时保持沉着冷静的良好心态。

①成语接龙。前一人所说成语的最末一字是下一人所说成语的起首字，可以使用谐音。

②接话作文。按次序每人说一句与上句意思相承的话。

③你作为新老师，在接班第一天点名时，发现有一名学生的名字里有不认识的字，你会怎么办？

④你在班级竞选的演讲中强调了团结的重要性，提问时有人问是否意指班级不够团结。你如何回答？

（二）思维严密性训练

要领：思考问题时，思维清晰、准确、周到、细致，合乎逻辑。

古代有这样一个笑话：

三个吝啬的秀才一起去喝茶，每人带20个铜板，一壶茶55个铜板，茶老板找回5个铜板，三人各拿回1个铜板，余下的2个铜板无法均分，便赏给了跑堂的。喝茶时，其中一个秀才叫了起来："不对呀,我们每人有20个铜板,现各得回1个,实际每人出了19个铜板,3乘19是57,加上赏人2个铜板共59,60减59得1,奇怪了,那一个铜板去哪里了呢?"

请问:那一个铜板去了哪里?这位秀才的推理和论证过程出了什么问题?

(三) 思维深刻性训练

要领:透过现象准确把握事物本质,养成深入分析问题的思考习惯。

1. 探寻下列对话的深层含义

一位美国记者在采访周总理的过程中,无意中看到总理桌子上有一支美国产的派克钢笔。那记者便以带有几分讥讽的口吻问道:"请问总理阁下,你们堂堂的中国人,为什么还要用我们美国产的钢笔呢?"周总理听后,风趣地说:"谈起这支钢笔,说来话长,这是一位朝鲜朋友的抗美战利品,作为礼物赠送给我的。我无功受禄,就拒收。朝鲜朋友说,留下做个纪念吧。我觉得有意义,就留下了这支贵国的钢笔。"(《周总理的妙语作答》)

这里宝玉又说:"不必温暖了,我只爱吃冷的。"薛姨妈忙道:"这可使不得,吃了冷酒,写字手打颤儿。"宝钗笑道:"宝兄弟,亏你每日家杂学旁收的,难道就不知道酒性最热,若热吃下去,发散的就快,若冷吃下去,便凝结在内,以五脏去暖他,岂不受害?从此还不快不要吃那冷的了。"宝玉听这话有情理,便放下冷酒,命人暖来方饮。

黛玉嗑着瓜子儿,只抿着嘴笑。可巧黛玉的小丫鬟雪雁走来与黛玉送小手炉,黛玉因含笑问他:"谁叫你送来的?难为他费心,那里就冷死了我!"雪雁道:"紫鹃姐姐怕姑娘冷,使我送来的。"黛玉一面接了,抱在怀中,笑道:"也亏你倒听他的话。我平日和你说的,全当耳旁风,怎么他说了你就依,比圣旨还快些!"(《红楼梦》节选)

2. 用深刻凝练的语言补全下列对话

一位富人去拜访一位哲学家,请教他为什么自己发财有钱后变得越发狭隘自私了。哲学家把他带到窗前,问:"向外看,告诉我你看到了什么?"富人说:"我看到外面的世界有许多行人和汽车来来往往。"哲学家又将他带到一面镜子前,问:"现在你又看到了什么?"富人回答:"只有我自己。"哲学家笑着说:……

(四) 思维逻辑性训练

要领:捕捉信息要素、梳理线索。

搜集并了解"世纪审判"(辛普森谋杀案)的相关材料,理清思路,组织语言将此事件复述给大家听,尽量不遗漏信息,注意叙述的顺序和逻辑关系。

二、演讲的心理准备

一个人的心理素质具有某些先天的遗传成分,但这种先天因素造成的差异,对演讲而言并没有高低、优劣之分,决定演讲心理素质高低优劣的是演讲的实践。

每个人都有表达的欲望,该说的话没说,或说而未能尽兴,会有莫名惆怅的感觉,这就是因为表达欲望未能得到满足。而表达欲望得到满足的则会在心底产生一股从事其他活动时所不曾体验到的快感。然而，在演讲的实施过程中会阻碍这种快感的因素莫过于怯场心理。现在我们就主要针对演讲者的怯场心理，谈谈怎样做好演讲前的心理准备。

（一）正确认识怯场心理

怯场心理人人都有，它源于人的自我意识和保护自我的本能，是一种正常的心理现象。怯场心理出现的根本原因，是感到自己需要时时维护的自我形象受到了某种严峻考验的威胁，担心一旦失败体面尽失，给自己带来种种不良后果。罗斯福称之为"过度精神刺激"的结果。怯场心理与表现欲望是同生相伴的，可以说，只要是正常人都会产生怯场心理。所谓"无知者无畏"，真正可怕的不是怯场，而是没有敬畏之心。因此，我们也不能简单地将怯场等同于胆小。

既然怯场是一种自我保护的本能，它便是不可能完全被克服的，而只能被控制、被削弱。怯场心理不在于有没有，而关键在于是否适度，是否在自己可控范围之内。那些看起来一点都不紧张的演讲者，其实并非不怯场，而是可以将这种情绪控制在可控的范围之内。从另一个角度说，某种程度的怯场心理有时反而有积极作用，轻微的怯场其实也是一种兴奋，演讲人常常会由于心理的稍稍紧张而变得更加精神振奋，思维更加敏捷。

（二）怯场心理产生的原因

第一，源于陌生及不适应。人们对自己不熟悉和不了解的东西往往有一种畏惧感，并会采取谨慎的态度。

第二，消极暗示作祟——自卑。多湖辉在《奇妙的自我心理暗示》一书中说道："人因悲伤而哭泣，但往往却因哭泣而悲伤。世界上有许多被不安、自卑感所苦恼的人，他们总以为自己对任何事都无能为力，这显然是陷入了副作用的自我暗示的陷阱中。"

第三，期待值过高。怯场者往往经历过这样一个过程：

期待值过高—发现可能性不大—紧张—演讲失败—从此开始怯场。

第四，准备不充分。演讲者对要讲的内容不熟悉、不理解或不接受。

（三）如何减弱怯场心理的消极影响

克服怯场的心理训练方法，各种相关的教材都列举过很多。我们在这里也推荐几种方法。

1. 练习是削弱怯场心理的最好方法

"保护自己的最好办法就是尽可能多地消灭敌人的有生力量。"同理，在演讲实践中，真正有效的自我形象维护法，就是敢于主动面对并克服自己的怯场心理，具体做法是不轻易放过任何可以锻炼自己的机会。每次演讲的失败除了表明你向成功目标又迈进了一步外，并不会产生什么实质性的损失，即使有失，最后的成功也会加倍换回一切。

2. 使用积极的心理暗示

美国心理学家威廉·詹姆斯说:"假若我们失去了原有的自然的欢乐,那么,通往欢乐最佳的方法,就是快快乐乐地坐起、说话,表现得一如欢乐就在那里。如果这样的举动不能让你觉得快乐,那就别无良方了。"演讲大师卡耐基也说:"假设听众都欠你钱,正要求你多宽限几天,你是一个神气的债主,根本不用怕他们。"事实上,演讲者才是整场演讲的操控者,没有人比演讲者对要讲的东西更熟悉了,而且,在你没有开口前没人知道你要说什么。演讲者所感到的威胁完全是自己想象出来吓唬自己的。因此,法拉第在回答一位讨教如何克服怯场心理的年轻人时说:"不要假定什么,他们一无所知。"

3. 把关注点放到正确的地方

演讲者往往被这样的问题弄得很紧张:"我会不会砸锅?"、"忘词儿了怎么办?"、"我是不是像个傻瓜?"正确的做法是:关注演讲本身,关注眼前,想想要讲的内容,几个方面都是什么关系,自己主要想表达的观点是什么。

4. 充分准备,增加信心

充分的准备是抵抗怯场最有效的手段。如果一个演讲者能够将要表达的内容烂熟于心、倒背如流,即使最初上场时有些紧张,但当表达正式开始后,随着流畅的表述,紧张的心理会慢慢得到放松,进而会表现得自然大方,甚至游刃有余。

(四)应该做的准备工作

第一,将想法汇集整理,对演讲的题目加以深思。在自己的生活背景中,搜寻有意义、曾经教导你的与此有关的人生经验,然后,汇集由这些经验汲取来的思想、概念、感悟等等。

第二,有条件的话,在你的朋友面前进行预讲。这可在日常谈话中进行,不必搬出全套,或者前往演讲发生的场地现场预演。

三、演讲内容的准备

有人认为准备演讲内容就是写演讲稿,因此拿起笔来就想写,然后就会发现演讲准备工作中最难的就是写演讲稿。其实,演讲准备不等于非写演讲稿不可,备稿也不等于背稿。我们与其在心里还没数的情况下就拿起笔堆砌材料和辞藻,还不如将演讲内容先了然于心,正如苏轼所说:了然于心,然后了然于口与手。

(一)选择话题

演讲者应首选自己熟悉的话题,如果是告知型演讲,就选择自己所了解的内容比较多的话题;如果是说服型演讲,就选择那些自己有明确观点的话题。具体的方法是,演讲者可以在一张纸上快速列举自己的经历、兴趣、爱好、技能、信仰及最近引起你关注的热点问题等,从中选出3~5个你觉得最感兴趣、最有发言欲望或认为最有话说的选项,然后继续罗列其中你认为可以提到的或联想到的内容,依此类推。演讲者还可以通过图书、报纸、杂志、互联网搜索资料。其次应选择的是听众感兴趣的话题,具体方法同上。

（二）确定目标

一般来说，演讲目标可以是告知或说服两类，演讲者在这两个总体目标之下设立自己的具体目标。具体目标有如下要求：它应该是一个短句，而不是一个短语或词语；应使用陈述句而不是问句来表达；避免使用比喻语言；目标明确，不能模糊或太概括。例如：

话题：急救
总体目标：告知
具体目标：演讲者把应对急救情形的主要步骤告诉听众

（三）搭建演讲内容的框架

话题：急救
总体目标：告知
具体目标：演讲者把应对急救情形的主要步骤告诉听众
实施框架：第一，了解一些急救知识；第二，应对急救情形三大步骤的具体操作分别是，查看现场、与急救中心取得联系、采取必要的急救措施；第三，其他注意事项。

（四）注意

话题要与听众所处的现实相关，立意要正确、新颖，观点情感要真诚，材料要集中、典型。开头要开宗明义，中间要条理清晰，结尾要画龙点睛。

（五）撰写演讲稿需要注意的要点

第一，主题是全篇的灵魂和纲领，主题要正确、鲜明、突出、集中。
第二，"题好一半文"——拟定恰当的标题。标题要贴切、简洁、新颖。
常见的标题类型有：
①设问型。例如：《人才在哪里？》。
②抒情型。例如：《祖国啊，我的母亲！》。
③对比型。例如：《造福人类还是毁灭人类》。
④并列型。例如：《国家、民族、正气》。
⑤含蓄型。例如：《最后一次讲演》。
⑥陈述型。例如：《为自由而战》。
⑦比喻型。例如：《科学的春天》。
第三，"万事开头难"——巧设开头。好的开头能稳定纷乱的会场、集中听众的注意力，还能导入主题，定下基调，把听众带到演讲者需要的气氛中去。常用的开头方式有：
①提问式。
②引言式。

③悬念式。
④借喻式。
⑤议论式。
⑥描述式。
⑦抒情式。

第四,"积不厌多"——积累丰富的主体素材。茅盾在《论创作》中说:"采集之时贪多务得,要跟奸商一般,只消风闻得何处有门路,有货,便千方百计挖掘,弄到手方肯死心。不管是什么东西,只要是可称为'货'的,便囤积,不厌其多。"演讲不仅要有深刻的理论,还要有生动的实例,事例要精挑细选,做到有正有反,有升有落。同时,要使用多种文学手段、修辞手法。

第五,"行文看结穴"——精彩的结尾。结尾要自然、有力、耐人寻味。常用的结尾方式有:
①总结归纳法。
②展望未来法。
③号召呼吁法。
④委婉含蓄法。
⑤借用名言法。

(六) 演讲稿的记忆

我们可以使用意义记忆法、结构记忆法、情感记忆法、机械记忆法等。

第三节 欲说先听

与人打交道,要会说,而会说的前提是会听,正确意会交谈对象的语言,才能使交流真正有效。在课堂上,你听到的内容总比你演讲的内容多。仔细倾听是对他人的尊重,也是改善个人技巧的好办法。成功的社交者,首先应该是一个优秀的听众。倾听可分为四个层次:听清—听记—听辨—听懂。即要求:抓住中心,理解主旨;掌握层次,理清思路;关注细节,记住重点;听音辨义,全面评价。

一、听辨注意力和听辨记忆力训练

一级:倾听下面文字,概述主要内容。
《"柿把儿"老师》(内容略)。
二级:准确复述下列语段内容。
①我们班共有60名学生,其中男生40人,家在成都的15人,姓李的有6人,英语过三级的仅有1/6。
②《云南十八怪》(内容略)。
三级:按要求提炼内容回答问题。
①我在赴考途中,穿过了一片树木参差的树丛,来到了车站,遇到了出差回来的叔

叔。他亲切地对我说:"小芳,准备得差不多了吧?要沉着、冷静,才能少出差错。"我信心百倍地回答:"放心吧!差不了。"(听完后,说出文中出现的多音字)

②小红的姑姑要从西藏到成都来玩,小红的爸爸打电话给小红的朋友小兰,请她转告小红并让小红明天下午5点钟到双流机场接姑姑。(听完后复述人物、关系、行为)

③听下面一段话,然后填写表3-1。

考场上安静极了,只听见"唰唰唰"的写字声音。监考的老师静静地站在讲台前面,微笑地看着他心爱的学生。忽然,他发现坐在最后排的张明停下笔,正在抓头发,而他前面的李敏却抬起头看着老师,眼光是那样明显地亮了一下,又赶紧埋头飞快地写起来。淘气的王方这时候正手忙脚乱地一会儿写上去,一会儿又用橡皮擦掉,擦了又写写了又擦,已经反复三次了……赵宁却趴在桌子上一动不动,好像是睡着了。赵宁前面的刘群已经答完了,好像正在检查,可是他为什么把卷子举起来?老师连忙过去用手指在课桌上点了两下。

表3-1 听写记录表

人名	动作	对动作的理解
张明		
李敏		
王方		
赵宁		
刘群		

二、听辨理解力训练

请你说出下面说话人话语中的含义。

①阿凡提和皇帝一起洗澡,皇帝问:"凭我这模样到奴隶市场能够卖几个元宝?"阿凡提回答说:"10个元宝。"皇帝火了:"我这条绣花围巾就值10个元宝",阿凡提回答说:"正是啊,高贵的陛下。"

②有一位首长爱听故事。有一天,他大宴宾客。在他再三请求下,有位外地客人讲了一个有趣的故事。这位客人在城里遇到过一个自命不凡的人。客人对他说:"请你猜猜我口袋里到底是什么,如果你能够猜到,我就把这些鸡蛋的一半送给你;要是你能猜出鸡蛋的个数,我就把这10个鸡蛋全给你。"那人想了半天,说:"朋友,我虽说不笨,但不可能事事皆知。我猜不出。"客人说:"这东西外面白,里面黄。""猜到了!"那人大声说道,"那一定是一堆白萝卜,中间藏了一个土豆。"听到这里,客人们都笑了,那个首长更是大笑不止,最后他问道:"朋友,现在请你告诉我们,你在口袋里放了些什么?"

③里根在担任美国总统时,提出削减预算的方案,讨论时议员们议论纷纷。里根笑着说:"有人告诉我,紫色的软糖都是有毒的。"然后拿起一粒紫色的软糖塞进嘴里。

三、"咬耳朵"游戏活动

这是指口耳相传模式的游戏活动,具体内容可由教师视具体情况灵活选择。

第四节 有声语言的表达技巧训练

演讲主要通过有声语言来传达,演讲的有声语言应具备如下特点:第一,嗓音洪亮、圆润;第二,吐字清晰、有力;第三,节奏分明、适度;第四,感情充沛、真挚。这样的声音是可以通过训练获得或得到改进的。

一、呼吸训练

通常,我们自然状态下的呼吸叫作胸式呼吸法,呼吸主要靠胸部上端来支持。吸气时,横膈膜下降程度很少,腹肌更不能有效地参加工作。呼气时,只是肌肉放松,恢复原状。此外,还有腹式呼吸法,腹式呼吸靠横膈膜来完成,呼吸时,横膈膜上下移动,扩大胸腔的上下径,小腹也鼓起和收缩。这种呼吸方法能最大限度地利用肺部空间,提升肺活量,为表达提供充沛的动力。

(一)慢吸训练

吸气要深入、自然,两肋渐开后控制一两秒再缓缓呼出。

想象眼前有一朵芳香四溢的鲜花,你凑近去闻它,深深地陶醉在花香里。

(二)快吸训练

想象你突然受到某种惊吓,"倒抽一口凉气"。

(三)保气训练

抬重物:抬起重物的同时深吸一口气,然后憋足一股劲(腰部发胀,小腹内收),持续片刻后缓缓呼气。反复练习,仔细体会。

(四)节流训练

关键在于呼气时要继续保持吸气时的肌肉状态而不能一下子放松。

吹灰尘:用一口气把布满灰尘的桌面均匀地吹干净,呼气要慢,小腹要有拉住感。

声音持续练习:吸好一口气,停一两秒钟后,再缓慢持续地发 si 音,能持续 30 秒为合格。

数数练习:吸气后数 1、2、3……(声、韵、调要清晰),越多越好。轻松数到 30 秒左右为合格。

绕口令:出东门,过大桥,大桥边上一树枣儿。拿着竿子去打枣,青的多,红的少。一个枣儿,两个枣儿,三个枣儿,四个枣儿,五个枣儿,六个枣儿,七个枣儿,八个枣儿,九个枣儿,十个枣儿;十个枣儿,九个枣儿,八个枣儿,七个枣儿,六个枣儿、五个枣儿、四个枣儿、三个枣儿、两个枣儿、一个枣儿。这个绕口令，一口气说完才算好。

（注意：以上练习不能憋气，若以使喉头紧张的方法换得多数几个数，就适得其反了。）

二、扩大共鸣腔

设想你张大嘴去咬一个苹果，或者打一个呵欠。

控制舌头：若发音偏前（舌头举得过高），应扩大开口度，压低舌前部，并使舌头后移，多读 u、ua、uo、uang、ueng 这些韵母；若发音偏后（舌根下压过分），应把舌头挺起来，向前推，多练 i、ia、ie、ian、in 这些韵母。

口腔各部位要协同动作，均衡紧张，多练习如何控制共鸣腔的肌肉紧张度。

三、停顿长短适度

停顿分为结构停顿、逻辑停顿和心理停顿。

（一）结构停顿

这是按照作品的层次结构、语法结构而进行的停顿，它能清晰地显现作品的思想脉络和层级结构。标点符号代表的停顿就是其中的一种，停顿时间的长短一般为：

顿号＜逗号＜分号、冒号＜句号、问号、感叹号

（二）逻辑停顿

逻辑停顿又叫强调停顿，是为了突出某个语意或表达某种感情而人为安排的停顿，这种停顿要因人因事而定，否则会改变语意。

（三）心理停顿

心理停顿反映了说话人心理和感情的变化。

练习1：用不同的停顿方法，使下列语句表意有所不同。

①咬死了猎人的狗。

②猴娃……每次见着我都阿姨长阿姨短地叫个不停。

练习2：指出下列句子停顿的错误。

①南郑县大胆/更新用人制度。

②加了工资的和尚/未加工资的干部。

练习3：体会文中感情，选择适当位置停顿以增加表达的感情色彩。

①我想，那飘渺的空中，定然有美丽的街市。（郭沫若《天上的街市》）

②爸爸等于给我一个谜语，这谜语比课本上的"日历挂在墙壁，一天撕去一页，使我心里着急"和"一寸光阴一寸金，寸金难买寸光阴"还让我感到可怕；也比作文本上的"光阴似箭，日月如梭"更让我觉得有一种说不出的滋味。（林清云《和时间赛跑》）

③那哀痛的日子，断断续续地持续了很久，爸爸妈妈也不知道如何安慰我。他们知道与其骗我说外祖母睡着了，还不如对我说实话：外祖母永远不会回来了。（林清云《和时间赛跑》）

④我狂奔回去，站在庭院前喘气的时候，看到太阳还露着半边脸，我高兴地跳跃起来，那一天我跑赢了太阳。（林清云《和时间赛跑》）

四、轻重强调适度

重音同样也分为结构重音和逻辑重音。

（一）结构重音

1. 主谓相比，谓语重

①今天年三十儿。
②车开了。
③春天来了。

2. 谓宾相比，宾语重

①我吃面包。
②你学钢琴，我学舞蹈。

3. 定状补比主谓宾、中心语重（代词作宾语除外）

①我们的心和北京的心一起跳动。
②您慢慢走。
③我爱你。（例外）

4. 疑问代词、指示代词比其他词重

①你在哪儿？
②谁在吵？
③她什么活动都不参加。

（二）逻辑重音

逻辑重音也叫强调重音，它不受语法限制，而是由说话人所要强调的潜在意义所决定，强调的位置不同，所表达的语意也不同。语法重音要服从于逻辑重音。

例1：

我是中国人。（语意重点：谁是中国人）
我是中国人。（语意重点：是或不是）
我是中国人。（语意重点：是中国人还是别国人）

例2：

妈妈喜欢吃鱼头。（语意重点：谁喜欢）
妈妈喜欢吃鱼头。（语意重点：喜欢还是不喜欢）
妈妈喜欢吃鱼头。（语意重点：是吃还是其他行为）
妈妈喜欢吃鱼头。（语意重点：鱼头还是鱼的其他部分）

说话或朗诵时，能体现说话人语意重点的词语或表达说话人强烈感情的词语都应读逻辑重音，也有人称之为修辞重音和感情重音。例如：

①这一整天谁也没买过她一根火柴，谁也没给过她一个钱。(《卖火柴的小女孩》)

②夏洛克，法律上是这样说吗？(《威尼斯商人》)

（三）用拉长或减弱来强调

例如：

可能有些人表面上不承认自己需要幸福，但我想，在他的心灵的最底层，则是更强烈地渴望幸福。

【课堂练习】

练习1：请同学将下面场景表演出来，注意句子中的重音。

赵大妈家的电视机出了毛病。她想起隔壁的高云是个电工，就去敲他的门：

"高云呀，你会不会修电视机？"

"我不会修电视机。"

"不会修，敢情是装配过电视机……"

"我不会修电视机！"

"我家收录机也坏了，帮我……"

"我不会修电视机！"

"你们玩电的小哥们儿多，你帮我找一个……"

高云急得直抓头，说："大妈，你怎么总是听不懂我的话呢？"

赵大妈说："我说，你怎么老是把话答岔了呢？"

练习2：阅读材料，思考应该怎样处理陶行知先生话语中的重音，请两位同学分别示范朗读，进而推展到全文朗读。

育才小学校长陶行知在校园看到学生王友用泥块砸自己班上的同学，陶行知当即喝止了他，并令他放学后到校长室去。无疑，陶行知是要好好教育这个"顽皮"的学生。那么他是如何教育的呢？

放学后，陶行知来到校长室，王友已经等在门口准备挨训了。可一见面陶行知却掏出一块糖果送给王友，并说："这是奖给你的，因为你按时来到这里，而我却迟到了。"王友惊疑地接过糖果。

随后，陶行知又掏出一块糖果放到他手里，说："这第二块糖果也是奖给你的，因为当我不让你再打人时，你立即就住手了，这说明你很尊重我，我应该奖你。"王友更惊疑了，他眼睛睁得大大的。

陶行知又掏出第三块糖果塞到王友手里，说："我调查过了，你用泥块砸那些男生，是因为他们不守游戏规则，欺负女生；你砸他们，说明你很正直善良，且有批评不良行为的勇气，应该奖励你啊！"王友感动极了，他流着眼泪后悔地喊道："陶……陶校长你打我两下吧！我砸的不是坏人，而是自己的同学啊……"

陶行知满意地笑了，他随即掏出第四块糖果递给王友，说："为你正确地认识错误，我再奖给你一块糖果，只可惜我只有这一块糖了。我的糖果没有了，我看我们的

谈话也该结束了吧!"说完,就走出了校长室。(《陶行知的"四块糖果"》)

练习3:找出下面材料中应该重音的地方。

记得我十三岁时,和母亲住在法国东南部的耐斯城。母亲没有丈夫,也没有亲戚,够清苦的,但她经常能拿出令人吃惊的东西,摆在我面前。她从来不吃肉,一再说自己是素食者。然而有一天,我发现母亲正仔细地用一小块碎面包擦那给我煎牛排用的油锅。我明白了她称自己为素食者的真正原因。(《我的母亲独一无二》)

五、速度快慢得当

语速可以分为五级:

一级——特快速,400音节/分钟以上。

二级——快速,300音节/分钟左右。

三级——中速,240音节/分钟左右。

四级——慢速,180音节/分钟左右。

五级——特慢速,低于100音节/分钟。

形成语速快慢不同的因素主要有:第一,情感因素。语速是体现情感的重要手段之一。第二,说话者的性格因素。性格外向、急躁的人一般语速较快,而性格内向、温和的人语速较慢。此外,语速的快慢还受时代、周围环境因素及作品情节等影响。日常生活中,人们的语速一般介于150~250音节/分钟之间,演讲的语速则要求慢一些,介于120~180音节/分钟之间。

六、语调变化有致

苏联戏剧家古里耶夫对节奏的阐述是:"任何一种运动为了完成它自己的使命,都必须有规则、有秩序。运动中的这种秩序,就是节奏。"节奏是整体和全局的表现。世间的万事万物,无论是四季的交替、群山的起伏、波浪的翻滚,还是太阳的东升西落、月儿的阴晴圆缺,无不体现出自己特有的节奏,也正如一记钟鸣、一次涛声、一个季节、一座山峰都无法形成节奏一样,一个音节、一句话也无法形成节奏。所以,节奏离不开"回环往复"、"循环交替"。语言的节奏就体现在某种语音形式的"回环往复"上,这就要求我们只有准确恰当地处理好作品中的快慢强弱,才能生动形象地反映生活的原貌,鲜明地展现作品的思想情感。如果一个人讲话善于恰当地运用变化的节奏,那么就不仅可以避免口语表达的单调呆板,而且还可以吸引听众,带来意想不到的乐趣和轻松愉悦的感受。

常用的节奏类型有以下五种:

1. 轻快型

语速轻松明快,轻多重少、扬多抑少,语流活泼流畅,甚至轻得有跳跃感,用于描写轻快、诙谐的生活场景。

天上风筝渐渐多了,地上孩子也多了。城里乡下,家家户户,老老小小,也赶趟儿似的,一个个都出来了。舒活舒活筋骨,抖擞抖擞精神,各做各的一份儿事去。"一年之计在于春,"刚起头儿,有的是工夫,有的是希望。(《春》)

这段应该用轻快的节奏、较快的语速、较弱的力度来展现春满人间的景象，朗读者似乎只是在悄悄地旁观，唯恐稍一用力就会惊动这浓浓的春意。

2. 沉稳型

语速较为缓慢，为突出浓重感而较为着力，音色偏暗，给人一种受压抑或努力控制、或庄重沉闷的感觉。

我不相信
一九七六年的日历，
会埋着个这样苍白的日子；
我不相信
死亡竟敢和他的生命，
连在一起；
我不相信
迎风招展的红旗，
会覆盖他的身躯；
我只相信
即使把他交给火，
也不会垂下辛勤的双臂。
但，千山默哀，万水波息，
微茫里，却传来
无尽的哀乐，
哽咽的汽笛。

（《一月的哀思》节选）

这段诗不仅让我们感受到了诗人的悲痛和沉重的心情，更为我们展示了举国哀痛的宏大场景，我们在表现这种心情和场景时必须强调三点：语速——慢，力度——强，音色——沉。

3. 高亢型

语速如奔腾的大江大河势不可挡，声音偏高，语气坚定昂扬，能给人以雄壮、威武的感觉，可用于鼓动性的演说或使人激动的场景。例如：

独立寒秋，湘江北去，橘子洲头。看万山红遍，层林尽染；漫江碧透，百舸争流。鹰击长空，鱼翔浅底，万类霜天竞自由。怅寥廓，问苍茫大地，谁主沉浮？

携来百侣曾游，忆往昔峥嵘岁月稠。恰同学少年，风华正茂；书生意气，挥斥方遒。指点江山，激扬文字，粪土当年万户侯。曾记否，到中流击水，浪遏飞舟？（《沁园春·长沙》）

4. 舒缓型

语速从容舒畅，起伏不大，音色清朗柔和，多用于表现舒展的情感场景。

我看见过波澜壮阔的大海，观赏过水平如镜的西湖，却从没看见过漓江这样的水。漓江的水真静啊，静得让你感觉不到它在流动；漓江的水真清啊，清得可以看见江底的沙石；漓江的水真绿啊，绿得仿佛那是一块无瑕的翡翠。船桨激起微波，扩散出一道道

水纹,才让你感觉到,船在前进,岸在后移。(《桂林山水》)

漓江的水是那样的澄澈、静美,深吸一口仿佛能荡涤人的五脏六腑,叫人怎么忍心去惊动它呢,所以要用柔和甜美的声音,从容舒展地朗读。

5. 急紧型

语速急促、紧张,句中停顿较短,给人以气促音短之感,其特点是语速快且重音多,但声音不一定高。多用来表现激动难控的心情或紧张急迫的场景。

那条白线很快地向我们移来,逐渐拉长,变粗,横贯江面。再近些,只见白浪翻滚,形成一道两丈多高的白色城墙。浪潮越来越近,犹如千万匹白色战马齐头并进,浩浩荡荡地飞奔而来;那声音如同山崩地裂,好像大地都被震得颤动起来。(《观潮》)

壮观的钱塘潮"浩浩荡荡地飞奔而来"岂容人喘息,所以急促、紧张应是这一段的主旋律。

以上五种只是节奏的基本类型,而具体到每一作品中不可能只有一种节奏,往往是侧重一种、辅以多种,互相渗透融合。我们要根据作品的思想内容、场景、情节的变化做到变而不乱。此外还要练习词、词组和句子成分的节奏,因为这些也会影响到整个语流的节奏。

【课堂练习】

运用合适的语调、节奏朗读下面的句子。

练习1:解放了,解放了,人们欢呼着,渔岛沸腾了,我们一群赤脚娃子,蹦啊,跳啊,唱啊……

练习2:在冲天的爆破声中,铁丝网闪开了一道缺口,战士们像潮水般地冲了上去。

练习3:夜色在笑语中渐渐沉落,朋友起身告辞,没有挽留,没有送别,甚至也没有问归期。

朗读指导:

练习1描写了一个欢腾的场面,语气稍快、激情跳跃。

练习2描述了一个冲锋的场面,语气急促,声音不一定很大。

练习3是夜色中的辞别场景,语气较舒缓,似乎在慢慢品味。

七、语气交错相宜

(一) 语气

语气是"表示陈述、疑问、祈使、感叹等分别的语法范畴"(《现代汉语词典》),从这个意义上讲,它代表了说话人的某种想法、态度。也有人说语气是语言和气势结合而形成的一种语言的气韵,从这个意义上讲,它又使所说话语带上了某种感情色彩。态度和感情互相交融才使人们的语言展现出丰富多彩的语气,使语言的表达更加生动、活泼,富有感染力和表现力。

重音、停顿、抑扬在实际运用中相互配合,可产生错综复杂的表达效果。例如:

你了解我不了解?(升调)　　　　　　(问是否了解)

你了解我不了解。（降调）　　　　　（承认自己不了解）
你了解我不了解？（升调）　　　　　（不承认自己不了解）
你了解我不了解？（升调）　　　　　（想证实别人是否了解）
你了解我（升调）不了解。（降调）　（认为别人不了解）
你了解我不（升调）了解。（降调）　（明白别人了解）

（二）语调

语调是一句话中语音高低、强弱、长短、虚实的综合变化。一个有口才的人，能用多种语调说同一句话。

1. 水平类（——）

这是指语调首尾较为平直。这种类型在叙事文、说明文中常出现，在感情冷漠、麻木或悲痛、肃穆的气氛中常用。

例如，鲁迅小说《祝福》中的祥林嫂重复多次的那几句："我真傻，真的……唉唉，我的阿毛如果还在，也就有这么大了……"

历尽了艰辛，最后连唯一的精神支柱——儿子也被狼叼走了的祥林嫂，此时的她精神上已不再会有什么起伏了。

2. 波峰类（∧）

语调状如波浪中的波峰。例如：

独立寒秋，湘江北去，橘子洲头。

3. 波谷类（∨）

语调状如波浪中间的低谷，只是峰顶和谷底不一定出现在正中。例如：

北方的雨，下得豪爽、酣畅、粗犷、干脆。

4. 上波类（↗）

语调如同上波，渐渐升高。例如：

它没有婆娑的姿态，没有屈曲盘旋的虬枝。

5. 下波类（↘）

语调如下波，渐渐降低。例如：

天渐渐暗下来，北风刮得更紧了，我们默默地离开了天安门广场。

6. 波浪类（～）

语调中间有两次以上曲折，常用于表现讽刺、幽默或烦躁。例如：

它们这些海鸭（～）啊……把它们吓坏（～）了。

八、其他

（一）喷口

喷口即发音时在字头上特别用力。如在声母是塞音送气的p、t、k等时，喷口尤为明显。喷口是一种强调字头的发音技巧。发好喷口，主要是要绷紧发音部位的肌肉，迫使气流以更大的压力把它们打开，这时发出的字头分量也就加重了。例如：

贪，是万恶之源！

看你往哪儿跑！

喷口可以使字音响亮有力，能传送到很远的地方。运用喷口还可以渲染愤怒、激昂的情绪，从而加强气势。

（二）气音

气音是故意使语音中夹带呼吸音以求得预期的效果。或者表现耳语、衰弱无力，或者是特别激动、特别劳累、特别紧张的情景和气氛等。例如：

四秒钟后，脱轨覆车的惨祸将发生！危在眉睫！

（三）模拟

模拟不是表演，并不要求完全相像而只要求"意会"即可，演讲者语音的本色仍然应该是贯穿始终的主导，切忌因为模拟而破坏了语音语调的统一。例如：

我们隔水呼喊："喂——有船吗——？"

（四）颤音

颤音是故意造成语音的不稳定而出现特殊效果的一种变音技巧。例如：

看看我们脚下这片土地吧！这才是我们自己的土地！她给予我们的是<u>太多太多</u>而我们给予她的却是<u>太少太少</u>，她的贫乏是我的不是，你的不是，他的不是……当我们明白了这一点，我们就会扑倒在她的怀里，深情地喊一声"妈妈"，又怎舍得离开她呢？

第五节 无声语言的表达技巧训练

无声语言是指说话者的眼神、表情、动作、手势、仪表、风度等。这些手段虽然无声，却具有不可忽视的作用。对于说话者，有辅助传情达意的作用；对于听众，有感染、说明、强调、吸引、启发、指示等作用。

演讲的内容不但要通过听觉让听众接受，也要通过视觉使听众接受。我们用声音再现某种感情时，如果不允许身体有相应的动作，就会觉得别扭。表 3-2 是人们借助无声语言传递信息的统计。

表 3-2 无声语言信息传递统计

非语言手段	眼睛	手势表情	声调停顿	笑咳声	走动
使用人数	48	36	41	19	17
占百分比	100%	75%	85.4%	39.6%	35.4%

有时无声语言甚至可以取代有声语言，更加形象、准确地表达相应的意义。林肯成为美国总统之前有一次作为被告的辩护律师出庭。之前，原告律师将一个简单的论据翻来覆去地陈述了两个多小时，听众已经听得很不耐烦了。轮到林肯辩护了，只见他走上

讲台，一言不发，先把外衣脱下来，放在桌上，然后拿起玻璃杯喝了口水，接着重新穿上外衣，然后又喝水，这样的动作重复了五六次，逗得听众笑得前俯后仰。这时，林肯才在笑声中开始了他的辩护。

还有一个例子。著名的教育家斯霞老师在给小学生讲解"颗颗稻粒多饱满"后，要求学生用"饱满"造句。学生只会用植物一类进行练习，如"麦粒长得饱满"、"豆荚长得饱满"。为了打开学生的思路，斯老师突然走到教室门口，然后转过身，胸脯略微挺了一挺，头稍微扬了扬，两眼炯炯有神地问道："你们看，老师今天精神怎么样？"学生异口同声地说："老师精神饱满。"

林肯和斯霞老师都能恰到好处地使用无声语言，使其发挥了不可替代的良好效果，是无声语言可以有效表情达意的最好例证。

一般情况下，无声语言和有声语言是密切结合的，它们之间的关系自然而真实。正如卡耐基所言："手势和晚宴服这种可以随意穿上或脱下的东西完全不同，它只是内在情况的一种外在表现，如同亲吻、腹痛、大笑及晕船一般。""唯一有价值的手势就是你天生学会的那一种，一盎司的本能比一吨的规则更有价值。"

演讲中的无声语言往往是约定俗成的，更贴近生活，依附时代、民族、地域等存在。无声语言可以分为整体态势语和局部态势语两大类。

一、整体态势语

整体态势语包括人的仪表和风度。仪表是指人的容貌、姿态和举止。容貌包括相貌、化妆、服装，姿态和举止是全身的展示。风度是给人的一种视觉和感觉的综合印象。形成风度的因素，既有言谈、举止、穿着这些可闻、可见的东西，又有气质、情绪、品德修养等不可见却可感的东西。理想的仪表和风度要符合身份、适于场合、对应听众。

二、局部态势语

（一）眼神

眼睛是心灵的窗户，能透露出人内心深处的情感。眼神有正视、侧视、仰视、俯视、斜视几种。说话时应正视对方，以明亮有神、热情友善、自信坦荡的目光去接触听者。演讲时也可采用环视、虚视等方法。切忌：不看听众；目光闪烁不定；目光只与前排听众交流；视线过高，掠过听众头顶；歪头与主持人交流；长时间瞪视或凝视对方。

（二）表情

表情同眼神一样，也是人内心世界的反映。除了相貌，表情也可以成为一个人的符号化代表。一个信息的表达＝7%语言+38%声音+55%表情。通常情况下，一种表情所代表的含义是固定的。面部肌肉绷紧，多出于严肃、庄重、愤怒等情绪；面部表情和缓则可能表示理解、友善等情绪。反过来，表情也可以影响一个人的心灵面貌。

微笑是最好的表情，人是唯一会笑的高级动物。微笑可以给对方良好的第一印象，微笑可以产生融洽的交际气氛，微笑是对人谦和尊重的表示，微笑是打破僵局的手段。

真诚的微笑永远是最好的融合剂。判断一个人是真笑还是假笑要看两点：一是嘴角抬起的速度；二是在张开眼的同时，眼皮是否短暂地闭合。

演讲中切忌呆板、一成不变的表情，以及下意识的不良表情，如比较烦躁的撇嘴、皱眉，或尴尬的吐舌等。

（三）身姿

站要端庄挺拔，坐要端正自然，行要自如和谐。

站姿是人们经常采用的一种静态的身体造型，它是其他动态造型的基础和起点。"站如松"就是要求挺直、舒展、线条优美、精神焕发，具体就是：头正颈直，双目平视，微收下颌，表情平和自然；双肩舒展，保持水平并稍微下沉，两臂自然下垂；身躯直立、挺胸、收腹、立腰、臀部肌肉收紧，重心上升；双腿直立，女生双膝和双腿要靠紧。

可以归纳为：挺胸、抬头、目平、梗颈、展肩、收腹、立腰、提臀。

常见的站姿有：

侧放式：两脚后跟靠拢，两脚微张成60度，两臂下垂，五指并拢，拇指贴在食指第二指关节，中指挨着裤缝。

前腹式：双手在腹前（腰带下一拳）交叉叠放，右手搭在左手上；男生V字步或两脚略微分开，不超过肩宽，女生V字步或丁字步。

练习优美的站姿，可以自己靠墙练习、对镜练习、顶书练习；也可以两人背靠背练习。切忌歪脖、斜腰、含胸、屈腿。

坐姿："坐如钟"就是要求上身保持站立时的端正，正式场合，只坐椅面的2/3～3/4。

常见的坐姿有：

手的摆放：男生双手掌心向下，自然地放在膝上，女生两手搭放在一只大腿上。

下肢摆放：端正式（身体呈现两个直角，女生双膝、双脚并拢，男生双脚略分开、与肩同宽）。

入座离座：正式社交场合，遵守"左进左出"原则，注意以右为尊。

坐姿切忌：塌腰、倚靠在桌边、脚尖朝天，两脚分得太开，脚抖动。

对于走姿，"行如风"就是要求，女生要体现轻盈、挺拔、优雅；男生要体现稳健、阳刚、自信。

走姿基本要求是：

保持基本站姿，做好起步准备。

步幅：女士一脚，男士一脚半。

步位：女士两脚跟前后踩在一条线上，男士为两条相近的平行线。

步速：以平稳为宜。

手臂：双臂自然下垂，手掌心向内半握拳，以身体为中心前后摆动，摆动中手臂离双腿不超过一拳。

不优美的走姿是八字步、低头驼背、双臂大甩手、左顾右盼等。

（四）手势

卡耐基说："你的双手应该如何处理呢？忘掉它们。如果它们能够很自然地下垂在身体两侧，那最理想了。如果你觉得它们就像一大串香蕉似的，千万不可认为没有人会去注意它们。""如果一个人如此专心于思考他所要说的内容，并如此急于把他的意见表达出来，以至于他忘掉了自己的存在，谈话及举止皆出于自然，那么他的手势及表达方式将不会受人批评。如果你对此有怀疑，你可以走向那人，一拳将他打倒。你将会发现，当那人站起来之后，他将会向你说出一段几乎无懈可击的完美谈话。"

演讲者的手势是演讲者在演讲时手部动作的姿势，手势没有固定模式，是由演讲者的性格和演讲的内容以及演讲者当时的情绪支配的，但是手势挥动的高度有个约定俗成的范围，手的各种姿势反映不同的内容，代表不同的意思，这也是约定俗成的。一般而言，向上向内的手势多表示肯定、赞同、号召、鼓励、希望，是积极的；向下向外的手势则多表示否定、批判、仇恨、打击，是消极的。感情平稳时，手势幅度较小；激动兴奋时，手势幅度较大。

使用手势语时，切忌：

第一，动作生硬，或只重复使用一种手势。

第二，动作不雅或琐碎。

第三，使用肘部做短而急速的动作。

第四，手势结束得太快。

【课堂练习】

练习1：试揣摩下列神情可能代表的心态。

听着听着，目光凝滞了。

听着听着，眼睛忽然湿润了。

听着听着，身子不停地扭动起来。

听着听着，忽然眼睛闪动了一下，向别处看去。

听着听着，眼珠转动，不自觉地搓起手来。

听着听着，一面点头，一面打起哈欠来。

练习2：为下面的表述设计合适的手势语。

①让我们团结起来，携手并肩，共同奔向美好的明天！

②同志们，睁开你们的双眼看看吧。

③周总理，你在哪里呀？你在哪里？

④读小学的时候，我的外祖母过世了，外祖母生前最疼爱我，我无法排除自己的忧伤，每天在学校的操场上一圈又一圈地跑着，跑得累倒在地上，扑在草坪上痛哭……

⑤让懦弱离我而去吧！

⑥我将和他不共戴天，一刀两断！

练习3：组织同学观看演讲视频，讨论演讲者态势语的使用得失。

练习4：向同学们展示一篇演讲稿，请大家为其设计恰当的态势语。

第四章 辩论训练

第一节 辩论概述

一、辩论

在口语表达的诸多形式中，辩论是为展示表达者思辨能力、精神境界、文化底蕴、机巧急智而综合创造的口才形态的一种最高级形式。

在我国春秋战国时期，诸子百家"率其群徒，辨其谈说"，通过辩论宣扬其学术主张。墨子甚至认为"守道不笃。遍物不博，辩是非不察者不足与游"，可见辩论在人际交往中的重要性。另外，辩论在当时的外交和军事斗争中也起到了极其重要的作用。"一人之辩，重于九鼎之宝；三寸之舌，强于百万之师"，由此可见当时雄辩的威风与威力。

在国外，更是辩论成风。古希腊的雅典就是当时辩论的中心，苏格拉底、柏拉图、亚里士多德、麦加拉等是当时著名的雄辩家，他们还著书立说，创立辩论理论并开堂讲学，使辩论技巧更加成熟，推动了辩论的不断发展。

在现代社会中，经济更繁荣、文化更发达、政治更民主、法制更健全，为辩论创造了较好的条件，而新观念、新思想的不断涌现，也为辩论提供了较多的舞台。决策辩论、法庭辩论、学术辩论、外交辩论乃至模拟辩论，都给予了人们展露辩才的大好时机。

（一）辩论的含义与作用

什么是辩论？从文字上看，"辩"含有辨析、辨别、辨明的意思，"论"含有评议、判别之意，合起来就是通过议论来评定辨明是非曲直之意。按现代辩论学的观点，辩论则是观点对立的双方或多方，就同一论题，阐述己见，批驳或说服对方所进行的言语交锋。辩论的最终目的是辨清是非曲直，彰显真理，否定谬论。

在口语表达中，辩论具有重要的作用：它是发扬真理、揭穿谬误的重要武器，是保护公民正当权益、捍卫法律尊严的重要手段，是推进学术发展的重要途径，是保证决策科学化的重要条件。在学校开展的口才训练和组织的辩论比赛中辩论同样具有重要的作用，主要表现在以下两个方面：

1. 激发求知欲，深化对事物本质的认识

通过辩论，学生会发现有许多问题看似明白却又说不清楚，这就促使他们开阔思路，学会灵活运用所掌握的知识来分析解决问题。

2. 综合培养能力，全面提高口语表达水平

辩论要求参与者能迅速提取个人知识储备中的有关信息来进行思辨，具有确定自己立论的能力、边听边归纳对方话语要点的能力、判断对方见解正误的能力和快速组织语言作出有针对性回应的能力。思辨能力强的表现是：论述自己观点要逻辑严密，条理清晰；反驳对方观点要判断准确，击破其要害。通过辩论训练，学生注意力的集中性、指向性，思维的敏捷性、灵活性，表达的准确性、条理性，都会得到很好的培养；逻辑推理能力、现场应变能力和即兴讲说能力，都会得到有益的锻炼，从而全面提高口语表达水平。

（二）辩论的特点

1. 观点的对立性

辩论双方的观点是截然对立的，至少具有明显的分歧。辩论者既要千方百计地证明并要对方承认自己的观点的正确性，又要针锋相对地批驳对方的观点，迫使对方放弃之。这就决定了双方的立场、观点具有鲜明的对立性。

2. 论述的严密性

辩论是持不同观点的人用语言作直接的对抗，辩论者一方面必须使自己的思路清晰，观点正确鲜明，论据充分有力，阐述逻辑性强，战术灵活适当，令对方无懈可击；另一方面要善于从对方的阐述中寻找纰漏，找出破绽，打开辩驳的突破口。这就决定了辩论必须有更严密的逻辑性，说理不周，破绽百出，就会使己方陷入困境，导致失败。

3. 表达的现场性

即使是做了充分准备的赛场辩论，都难以事先完全把握对方的论点和论据，都难以事先洞悉对方的战略和战术，因此必须对辩论现场发生的情况作出及时有效的反应和正确的应对，这就是辩论的现场性。

4. 思维的机敏性

辩论时双方唇枪舌剑、交锋激烈，既要阐述自己的观点，又要明察对方的策略，应付其"明枪暗箭"，而这一切往往来不及深思熟虑，这就要求思维必须灵活。充满智慧而又机智，是取得辩论胜利的关键。

（三）辩论的基本要求

1. 观点鲜明，理据充分

辩论时，持不同见解的双方要鲜明地表达自己的观点，不模棱两可，不含糊其辞；辩论中，无论阐述自己的观点，还是辩驳对方的错误，都必须做到理据充分，即在引证公理、典籍，列述事实，援引数据时，都要做到典型、准确、充分，从而产生强大的逻辑力量。

2. 辨清辩题，理解原意

辩题即辩论双方认识相悖、需要通过辩论分清是非曲直进而取得共识的问题。辨清了辩题，才能把握住关键，有针对性地进行言语交锋。辨析辩题要领：第一，分清辩题的共认点。共认点又可称为共识，即在辩题的范围内，辩论双方观点一致的认定。它成

为辩题范围内不辩的部分。分清共认点，有助于划定辩题的外延，明确辩论的展开方向。第二，分清辩题的异认点。异认点就是分歧点，即双方观点的对立点所在。准确地把握住辩题的异认点，就能抓住核心，抓住关键，牢牢地把握辩论方向和中心。在辩论实践中，这种异认点会在中心论点、各级分论点甚至在论据上逐步逐层显露出来，因此需要理清这些异认点的层级，逐层依次辩驳，以取得辩论的胜利。第三，分清异认点的主次。有些辩题较为单一，分歧点鲜明且集中；而有些辩题异认点多且不甚分明，这就需要把握分歧点的主次，抓住分歧点的核心，形成集中而明确的辩论焦点，否则就不可能是辩论。

3. 态度诚恳，有理、有度、有德

辩论的目的在于明是非、权利弊、求真理，在于促进学术的完善深化，法律的正确实施，决策的科学得当，因此，必须讲究高尚的辩论道德，树立正确的辩论作风。这就要求做到有理、有度、有德。

有理，即要以客观事实、科学道理和严密推理去论证和反驳，以理服人、以据服人，不以势压人、以声慑人。

有度，即议论要有分寸，对不同意见的辩驳要适度。适度就是坚持实事求是，不将认识问题硬扯成立场问题，也不将学术问题或是非问题硬扯成政治问题。

有德，即讲究辩论的基本道德。其要求是：不故意歪曲他人原意，篡改对方论点；不在对方陈述其观点和理据时强行打断，抢话反驳；不在对方已经真诚地承认失败并已经停止辩护时仍咄咄逼人；不粗暴地进行人身攻击，恶语中伤，辱骂恫吓；不恶意挖苦讽刺。双方要互相尊重，谦和礼让，语言文明，表现出良好的修养和风度，不仅要用语言而且要用人格形象的力量去征服对方。

二、辩论的类型

（一）按辩论的目的划分

1. 应用辩论

应用辩论是根据社会生活中某种特定的需要而进行的辩论，一般以辨明某种特定问题的是非、曲直、真伪、优劣为目的，如法庭辩论、外交辩论、学术辩论、决策辩论等。

2. 赛场辩论

赛场辩论又叫模拟辩论，是就某一特定辩题，组织参赛双方展开论争，以决胜负的辩论。赛场辩论以培养机辩能力、培养辩才为目的。它起源于由英国、美国等国家的专家学者发起和组织的"国际雄辩运动"。在我国的大学中，除校内有各院（系）组织的这种辩论外，还有地区高校之间乃至教育部组织的各校之间的赛场辩论，而两年一度的"国际大学群英辩论会"则是赛场辩论的盛事。

（二）按辩论的内容划分

1. 自由辩论

自由辩论没有事先的组织，没有事先确定的辩题，大家是为了某种良好的效果而发

表不同的意见、看法、主张。

2. 专题辩论

专题辩论有基本的形式，有明确的目的性，如外交辩论、法庭辩论、论文答辩等。

3. 赛场辩论

赛场辩论也叫辩论比赛，即以培养人才、培养机辩能力为目的，就某一特定的辩题，参赛双方展开激烈的辩论，以决胜负的活动。

（三）按辩论的形态划分

1. 一对一的辩论

如日常生活中的争辩。

2. 一对群体的辩论

如诸葛亮舌战群儒。

3. 群体对群体的辩论

如辩论赛。

三、辩论与辩论赛

（一）辩论的特点

辩论是"确证某一思想是否正确"的思维过程。马克思说："真理是由争论确立的。"辩论的过程，也正是人们探求真理、宣传真理、捍卫真理的过程。

辩论具有对立性、逻辑性、应变性等特点。观点针锋相对是辩论的突出特点。辩论中，为达到说服或驳倒对方的目的，就要运用逻辑这一工具。辩论必须遵守逻辑思维的一般规律，否则就不成其为辩论，也谈不上逻辑性和说服力。

（二）辩论赛的特点

辩论赛是指两支辩论队在事先规定人数、规定程序、规定题目、规定时间的情况下，按抽签所选的各自立场，通过交替发言，论证本方观点、反驳对方的观点，最后通过评委打分，来决定胜负的一种语言竞赛活动。

言语对抗性和机敏应变能力的较量是辩论赛的突出特点。在辩论赛中，双方随时都可以从各个角度向对方发难。同时，双方又必须面对一些意想不到的难题，随机应变、快速应对。因此，你来我往的快速问答，是辩论赛中语言的显著特点。

（三）两者的区别

辩论可以用口头语言或书面语言进行，辩论的目的在于批驳谬误、探求真理，参加辩论的可以是对立的两方，也可以是意见不同的许多方面。而辩论赛是训练口才的有效手段，所以辩论赛的目的不是为了"探求真理、宣传真理、捍卫真理"，也不存在"明辨是非、借以说服或驳倒对方"的问题，辩论赛必须用口语进行，而且一场辩论赛中只能是两支队伍参赛。

辩论知识是辩论赛的主要武器，辩论赛则是辩论训练的主要途径。

第二节 辩 论 技 巧

一、辩论中的逻辑技巧

辩论与逻辑有密切的关系，逻辑是辩论的主要工具。从途径方面来看，辩论可分为直接辩论和间接辩论。

（一）直接辩论

直接辩论是指从正面用事实或道理来证明论题真假的辩论。常用的直接辩论法有：三段论法、选言法、假言法、二难法、归纳法、类比法以及喻证法等。

1. 三段论法

三段论是由一个大前提（陈述大概念的命题）、一个小前提（陈述与大概念有关的具体实例的命题）和一个结论（由大前提和小前提推出的结论）组成的。

∵ A，∴ B；A_1，∴ B。（A 为大前提，A_1 为小前提，B 为结论。）

李斯特：

陛下讲话，小子理应缄默；（大前提）

陛下正在说话，（小前提）

所以，我不应弹奏。（结论）

∵ A，∴ B；∵ 非 A，∴ 非 B。

画蛇添足：

谁先画好蛇，谁就能喝酒；

你画的不是蛇，

所以，你不能喝酒。

2. 选言法

A^P；非 A，那么 P。（A 与 P 中必有一个是，不是 A，即是 P。）

毛拉赶集：

除了农民，就是毛驴，

你不是农民，

那么你就是毛驴。

3. 假言法

如果 P，那么 Q；P，Q。（如果 P 成立，那么 Q 成立。）

青年与老妇：

早晨，去赶集的路上，两位贵族青年与一位牵着两头毛驴的老妇人相遇。贵族青年：你好，驴妈妈。老妇人：你们好，我的孩子们。

4. 二难法

二难法是指以二难推理为主的辩论，使人左右为难、进退维谷。

农民二难国王：

国王：有谁能说一件非常荒唐的事，让我不得不说出这是谎话，我就分给他一半江山。

农民：陛下欠我一斗金子，我是来讨还金子的。

国王：我如此富有，怎么会欠你的金子。

农民：……

5. 归纳法

归纳法就是以归纳推理为主的辩论。

铜能导电，铁能导电，金能导电，铝能导电……，凡是金属都能导电。

6. 类比法

类比法是以类比推理为主的辩论。

《邹忌讽齐王纳谏》：邹忌从"妻私臣"、"妾畏臣"、"客求臣"，都认为"臣美于徐公"一事，悟出"臣受蔽矣"，所以就从齐王的"宫妇左右私王"、"朝内大臣畏王"、"四境之内求王"的情况中，类推出"王之蔽甚矣"的结论。

7. 喻证法

喻证法是建立在比喻基础上的辩论。

毛泽东说：凡是反动的东西，你不打，它就不倒，扫帚不到，灰尘不会自己跑掉。

（二）间接辩论

间接辩论是指通过事实或道理对某一中间判断的真假的证实来证明论题真假的辩论。常用的间接辩论有：反证法、淘汰法、归谬法等。

1. 反证法

反证法是指先不证明论题，而是先证明反论题的虚假性，从而得出原论题真实的结论。

语言是人类重要的交际工具，要想充分发挥它的作用，就要求使用者共同遵守一个标准。如果不用这样一个标准来约束大家，就无法互相理解，这样，交流思想的任务也就不能完成。所以，为了交流思想，这种"约束"是必需的。

2. 淘汰法

淘汰法是指先巧妙地设立一个包含原论题在内的几个小论题组成的更大的论题，在淘汰了其他小论题后，只剩下了原论题，这样原论题的真假也就得到了证实。

鲁迅《拿来主义》：为证明"拿来主义"的正确性，先概括了对待外来文化的四种态度，设立一个论题，并以继承"大宅子"为例进行"淘汰法"辩论。四种态度分别是"不敢进去"、"放一把火烧光"、"进去吸鸦片"、"拿来"。对前三种，文章分别用"孱头"、"昏蛋"、"废物"等进行了坚决的否定，所以只能选择"拿来"，从而证明"拿来"是唯一正确的选择。

3. 归谬法

归谬法是指为了证明某一论题的虚假，先假定它是"真实"的，并由它的"真实"推导出荒谬的结论来，从而否定该论题。

斯大林在批判"语言是生产工具"论时,说:"假如语言能生产物质财富的话,那么夸夸其谈的人,就会成为世界上最富有的人了。"

二、辩论中的语言技巧

(一) 明确概念的释词

辩论的起码要求是有共同的辩题和确定的概念,也就是辩论双方必须遵守逻辑上的同一律,既不能自说自话,曲解词语,也不能闪烁其辞甚至夸大其词。

释词有直接释词和间接释词两种。

直接释词是明确从概念的内涵和外延两方面入手,指出词语的区别性特征。

例如,在"温饱是否是谈道德的必要条件"的辩论中:

剑桥大学一辩:温饱是人最基本的衣食需要,而谈道德是指推行道德。温饱是谈道德的必要条件,就是说,我们不能脱离温饱而空谈道德……

复旦大学一辩:道德是调节人们行为的规范,由社会舆论和良心加以支持。众所周知,谈道德实际包括个人修养、社会弘扬和政府倡导三层含义。

所谓必要条件,从逻辑上看,也就是"有之不必然,无之必不然"的意思。因此,对于今天的辩题,一方只需论证没有温饱也能谈道德,另一方要论证的是,没有温饱就绝对不能谈道德。

(二) 形象说明的比喻

比喻可以说是一切语言技巧之王,因为它能"化未知为已知,化抽象为具体,化深奥为浅显,化平淡为生动"(《比喻》)。作为说服、影响、批评、战胜别人的辩论形式,运用贴切的比喻能够生动、形象、明确地表明自己的立场,加大说服力,增强自己辩论的气势。

例如,复旦大学队关于"温饱不是谈道德的必要条件"的一段辩词:

雨果说过:"善良的道德是社会的基础。"道德是石,敲出希望之火;道德是火,点燃生命之灯;道德是灯,照亮人类之路;道德是路,引我们走向灿烂的明天。

(三) 增强语势的排比

排比修辞使语句轩昂、气势壮阔、节奏鲜明、情感富于波澜,是辩论中的一种很重要的语言技巧。

例如,苏州大学辩论队关于"学生学业压力大有利于成长"的一段辩词:

亚里士多德的刻苦勤勉,孔子七十二贤的孜孜不倦,周恩来为中华之崛起而奋发读书,马克思在大英博物馆里留下的深深脚印,古今中外的成才事实表明要成才离不开大的学业压力。

在辩论中巧妙地运用排比修辞,可以有效地增强辩论的感染力、说服力和表现力。

(四) 警示强调的诘问

辩论使用的句式与其他文体有所不同,因为论辩双方有来有往、有攻有守、有问有答，所以，诘问句和陈述句的比例之多是其他文体不能相比的。但是，在辩论中，同样的内容，由陈述句表达和由反问句表达，绝对是两种截然不同的效果。

诘问包括设问、反问和奇问三种类型。设问是无疑而问，自问自答。辩论中运用设问的目的是提醒听者注意，引发对方思考，强化自己的观点。反问也是无疑而问，不过它不需要另作回答，因为问的本身就是答案。辩论中运用这种形式的诘问的最大作用就是加强语气，表示确定和无可争辩。奇问也是一种明知故问，它的主要特点是在问句表层的掩护下，隐藏着深层的含义，以此达到以柔克刚的目的。

（五）以牙还牙的仿拟

辩论中的仿拟分为两大类型，即仿拟对方的表现方式和仿前人的表现方式。

仿对方的表现形式，主要是指借用对方的语言形式，装载自己的思想内容，反过来再去批驳对方，从而起到以眼还眼、以牙还牙的效果。例如：

据说英国诗人乔治·英瑞的父亲是个木匠，一次一个纨绔子弟侮辱乔治："请问阁下的父亲是不是木匠？"当他得到肯定的回答后又问："那他为什么没把你培养成木匠？"乔治有礼貌地问："敢问阁下的父亲是位绅士？"这位公子哥得意地回答说是，诗人又问："那他为什么没把你培养成绅士？"

仿前人的表现形式，是指模仿众所周知的表现形式或固定词语，以达到幽默风趣、机智讽刺的表达效果。例如，在"温饱是否是谈道德的必要条件"的辩论中，复旦大学队这样陈述：

对方认为在从贫困向温饱的追求过程当中，可以不谈道德，这就告诉我们一个所谓基本的理论，就是："天下大乱，才能达到天下大饱。"

如果这样的话，恐怕不是"争则乱，乱则穷"，而是"争则乱，乱则饱"了。

（六）鉴别真伪的对比

有比较才有鉴别，有比较才见优劣，有比较才显胜负，所以，对比也是辩论中不可缺少的语言技巧。对比一般有求同对比和求异对比之别，不过我们在辩论中主要使用求异对比，通过对比进行分类。这又分为两种情况，一是明比，把两个事物、两种现象的不同明确地说出来；二是暗比，只是指出两种情况不同，至于为什么不同，不用作具体说明人们也可以体会出来。例如，复旦大学队关于"人性本恶"的辩论中的一段辩词是这样的：

对方多次问我们人性怎么样，人性怎么样，始终没有问我们人性本来怎么样。我想请问对方，人性是什么和人性本是什么是同一个概念吗？

（七）金蝉脱壳的转题

辩论不可能永远主动，穷追猛打，一路进攻。有时也会受到对方的围困，碰到一些棘手的问题。在这种时候，人们都想转移话题，以摆脱困境。于是，转题便成了辩论中一个十分重要的语言技巧，转移话题分为直转和偷渡两种。

所谓直转，就是没有过渡，直接避开对方的话题，公开转到另一个话题上，表述上可以直接公开表明"我想请问对方……"。

偷渡法则是在对方的强攻之下，采用隐秘的方法，化解对方攻势，引入己方的思想，从而战胜对方。例如，在"艾滋病是社会问题还是医学问题"的辩论中：

悉尼大学队："如果艾滋病不是一个医学问题，对方认为艾滋病是社会问题又怎么证明呢？"

复旦大学队："我倒想请对方辩友回答我一个很简单的问题，今年世界艾滋病日的口号是什么？"

复旦大学队使用了偷渡法来转移话题。

第三节　辩　论　赛

一、辩论赛的组织

参加辩论赛的人员分为两组，一组为正方，另一组为反方，正方与反方的分配，一般于辩论赛前若干天由双方抽签决定。正、反方参与辩论的人员相等，现实运用中较多的是每组3人或每组4人。3人一组中设主辩1名，助辩2名；而4人组中不仅设主、助辩，而且更强调互相配合，特别是在团体辩论阶段，第一位发言者有阐明本方观点的责任，第二、第三位发言者既要维护本方观点，又要集中力量批驳对方观点，第四位发言者，则承担总结本方观点的重任。

二、辩论赛赛制

（一）三对三团体辩论赛赛制

1. 辩论赛程序

①队员入场。
②介绍参赛队及其所持立场。
③介绍参赛队员。
④介绍评委。
⑤比赛开始。
⑥评委点评。
⑦观众自由提问，评委评分（同时进行、可选议程）。
⑧宣布比赛结果。
⑨辩论赛结束。

2. 辩论程序

（1）陈词阶段

①正、反方一辩发言。
②正、反方二辩发言。

（2）盘问阶段

①反方三辩提问。

②正方三辩回答、提问。
③反方二辩回答、提问。
④正方二辩回答、提问。
⑤反方一辩回答、提问。
⑥正方一辩回答、提问。
⑦反方三辩回答。
（3）自由辩论阶段
首先由正方发言，然后由反方发言，正反方依次轮流发言。
（4）总结阶段
①反方三辩总结陈词。
②正方三辩总结陈词。

3. 辩论赛细则
（1）时间
全场共计用时 30 分钟。
①陈词共 12 分钟。正、反方一辩发言各 3 分钟。正、反方二辩发言各 3 分钟。
②盘问阶段共 4 分钟。提问用时 10 秒，回答用时 20 秒。各队累计用时 2 分钟。
③自由辩论阶段共用时 10 分钟，每方用时 5 分钟。
④总结陈词阶段共用时 4 分钟，每方用时 2 分钟。
（2）辩论规则
第一，盘问规则。每个队员的发言应包括回答与提问两部分。回答应简洁，提问应明了（每次提问只限一个问题）。对方提出问题时，被问一方必须回答，不得回避，也不得反驳。

第二，自由辩论规则。自由辩论发言必须在两队之间交替进行，首先由正方一名队员发言，然后由反方一名队员发言，双方轮流，直到时间用完为止。各队耗时累计计算，当一方发言结束，即开始计算另一方用时。在总时间内，各队队员的发言次序、次数和用时不限。如果一队的时间已经用完，另一队可以放弃发言，也可轮流发言，直到时间用完为止。放弃发言不影响打分。

第三，辩论中各方不得宣读事先准备的稿件或展示事先准备的图表，但可以出示所引用的书籍或报刊。

第四，比赛中，辩手不得离开座位，不得打扰对方或本方辩手发言。

（二）四对四团体辩论赛赛制

1. 辩论赛程序
该程序由辩论会主席执行。
①辩论赛开始。
②宣布辩题。
③介绍参赛代表队及其所持立场。
④介绍参赛队员。

⑤介绍规则、评委及点评嘉宾。
⑥辩论比赛。
⑦宣布评委及点评嘉宾退席评议。
⑧观众自由提问时间。
⑨宣布评委入席,点评嘉宾评析发言。
⑩宣布比赛结果。
⑪辩论赛结束。

2. 辩论程序

①正方一辩发言 2 分钟 30 秒。
②反方一辩发言 2 分钟 30 秒。
③正方二辩选择反方二辩或三辩进行一对一攻辩。1 分钟 30 秒,每次提问不超过 10 秒。
④反方二辩选择正方二辩或三辩进行一对一攻辩。1 分钟 30 秒,每次提问不超过 10 秒。
⑤正方三辩选择反方二辩或三辩进行一对一攻辩。1 分 30 秒。
⑥反方三辩选择正方二辩或三辩进行一对一攻辩。1 分 30 秒。
⑦正方一辩进行攻辩小结。1 分 30 秒。
⑧反方一辩进行攻辩小结。1 分 30 秒。
⑨自由辩论(正方先开始)。8 分钟(双方各 4 分钟)。
⑩观众向反方提问一个问题,回答时间不超过 1 分钟,除四辩外任意辩手回答。
⑪观众向正方提问一个问题,回答时间不超过 1 分钟,除四辩外任意辩手回答。
⑫观点向反方提问一个问题,回答时间不超过 1 分钟,除四辩外任意辩手回答。
⑬观众向正方提问一个问题,回答时间不超过 1 分钟,除四辩外任意辩手回答。
⑭反方四辩总结陈词,3 分钟。
⑮正方四辩总结陈词,3 分钟。

3. 辩论赛细则

(1)时间提示

自由辩论阶段,每方使用时间剩余 30 秒,记时员以一次短促的铃声提醒;用时满时,以钟声终止发言。攻辩小结阶段,每方使用时间剩余 10 秒时,记时员以一次短促的铃声提醒,用时满时,以钟声终止发言。其他阶段,每方队员在用时尚剩 30 秒时,记时员以一次短促铃声提醒,用时满时,以钟声终止发言。终止钟声响时,发言辩手必须终止发言,否则作违规处理。

(2)攻辩

攻辩由正方二辩开始,正反方交替进行。

正反方二、三辩参加攻辩。正反方一辩作攻辩小结。正反方二、三辩各有且必须有一次作为攻方;辩方由攻方任意指定,不受次数限制。攻辩双方必须单独完成本轮攻辩,不得中途更替。

攻辩双方必须正面回答问题,提问和回答都要简洁明确。重复提问和回避问题均要被扣分。每一轮攻辩，攻辩角色不得互换，辩方不得反问，攻方也不得回答问题。

正反方选手完成第一轮攻辩阶段，攻辩双方任意一方落座视为完成本方攻辩，对方选手在限时内任意发挥（陈词或继续发问）。

每一轮攻辩阶段为 1 分 30 秒，攻方每次提问不得超过 10 秒，每轮必须提出三个以上的问题。辩主每次回答不得超过 20 秒。用时满时，以钟声终止发言，若攻辩双方尚未完成提问或回答不作扣分处理。

四轮攻辩阶段完毕，先由正方一辩再由反方一辩为本队作攻辩小结，限时 1 分 30 秒。正反双方的攻辩小结要针对攻辩阶段的态势及涉及内容，严禁脱离比赛实际的背稿。

（3）自由辩论

在自由辩论阶段，正反方辩手自动轮流发言。发言辩手落座为发言结束即为另一方发言开始计时标志，另一方辩手必须紧接着发言；若有间隙，累积时照常进行。同一方辩手的发言次序不限。如果一方时间已经用完，另一方可以继续发言，也可向主席示意放弃发言。自由辩论提倡积极交锋，对问题回避交锋两次以上的一方扣分，对于对方已经明确回答的问题仍然纠缠不放的，适当扣分。

（4）观众提问

观众提问阶段正反方的表现算入比赛成绩。观众提出的问题先经 2 位以上评委判定有效，被提问方才能回答。正反方各回答两个观众提出的问题，由双方除四辩外任意辩手作答。一个问题的回答时间为 1 分钟，如一位辩手回答用时未满，其他辩手可以补充。

（5）结辩

辩论双方应针对辩论会整体态势进行总结陈词；脱离实际，背诵事先准备的稿件的，适当扣分。

4．辩论赛评判

（1）固定评委

组委会将聘请 7 位固定的评委对本次比赛进行全程评议。每场比赛的点评嘉宾不参与比赛评分。

（2）评分标准

其一，团体分，共 300 分。

①按辩论阶段评分，计 200 分。

陈词：30 分。

攻辩：40 分。

攻辩小结：20 分。

自由辩论：60 分。

回答观众提问：20 分。

总结陈词：30 分。

②综合印象分，计 100 分。

语言风度：50 分。

团体配合，临场反应：50 分。

其二，辩手个人得分，每场总计 50 分。每场比赛的最佳辩手由得分最高者获得；本次比赛全场最佳辩手由个人累积分数最高者获得。

语言表达：10 分。

整体意识：10 分。

辩驳能力：10 分。

美感风度：10 分。

综合印象：10 分。

5. 胜负评判

每场比赛的胜负判断，依据 7 位评委所打团体分（去掉一个最高分和一个最低分）的总和来判断。

辩手个人得分只作为个人奖项的评审依据，与判断每场胜负无关。

三、辩论赛评分表

评分表见表 4-1 和表 4-2。

表 4-1　辩论赛评分表（一）

评分类别		正方队				反方队			
		主辩（　）	二辩（　）	三辩（　）	四辩（　）	主辩（　）	二辩（　）	三辩（　）	四辩（　）
个人分	内容（10分）								
	说服力（15分）								
	反驳力（15分）								
	表达能力（10分）								
	机智与幽默（10分）								
	仪表风度（10分）								
	各辩手得分								
	小计								
集体分	顺序发言配合（15分）								
	自由发言配合（15分）								
	总分								
	辩论题材								

评委＿＿＿＿＿＿

表4-2 辩论赛评分表（二）

评分内容 \ 队别 评分	正方队	反方队
观点鲜明（10分）		
辩驳有力（20分）		
配合严密（20分）		
机智灵敏（20分）		
语言表达（10分）		
仪表风度（10分）		
幽默技巧（10分）		
总分		
辩论题目		

评委_____

四、辩论赛训练

赛场辩论是辩论形式中较为特殊的一种，主要是它不像一般辩论形式那样严格地遵守逻辑思维的一般规律，而是有它的反常性。这是因为赛场辩论的辩题应该是中性的（即没有是非结论的句子），而非严格的命题（即有真假的判断的句子）。例如，赛场辩论永远不可能拿"人是会死的"这样的命题去让正、反方辩论。正因为辩题是中性的，这样，正方要证明的就是一个"没有真假的句子"是真的；反方则要证明其是假的。所以，正方或反方都不可能严格地遵守逻辑的一般规律，而要用扩大或缩小辩题的方法，把它变成对己方有利，对对方不利的命题，从而便于防守和反击。而这种"扩大或缩小"的技巧，往往是参赛队在临赛前绞尽脑汁所要运用的。

例如，1993年国际大专辩论赛的决赛辩题是"人性本善"与"人性本恶"。反方复旦大学队的立论，就是将"人性"分为"社会属性"与"自然属性"，并指出"自然属性"是先天的，也就是所谓的"本"，而"恶"指的是"本能和欲望无节制的扩张"。这样看来，实际上复旦大学队没有证明"人性本来全部都是恶的"，他们仅证明了辩题中很少的一部分。虽然"人类中确有一些人的自然属性无节制地扩张了，所以这些人的人性是恶的。"但他们是人类中为数很小的一部分，仅凭他们的"自然属性无节制的扩张"，不能说明人类的自然属性全都无节制地扩张了，更不能说明人类的全部属性（社会的和自然的）本来就是恶的。

复旦大学队有意将辩题缩小的目的，是为了利于证明和防守，这在辩论赛中是合理合法的，不会受到任何红、黄牌的警告。

同时，复旦大学队在反击台湾大学队时，又有意扩大了对方的论点：

人性本善 —被扩大为→ 人性善 —又被扩大为→ 所有的人都是善的。

当然,"所有的人都是善的"显然是个错误的命题、假的判断,很容易被驳倒。正是由于采用了扩大对方论点以便于攻击的手法,复旦大学队在自由辩论中得以一再举出种种恶人恶事的事例来攻击对方。这种"扩大或缩小"辩题的技巧被叫做"追加前提术"。

(一) 话题训练(追加前提训练)

例如,1986年亚洲大专辩论赛上,北京大学队与香港中文大学队相遇,辩题是"发展旅游业利多于弊",这明显对反方北京大学队不利。他们队如果仅仅简单地持反对意见,与对方硬拼,必然会理亏词穷。于是,他们队采取了"追加前提术",为辩题追加了条件,具体内容如下:

因为世界各国条件不同、基础不同、文化传统不同,以及世界政治经济变化无常,这些因素无疑会对旅游业的发展造成影响。因此,不分时间、环境,盲目地发展旅游业必定弊多于利。

练习:用"追加前提术"处理下列辩题。

①追求利润是导致社会风气败坏的根本原因。
②大学生做兼职利大于弊。
③金钱是万恶之源。
④大学教育应以市场为导向。

(二) 论题训练(编制整体框架)

追加前提并不是审题立论的最后步骤,还有一步重要工作是编制整体框架。所谓"整体框架",就是辩词提纲。对于四对四的辩论赛来说,应在追加前提的基础上,以己方的论点为中心编制好一、二、三、四辩的辩词框架。

例如,1993年国际大专辩论赛决赛中,复旦大学队的辩论框架如下:

一辩:我方的立场是"人性本恶"。
①人性由自然属性与社会属性组成。
②"人性本恶"指人性本来的、先天的性质就是恶的。
③我们这个世界并未在人欲横流中毁灭,是因为人有理性,而人性可以通过后天教化加以改造。

二辩:我方认为"人性本恶"是基于以下理由。
①"人性本恶"是古往今来人类认识的结晶。
②"人性本恶"是日常生活一再向我们显示的道理。
③人有判断是非的理性,能扬善弃恶。

三辩:下面从历史与现实的层面进一步阐述我方的观点。
①在人类诞生之初,本恶的人性就充分显示出来了。
②因为"人性本恶",所以教化才显得重要,教化任务也相当艰巨。

③人类社会的演进过程是虚假的虚荣被剥去的过程。

四辩:"抑恶扬善"是我方确立立场的根本出发点。

①只有认识"人性本恶"才能正视历史和现实。

②只有认识"人性本恶"才能重视道德和法律的教化作用。

③只有认识"人性本恶"才能调动一切社会教化手段、扬善避恶。

练习:为下列辩题编制辩词提纲。

①机遇是成功的关键。

②在校大学生创业利大于弊还是弊大于利。

③文才比口才重要还是口才比文才重要。

④大学生广泛社交利大于弊还是弊大于利。

提示:在编制一、二、三、四辩的辩词提纲时,必须从全局出发,整体考虑,各有分工,一辩提出论点,提纲挈领地概括论证层次;二辩摆事实、讲道理,条分缕析,进行实质性的论述;三辩应论证角度,似异军突起;四辩有破有立,批驳对方谬误,总结本方立论。

训练方法:以4人为一组,各自设计一方(正方或反方)的一、二、三、四辩的辩词提纲,然后组内交流评析。各组推荐出优秀的辩词提纲来,正、反方成对地在班里交流、评析。

【模拟训练】

①合作重要还是竞争重要。

②网络拉近(疏远)了人与人之间的距离。

训练要求:模拟四对四赛制要求进行赛场辩论,按正规比赛要求,审好题,用追加前提术立好论点,编制好整体框架,找好材料。在班级中推荐8名优秀的辩论辩手,分别组成正方和反方,组织一场班组辩论赛。

第四节 论 文 答 辩

一、答辩

所谓答辩,就是在对方不理解己方立场观点或对己方立论而提出责难时,己方对自己的观点、立论作出解释,或进行辩护,以解除对方的疑惑、阐明真理的语言交锋。常见的答辩有论文答辩、竞选答辩、议会答辩、经济方面的投标答辩等。

二、论文答辩

我们日常所说的答辩,经常是专指论文答辩,这里着重介绍论文答辩的情况。

论文答辩有两种:

一种是学位论文答辩,这是为获得一定的学位而进行的论文答辩。根据我国现行学位制度的规定:凡申请学士、硕士、博士学位的人,均应提交相应的论文,并经过某一具有学位授予权的高等院校或科研单位的论文答辩,合格者即由该高等院校或科研单位授予相应的学位。

另一种是高等院校毕业论文（或毕业设计）答辩。根据有关规定，我国各类高等院校（含成人高校）的本、专科学生修业期满，除毕业考试合格外，均须撰写毕业论文（或进行毕业设计），在校内通过论文（设计）答辩，合格者方能取得毕业资格。某些具有学士授予权的高等院校，其本科毕业生，在获得本科毕业资格的同时，大多可以获得学士学位。

论文答辩的内容范围，都是与论文相关的问题，与论文关系不大或根本无关的问题，不属答辩的范围。论文答辩是以答辩委员会成员发问，答辩人现场回答的方式进行。一般来说，答辩不仅是对答辩人的考核，也是给答辩人提供进一步论述其基本观点、弥补论文不足的一次机会。因此，答辩人一定要充分重视这项活动。答辩时，答辩人要做到以下五点：

第一，心中有数。因为答辩内容都与论文（设计）有关，事先就应围绕论文寻找有关资料，做好充分的准备，并对相关问题考虑成熟，牢记于心，答辩时才能做到从容不迫，应对自如。

第二，听懂答对。对答辩委员会提出的问题，要注意听，仔细分辨题意和范围，把握问题的中心，方可回答。不明白之处，可以要求答辩委员会成员再作解释。

答对包括三个方面：一是切中题意，不要答非所问；二是符合范围，问一答一，问二答二，既不要过，也不要不及，防止大问小答，或小问大答；三是直截了当，抓住问题的中心，回答要简明扼要，有理有据，不要模棱两可，含糊其辞。

第三，语言流畅。答辩人一定要用词准确、句式严整、语气贯通、口齿清楚，在此基础上追求修辞优美、用语生动、语调抑扬顿挫，给人以美感。回答语言不畅，会直接影响答辩的质量与水平。

第四，实事求是。答辩是对知识和能力的考察，答辩人一定要本着实事求是的精神，充分表现自己的才华。答辩委员会大多是在本学科有相当高修养的专家，他们提出的问题必定会有一定的分量或难度。所以会的就是会，不会的就是不会，会到什么程度就应表明是什么程度，既不强求，也不遮掩。有把握的，要据理答辩；没把握的或把握不大的，可以小心谨慎地试答；根本弄不清、把握不准的问题不可乱答，可以说明自己不会。

第五，文明礼貌。答辩时讲究文明礼貌，答辩人要尊重答辩委员会的每一位成员，将答辩视为向专家求教的机会。答辩人回答问题时，言谈举止要庄重，不打断提问，不恶语相向，不使用粗俗的字眼，要使用商榷的语气，委婉地表达自己的见解，以免伤害对方。

（一）论文答辩的程序

1. 自我介绍

自我介绍作为答辩的开场白，包括姓名、学号、专业。答辩人自我介绍时要举止大方、态度从容、礼貌得体。

2. 答辩人陈述（也称自述）

陈述的主要内容：

①论文标题。报告论文题目，标志着答辩的正式开始。

②简要介绍课题背景、选题原因及课题的发展现状。

③详细描述有关课题的具体内容，其中包括答辩人所持的观点看法、研究过程、实验数据、结果。

④重点陈述答辩人在课题中的研究模块、承担的具体工作、解决方案、研究结果。

⑤侧重介绍论文的创新部分。创新部分应作为重点内容来陈述。

⑥结论、价值和展望。对研究结果进行分析，得出结论；说明新成果的理论价值、实用价值和经济价值；展望本课题的发展前景。

⑦自我评价。答辩人对自己的研究工作进行评价，要求客观、实事求是、态度谦虚。

这一部分的陈述一定要做到言简意赅、重点突出，切忌主题不明、内容空泛。时间控制在 10 分钟以内。

3. 提问与答辩

答辩教师的提问安排在答辩人的陈述之后，是答辩中一个相互交流的过程，有问有答，相对灵活。提问者一般会问 2～3 个问题，提问顺序由浅入深，答辩人当场作答。

答辩教师会在论文所涉及的范围内进行提问，一般不会出现超出范围的情况。提问的重点放在论文的核心部分。他们通常会让答辩人对关键问题作详细、展开性的论述，深入阐明，也会让答辩人解释清楚陈述中未讲明白的地方。而论文中没有提到的遗漏点，也是答辩的提问环节中经常会问到的部分。此外，论文中明显的错误或因答辩人的口误引起的问题，答辩教师可能会故意以错误的观点进行提问，这也需要答辩人冷静地加以思考后再回答。

4. 总结

上述程序一一进行完毕后，代表答辩即将结束，答辩人最后综观答辩全过程，作总结陈述，包括两方面的总结：毕业设计和论文写作的体会，参加答辩的收获。答辩教师为答辩的表现判定成绩、指出不足并提供建议。

5. 致谢

答辩人感谢在毕业论文（设计）方面给予过其帮助的人们，并且要礼貌地感谢答辩教师。

（二）论文答辩中的常见问题

在论文答辩现场，答辩人就答辩委员会提出的问题进行即兴答辩。答辩委员会一般按由浅入深的顺序提出 2～3 个问题。

第一个问题：一般针对论文中所涉及的基本概念、基本原理进行提问，考察答辩人对所引用的基本概念和基本原理的理解是否准确。

第二个问题：一般针对论文中所涉及的某一个方面的论点，要求结合工作实际或专业实务进行论述，考察答辩人理论联系实际的能力。

第三个问题：根据答辩人的工作实际或论文中的专业方面的案例，提出专业理论或专业实务中的问题，考察答辩人专业方面的潜在发展能力。

（三）论文答辩要求

答辩人要深刻理解和全面熟悉自己所写的毕业论文，包括选择课题的原因，课题研究的意义和目的，论文的基本框架和基本结构的安排，论文部分之间的逻辑关系，写作论文时主要的立论依据等。

答辩人回答问题时要做到：有理有据，有头有尾，条理清晰、层次分明，用词恰当、语言流畅，口齿清楚、语速适度；回答问题的开头最好开门见山、直截了当地表述自己的观点。

第五章 播音与主持训练

第一节 播音概述

在科学技术和社会环境都快速发展的今天,播音工作成为了广播电视节目传播的重要组成部分。了解什么是播音、播音的性质以及播音工作的特点成为了积极应对传播媒介快速发展的重要条件,也成为了播音创作与时俱进、不断进取的重要组成部分,因而越来越多的人开始关注播音、学习播音、涉足播音。

从广义上讲,播音是指电台、电视台等电子传媒所进行的一切以有声语言和副语言传播信息的活动。播音是广播电视媒介与受众之间进行联系的纽带。另外,播音还是推广普通话的重要手段。目前,播音员、主持人已经成为广大青年人所追求的理想职业之一。

一、播音的性质

播音是一项创造性的活动,播音学是一门独立的学科。播音是广播电视传播过程中关键的一环,是广播电视事业的一个重要组成部分。播音与主持包含多种属性,这众多属性同时发挥作用,就构成了播音的性质。

二、播音工作的重要性

(一)播音工作是媒体发言的主要信息渠道

我国的新闻媒介向来有"喉舌"的重要地位,它有传达政令、反映民情、报道新闻、引导舆论的功能。新闻、教育、服务、文艺等多种节目形式都是广播电视行使职能的途径,但是最主要、最直接的还是媒体的"发言",而播音工作是媒体发言的最主要途径。

(二)播音工作是广播电视传播信息的最后一环

广播电视的节目制作是集体性的工作,编导的策划,记者的采访以及灯光、摄像、音响等的支持都会影响节目最后的效果,这些工作如果仅靠一个主持人来完成显然是不现实的,这必须是大家集体智慧和汗水的结合。但是,其他的工作都是幕后的,只有播音员、主持人是最终直接向听众、观众传达的,播音员、主持人能不能准确、鲜明、生动地表达节目的思想内容,将直接影响到广播电视的宣传效果。我们听广播常常会碰到稿件内容写得很一般,但经过播音员有声语言的再创造,听起来就觉得亲切、热情、感情跌宕起伏,这样,听众就被播音员的生动语言吸引了、感染了,从而达到了很好的效果。当然，我们也常常会遇到这样的情况，有的节目内容感人，写得也生动，而播音员却播得平淡无味，听众听不进去，达不到预期的效果。由此可见，播音工作对整体效果来说是至关重要的。

（三）播音工作是联系广大受众的桥梁和纽带

播音这一环节需要与受众直接见面，所以听众和观众最先了解、最先关注和最先产生好恶的也是从事播音工作的人。群众对节目有什么意见或要求，最先想到的是告诉主持人，因为在他们的潜意识里，他们是和主持人"见过面"的，叫得上名字，甚至还了解他们的脾气秉性。在许多电台、电视台收到的群众来信中，大部分都是寄给主持人的，因为大家把他们当作"知心朋友"。群众会因为喜欢某个主持人，进而喜欢某个节目，偏好那家电台、电视台。电台、电视台也因此通过主持人、播音员了解到群众的意见和呼声，进而改进自己的节目，于是就进一步密切了与群众的联系，加深了与群众的感情。因此，播音工作是联系群众的纽带。

（四）播音工作是推广普通话的重要阵地

1956年2月，国务院在关于推广普通话问题的指示的第四条中规定："全国各地电台应该同各地的推广普通话工作委员会合作，举办普通话讲座。各个方言区域的广播站，在他们日常播音节目中，必须适当地包括用普通话播音的节目，以便帮助当地的听众逐步听懂普通话，学习普通话。"其实，听众也早就把电台、电视台的普通话播音作为了自己学习普通话的阵地。

三、播音工作的创造性

在曾经的很长一段时间内，播音员和一些主持人被大家认为是把别人写好的稿子读出来，是"花瓶"，是"传声筒"，其实，这绝对是对播音工作的误解。能够把一篇别人的稿子在短时间内正确、生动、声情并茂、熟练地表达出来是十分不易的，没有受过专业训练的人是很难做到的。因为播音工作对规范性要求很高，同时它也是一项富有创造性的工作，要想达到播出的理想效果，必须经过严格的训练和必要的积累。

四、播音创作的特点

我们常说，播音是新闻工作，但它与其他新闻工作不同；我们还说，播音是用有声语言进行工作的，但它与其他艺术工作又不同。

（一）播音是一种再创造

由于大量的节目是编播分开的，因此一般情况下，播音是再现稿件内容、思想和观点，体现作者的意图、构思和风格，以社会实践为基础、以党的方针政策为指针、以文章稿件为依据，把别人的文字稿件转化为有声语言的播音，这其中就包含了播音员大量的创造性劳动。而播音员的水平如何，则直接影响着播出的质量和宣传效果。

（二）播音以有声语言作为表达的唯一手段

电视播音员虽然常常是以自己的外在形象出现在人前，但是播音员仍是以运用有声语言为主。而与其他的语言艺术相比，广播无服装、道具、灯光、化妆等手段，就连手势和表情都看不到，这就给创作带来了很大的难度，于是，有声语言便成为表达的唯一手段。

（三）播音的环境是安静的播音室

虽然播音工作所面向的受众极其广泛，播音员每天都要向全县、全市、全省乃至全国、全世界播音，但是他们面对的其实就是话筒，面前一个观众都没有，他们要在无人的条件下表现出有人的感觉，既要与听众交流，又要对听众进行宣传，与听众成为朋友。因而，这就不同于演讲或朗诵了，播音员只能想象着进行交流。他们的工作环境就是一个安静、无人的播音室，通过话筒来实现播音，这就对他们的发声、吐字有着特殊的要求。

（四）播音内容涉及面广泛

记者采访是有专业分工的，而播音员却要播各种内容的稿件，涉及面极其广泛。

第二节　播音技巧

一、声息控制

人们的语言活动是一个复杂的心理、生理活动过程，它包含三个层面：心理层面、生理层面和物理层面。人的有声语言的使用是在大脑支配下进行的，离不开思维和情感的活动，这是语言的心理层面；一系列参与发音的器官在大脑的指挥下协调配合发出语声，这是语言的生理层面；发出的话语以音波的物质形态存在，可以测量出音高、音量、音色、音长各方面的数值，这是语言的物理层面。人体参与发音的器官大致可以分为四个系统：动力系统、振动系统、吐字系统、共鸣系统。

（一）动力系统

动力系统由与呼吸有关的器官组成，它提供使声带发生振动的动力——气息。

动力系统主要包括肺、气管、横膈、胸廓，以及参与呼吸的肌肉群（肋间内肌、肋间外肌、腹直肌、腹斜肌等）。经过锻炼，我们可以控制气息的深浅、多少、快慢及长短。如果气息运用能做到"深、匀、通、活"，那将对有声语言的传播提供有力的动力保证。

（二）振动系统

振动系统包括喉和声带。喉头内的声带是人发音的振动体，是声源，声带受到振动发出"喉原音",即供吐字器官和共鸣器官加工的声音。声带开合的不同状态带来虚实声的变化,声带分开,气流通过,发出的是虚声(类似耳语的声音);声带紧闭,气流通过时振动声带,发出的是虽亮但"偏紧"而"生硬"的实声;声带轻松靠拢,气通过,发出的是柔和的虚实结合的声音。我们一般提倡用"虚实声",因为在这种状态下,声带能自如地振动,发声效果好,也不会由于声带的紧张碰撞而导致声带病变(如声带小结、声带息肉)的发生。

(三) 吐字系统

吐字系统由能够形成具有意义的语音的口腔和鼻腔构成,其中尤其重要的是口腔中的唇、舌、齿、硬腭、软腭等。它们的不同活动状态及不同接触,形成了各种各样的元音和辅音,也才有了世界上几百种语言。吐字器官动作的准确、有力和灵活,是播音员、主持人应该努力做到的。

(四) 共鸣系统

共鸣系统由与发音有关的一些腔体组成,主要有口腔、咽腔、鼻腔、胸腔等。共鸣器官的作用,是把声带振动发出的喉原音再经由吐字器官处理而构成的语音,加以扩大和美化,最后传出体外,被旁人所接收。在有声语言活动范围里,我们主要应运用好口腔这个共鸣器官,使声音比较圆润集中,比较响亮清晰而不费力。

综上所述,人的发音,是由动力系统提供气息,气息振动声带发出喉原音,再经过吐字器官的加工,微弱、缺少变化的喉原音就形成了丰富多变、具有社会功能(语义)的语音,与此同时,共鸣系统扩大和美化了这些语声,最后传出体外,进入人类话语交流传播过程。这就是人们发音的生理过程。了解了这些基本知识,我们在运用和改善声音时,就不会单单跟嗓子(即喉部)"较劲"了,而是会从几个方面共同努力,来"综合治理",科学地使用自己的声音,以达到既省力又良好的效果。

二、气息对语声的支持

(一) 学会胸腹联合呼吸

气息是我们发音的动力,声音轻重缓急、抑扬顿挫的变化都与气息有关。人的呼吸方式主要有三种:腹式呼吸、胸式呼吸、胸腹联合式呼吸。

腹式呼吸——是人的本能,它通过横膈肌的上下移动,带动肺部的扩大或收缩进行呼吸。从卧位我们可以直观地看到呼吸过程中腹壁的凸起与平复,这是人在平静状态下主要的呼吸方式。

胸式呼吸——一般不是正常状态下的呼吸,它因为紧张,或惊恐,或病体沉重,导致横膈收缩发生障碍,只能靠两肩耸起扩大胸腔上部,所以也叫"锁骨式呼吸"。这种呼吸方式的气息十分短浅、无力,因而累及声音也纤细、微弱。

胸腹联合式呼吸——是横膈升降与胸廓张缩相结合的一种呼气方式,同时也是播音主持的基本呼气方式。

（二）胸腹联合呼吸的吸气要领

吸气要领：两肩放松，两肋打开，横膈下降，小腹站定，吸气到位。所谓"小腹站定"，即口鼻进气的同时小腹保持"微收"的状态；所谓"吸气到位"，即气息下沉吸到肺底。

（三）胸腹联合呼吸的呼气要领

呼气要领：开始呼气时，两肋不能立即放松，要与小腹收缩的动作形成对抗，做到"两肋有控制地回缩，横膈有控制地上升"，从而使呼出的气息均匀、稳定而持久。有控制的呼气用于语言发音，能够保证声音的平稳和语意的完整，说话不至于"前重后轻"、"头高尾低"，可以有效地解决"句尾几个字总是让人听不清"，以及"气息浮浅上提"的问题。

呼气控制的练习可以先从"数数"开始，这个"数数"练习，男士一口气能数到"35"左右，女士一口气能数到"25"左右，就很不错了。

（四）气息控制的总体要求

一般情况下，我们以胸腹联合呼吸为主要用气方式，只是气息的深浅、多少、快慢，应视实际需要灵活运用。"深、通、匀、活"就是我们对于气息控制的总体要求。

气息"深"，指气息下沉，不提、不浅，关键是熟练掌握"两肋打开"的吸气方法和进气到位的感觉，使之成为说话时进气补气的习惯，此外，气息"深"还使声音的变化总能得到小腹与两肋抗力的控制。如若气浅，说话声音必然发"飘"、发"虚"。我们可以做这样的练习：用胸腹联合呼吸法发单元音"a、o、e、i、u、ü"，吸气到位（七八成即可），控制着两肋与小腹形成抗力"拉住"横膈，以获得均匀而持久的气息，再缓缓地发出单元音的延长音。

我们还可以做一个"叹气发音"的练习来体会气息的下沉：像平时叹一大口气那样，但是要带着声音叹息——"唉……"，在声音落到"底部"，即提起的那口气"叹"下去时就在这个气息位置和音高位置发延长的"a"音（注意不是压喉发出来的低音），由此体会用较深的气息支持发音的感觉。有的人做这个练习时声音"叹"不下去，中途就被喉部卡住了；有的虽然能"叹"下去，但是转成"a"音时没有保持住这个气息较深的位置，而是由"唉"转成"a"的一刹那，气又习惯性地上提了，声音也跟着高了，那样是找不到气息下沉的感觉的。所以，做气息的练习要格外细心地体会吸气和呼气动作的要领，并准确判断其正确与否，同时记住气息下沉的正确感觉，才能渐渐达到气息"深"的要求。

气息"通"，指气息在胸腔里运动时没有任何障碍，喉不紧，胸不紧，声音不在喉部"卡住"，也不在胸部憋住。可以用"夸张四声"来检验：用胸腹联合呼吸法发音，依次发"bā……bá……bǎ……bà……"的延长音，每个音节的音程尽可能地加大。

气息"匀"，指发音时气息的均匀和持久。气息"匀"强调的是控制呼气的力量，而非前强后弱，或忽大忽小，或虽然气"足"但气"短"。练习数数、单元音的延长音、用中等语速说绕口令、用记录速度读新闻,都可以体会气息"匀"的感觉,增强对气息的控制能力。

气息"活",指根据感情的需要,气息位置深浅、气息量大小、气息运动速度快慢有变化,而且变化灵活。这里介绍一个简单的练习可以帮助我们体会气息多少、长短的不同控制。

"数数"练习,要求每个句号前的内容用一口气说完。

练习1:

一,一个一。

一二,二一,一,一个一。

一二三,三二一,二一,一,一个一。

一二三四,四三二一,三二一,二一,一,一个一。

一二三四五,五四三二一、四三二一,三二一,二一,一,一个一。

练习2:

一二三四五六,六五四三二一,五四三二一、四三二一,三二一,二一,一,一个一。

一二三四五六七,数了半天一棵树,一棵树上七个枝,七个枝上七样果,苹果、葡萄、石榴、柿子、李子、栗子、梨。

气息"深、通、匀、活"综合练习最好通过朗诵古诗词来做,选择不同感情色彩而又朗朗上口的诗词做练习,从对诗词准确的理解和具体的感受出发,让内心的情感活动起来,让气息状态随感情的变化而变化,声音的高低强弱、节奏的快慢,包括吐字的轻重都因情感体验的不同而有所区别。"气为音之帅",只有"气随情动",才能"以情带声",达到"以声传情"的表达目的,也才能真正发挥有声语言直接可感的传播作用。气息控制的练习,难度较大,呼吸动作看不见,摸不着,但是,明白了其中道理,在练习中动脑琢磨,通过自己细心体会,坚持练习,必然成效自现。

第三节 口腔控制和吐字归音

说话是否清晰,在人们的日常交往中很重要,而在广播电视这种"时间艺术"不可"停格"、不能"倒放"的大众传播中,就更不能等闲视之。有时一个字听不清,就可能会造成误解,或者在分辨时漏听下一句,致使传播不畅。口腔,既是有声语言的构字器官,又是语言用声最重要的共鸣器官,因此,播音员、主持人乃至所有"出镜出声"的记者和编辑都必须格外重视口腔控制和吐字归音的基本功。

一、口腔控制的总体把握

(一) 打开口腔

打开口腔,并非"张大嘴说话",而是指发音时口腔内壁肌肉绷起,呈"腔因壁坚"的状态,使得各咬字器官运动自如,同时音波在口腔内得到良好的共鸣,发出的声音圆润响亮。打开口腔可以从以下四方面入手：

第一，挺软腭。挺软腭可以用模拟"半打哈欠"或"举杯痛饮"的动作来体会。能够挺起软腭，声音就会比较洪亮，比较集中。

第二，打开牙关。有人讲话习惯不好，牙关很紧，两颊肌肉松塌下挂（俗称"拉着脸"），此时口腔必然不开，音色发闷、发扁，会影响吐字的清晰度，在图像上面部表情也显得消极、不愉快。

我们可以练这样一个绕口令：

你会炖炖冻豆腐，你来炖我的炖冻豆腐，你不会炖冻豆腐，别胡炖乱炖、炖坏了我的炖冻豆腐。

练习时，不要撅着嘴说，而是要像跟朋友开玩笑似的，很俏皮、很有兴致地说，不要求速度，要注重感觉，以轻松愉快的心情说，这样声音就比较明亮。

第三，提颧肌。从上唇到颧骨的肌肉叫颧肌。提颧肌的练习，一般用舌面音（j、q、x）与撮口呼相拼的音节做练习，如"选举、戏曲、序曲"等；还可以用舌尖前音（z、c、s）与"ong"相拼的音节练习，如"宗、葱、松"等。

第四，松下巴。在吐字发音过程中，下巴即下颌向内微收，处于放松、从容的状态，不能着意，更不能用力。

综上所述，打开口腔是通过有关部位协同动作得到的。"挺软腭"扩大了口腔后部，"打开牙关"使口腔中部展开，"提颧肌"这个动作使口腔的前部适当打开，加之下颌的内收放松，这几个动作配合起来，就能使口腔上部完全打开，从而为说话发音提供了一个良好的语音制造场和良好的共鸣环境。

（二）唇舌灵活，力量集中

唇和舌是重要的咬字器官，它们的动作是否灵活有力，极大地关系到吐字的清晰度，而且对音量的大小、音色的刚柔也有直接的影响。

唇舌灵活首先是指唇的撮、展动作变化灵巧。练习撮口呼（含ü的韵母音节）齐齿呼（含i的韵母音节）结合的词组："地区医院、第七医院、北京剧院、天气预报、经济、京剧、男演员、女演员、学语言、用语"。

唇舌力量集中是指在发音过程中，唇舌力量应尽量集中，声母"成阻点"，接触面小而有力。

我们可以专门做集中舌体力量的练习：发 za、ca、sa（舌尖前部用力），da、ta、na、la（舌尖中部用力），zha、cha、sha、ra（舌尖后部用力），jia、qia、xia（舌面用力），ga、ka、ha（舌根用力），在练习中体会舌体不同的用力部位，做到接触部位准确且轻巧有力，并由前到后地全面锻炼舌头的力量。唇的力量，要集中在唇中央1/3处，不必满唇用力，这样有利于发音的清晰有力和灵活轻巧。为了加强唇舌力量还可做声母的喷弹练习，如：用力蓄气连续爆发"b"、"p"、"d"、"t"、"l"等音，体会并加强唇的"喷弹力"、舌的"顶挤力"和"弹动力"。

（三）字音的冲击点

口腔的打开是为了提供良好的语音制造场和获得良好的共鸣环境，同时必须与声音走向及字音冲击点结合起来，才能达到口腔控制的最终目的。有的人着意追求一种厚实的所谓"有共鸣"的声音，将注意力放在听自己的声音上，不用心控制声音的走向，结果声音到喉口就失去控制沿着舌面送出口外，使声音显得"散"和"垮"。正确的做法是，保持清晰的口腔控制的意识，引导自己的声音经喉口贴着后咽壁打到挺起的软腭上，并"挂"在上腭上，沿打开的"上口盖"在口腔里像"抛物线"似的一直冲击到双唇中央的"人中"处，字音透出口外。简而言之，声音走向是：喉口—后咽壁—软腭—硬腭—人中。我们通过这样的控制意识和相关动作要领的配合，能够有效地改善声音质量，使声音圆润饱满、响亮动听。

（四）有关练习

能使唇舌灵活、力量集中的综合练习，有如下两个方面：

第一，经常做"口部操"，让咬字器官做"热身"活动。

双唇练习。双唇闭拢，向前、向后、向左、向右、向上、向下运动，还有向左、向右绕圈。

舌的练习。舌尖伸出口外，向前、向左右、向上下伸；舌尖顶下齿，上齿刮舌面，同时通过舌面顶起把口腔撑开；舌尖在口内顶左右口腔壁；闭口，舌尖在门牙处上下转圈。

牙关开合练习。这是做夸张的"啃苹果"动作，及上下颌用力咬合的"咀嚼"动作。

第二，选择一些发音容易出现错误的混编两字词及绕口令做练习，练习时不要图速度快，而是要求发音正确、清楚、灵活。例如，齐齿呼与撮口呼的混合练习、合口呼的连续发音练习：

经济纪律　天气预报　利欲熏心　囤积居奇　里约热内卢　连续剧

人大常委会　人大委员会副委员长　刚果共和国　体育运动委员会

两字词的练习，根据声母的不同发音部位可以分别锻炼双唇或舌的各个着力点（如舌尖前、舌尖后、舌尖中部、舌面、舌根）的力量。以下提供几个简单易学的绕口令，可以用来做加强练习：

八百标兵奔北坡，炮兵并排北边跑。炮兵怕把标兵碰，标兵怕碰炮兵炮。

巴老爷有八十八棵芭蕉树，来了八十八个把式要在巴老爷的八十八棵芭蕉树下住。巴老爷拔了八十八棵芭蕉树，不让八十八个把式在八十八棵芭蕉树下住。八十八个把式烧了巴老爷的八十八棵芭蕉树，巴老爷在八十八棵芭蕉树下哭。（锻炼唇力）

门口吊刀，刀倒吊着。（反复说，锻炼舌的顶力）

门前有四辆四轮大马车，你爱拉哪两辆就拉哪两辆，拉两辆，留两辆。（反复说后两句，锻炼舌的弹力和灵活）

哥挎瓜筐过宽沟，赶快过沟看怪狗。观看怪狗瓜筐扣，瓜滚筐空哥怪狗。（锻炼舌

根的力量和灵活）

长虫围着砖堆转，转完了砖堆钻砖堆。（反复说，锻炼舌尖的灵活）

石狮寺前有四十四个石狮子，寺前的树上结了四十四个涩柿子。四十四个石狮子不吃四十四个涩柿子，四十四个涩柿子倒吃四十四个石狮子。（区分声母 s 和 sh，锻炼舌尖的灵活）

山前有个严圆眼，山后有个阎演员，二人山前来比眼。不知是严圆眼的眼圆，还是阎演员的眼圆。（锻炼唇的展撮灵活）

老齐欲想去卖鱼，巧遇老吕去牵驴。老齐想用老吕的驴去驮鱼，老吕说老齐要用我的驴去驮鱼，就得给我姨一些鱼，要不给我姨一些鱼，就别用我老吕的驴去驮鱼。二人争来又争去，都误了去赶集。（锻炼唇的撮展变化）

粉红墙上画凤凰，凤凰画在粉红墙；红凤凰，粉凤凰，粉红凤凰，花凤凰。（声母 f 与 h 的练习，同时锻炼口腔的开合变化灵活）

二、吐字归音三阶段

吐字归音是我国传统戏曲声乐艺术对吐字法的概括，它根据汉语音节的结构特点，提出在吐字过程中各个环节的发音要领。大多数汉字音节都可以分解为字头、字腹、字尾三个部分，如"bei"，其中声母部分"b"即"字头"，韵母中的主要元音"e"即"字腹"，韵尾"i"就是"字尾"。遇韵母有介音 i、u、ü 的，如"tian"，一般把介音与声母一起视作"字头"。吐字归音的技巧把这三部分的发音过程分成"出字"、"立字"、"归音"三个阶段。字头的出字关系到字音的清晰程度，字腹的立字关系到字音响亮与否，字尾的归音关系到字音的完整，并在一定程度上影响着语言的风格。平时我们说有些人"口齿不清"、"吐字含混"，或"吃字"、"嘟噜字"，都是因为没有吐字归音的基本功，作为播音员、主持人，口齿不清显然是一"大忌"。

（一）字头出字

字头出字要求发音部位准确，叼住弹出。就是说，声母的发音要求成阻准确，除阻轻巧有力，既不能含糊不清"叼"不住字头，也不能为了清楚把字咬得过"死"。

普通话当中有部分"零声母音节"，它们的音节不以声母打头而直接由韵母开始，如"阿、喔、俄、爱、埃、傲、欧、安、恩、昂、衣、呀、夜、摇、由、烟、音、央、鹰、用、屋、哇、窝、外、为、弯、稳、望、翁、鱼、月、圆、韵"等，遇到这样的音节要格外注意，不能把两个音节变成一个音节，如把"公安局"说成"关局"，"天安门"说成"天门"，"中央台"说成"专台"，"会议"说成"会"，"谢雅芳"说成"夏芳"，等等。请试试下列零声母音节的发音：

延安　银耳　扼要　偶尔　额外　问安　一样　药物　委员　汪洋　运营

（二）字腹立字

字腹立字要求韵母发音拉开立起，圆润饱满。字音的响度和长度都体现在字腹上，也就是说，字腹部分的发音是一个字音是否响亮的关键，同时还关系到字音的正确、饱满。因此，字腹部分，口腔要打开，韵腹即主要元音一定要"拉开立起"发得到位、充分、饱满、响亮，复合韵母舌位的移动和唇形的变化滑动快速而自然。在整个音节的发音过程中字腹占的时间最长，这样才能保证字的清晰、圆润和响亮。

（三）字尾归音

字尾归音要求干净利落，到位弱收（或趋向鲜明）。字尾的归音不仅保证字音的完整，还表现出说话人"或雅或俗，或文或野"的风格。

归音主要有如下一些规律：

第一，鼻尾音"n"、"ng"：字音结束时，尾音要归到应有的位置，否则会出现前后鼻音的混淆。

值得注意的是，有些南方人为了强化自己的后鼻音，模仿某些北方人不注意归音的发音习惯，结果矫枉过正，后鼻音的音节也成了"大撒口"，那就不对了。

第二，"u"作字尾时，唇形要收圆，并有一定的舌位高度。

第三，"o"作字尾时，归音的位置实际在"u"上，像"鸟（niǎo）"、"小（xiǎo）"的归音要归到"u"的位置才好。

第四，"i"作字尾时，则不能完全归到"i"的位置，而是在舌向"i"的位置抬的过程中弱收，这种弱收叫做"趋向鲜明"，不强调字尾"i"的"到位"。遇到ɑi、ei、uei等韵尾是i的音节，归音时在舌前部向i的方向运动当中声音收住，如"台（tái）"、"菜（cài）"的字尾，最后就不能"归死"，即不应该有咬死的"i"的尾音，不然，就会显得小气、生硬，不够洒脱大方。

第五，秃尾音节，即只有韵腹没有韵尾的音节，如韵母为ɑ、o、e、i、u、ü、舌尖前特殊元音 -i [ɿ]、舌尖后特殊元音 -i [ʅ] 的音节，这些音节虽然没有韵尾但也需要归音，即字音结束要有"口腔收小"及"气息减弱"的意识和实际动作，没有这样的归音习惯，会影响到整个语流的风格，显得"油俗"、"江湖气"。

三、吐字归音的"枣核形"

"枣核形"是民间说唱艺术对一个音节完整的发音过程的描述和比喻，以达到字音"颗粒清楚"，有如"大珠小珠落玉盘"、"珠圆玉润"的效果。

吐字归音要求"枣核形"是一个整体的感觉，也可以理解为人们常说的"字正腔圆"。播音员、主持人应具备"字正腔圆"的基本功，但是它决不是刻板、一成不变、僵硬的同义语。在实际运用中吐字的"枣核形"也好，"字正腔圆"也罢，都允许多种形态的存在，正如自然界的枣核，大小、圆扁、长短各异，但它终究是两头小中间大的枣核形状，而非杏核、梨核，更不是芒果核。同理，语流的声音形式千姿百态，一方面不应强求每个音节的吐字过程都是统一标准的"枣核形"，另一方面，不论是有意突出强调还是快速轻巧带过，每个字都必须是清晰的，因语速快而"吃字"、"嘟噜字"都是要影响信息传播的，也是听众、观众所反感的。

第四节　科学用声和嗓音保护

一、用声原则

（一）科学用声是首要原则

每个人的声音不同，一方面是先天条件带来的音色的差异，另一方面则是用声习惯造成的听觉印象。播音员的声音一般都要求明亮纯净、圆润动听，对节目主持人的嗓音要求则宽松一些，但仍然要求听感舒服、自然，此外一个共同的要求是声音持久耐用，才能在工作负荷重、场景变化多、语境区别大的情况下胜任播音主持工作。因此，除了嗓音先天条件优秀，且用声自然，没有坏毛病之外，必须懂得科学用声。

在播音员、主持人的实际工作中，许多人由于不了解用声原则和控制声音的技巧，虽然他们很重视话筒前的语言活动，也意识到大众传播不同于私人随意谈话，有时为了表现一定的郑重性、责任感和正义感，一味地加重语气、提高音调、加强音量，而且往往都是在和嗓子"较劲"，猛一听，似乎声势挺大，但是"好钢没有用在刀刃上"，十分吃力。有的人工作时间稍长，声音便力不从心，甚至落下发声器官的疾患。有的在一般状态下尚可，一旦改换了环境或需要较大幅度的声音变化，就难免捉襟见肘，无法适应工作的需要。如果我们能够遵循正确的用声原则，科学、巧妙地运用声音，一定会有好的传播效果。

科学用声的正确状态形象地说叫做"抓两头，解放中间"。所谓"两头"，包括"下头"和"上头"，"下头"指两肋与小腹拮抗对气息的控制；"上头"指口腔的共鸣控制和吐字归音的技巧；"中间"即喉头与声带。"抓两头"，指发音的注意力应当集中于对气息的控制，以及对吐字与口腔共鸣的控制；"解放中间"，指放松喉部，使声带处于能够自如振动的状态。

（二）因情、因境用声

在科学用声的基础上，还要能够因情、因境说话，自然地用声。一方面要依据稿件或节目的具体内容及思想感情表达的需要，来变化声音的高低强弱、刚柔明暗，驾驭语速的快慢张弛、松紧疏密，从而形成抑扬顿挫、起伏跌宕，入耳、入脑、入心的语言流；另一方面，声音的运用还必须考虑环境因素而选择不同的方法和尺度，这里主要指传播的客观环境，如录音间、演播室的大小，室内还是室外，环境嘈杂还是安静，有无现场观众，以至是广播播音还是电视片配音等等。此外，用声还要注意到节目语境，即传播的主观语境，考虑节目的内容定位、对象定位、风格特色等因素，以达到整体的和谐统一。

二、声音运用技巧

播音员、主持人在节目中的环境有许多不同，有的在几十平方米的演播室播报新闻，有的做"一对一"的访谈，有的在几百平方米的大演播室或露天大场地，面对上千人充满激情地主持情绪昂扬的演出，或者在娱乐节目中带动大家又叫又跳。总之，工作要求播音员、主持人的声音在高低强弱等方面有一定幅度，且能运用自如，有一副富于弹性的好嗓子。我们把依据不同的语言心理和语言环境的主客观条件且能够自如地变化使用的声音叫作有弹性的声音。了解了声音变化的生理机制，经过科学的锻炼，每个人都能提高和扩大自己的发音能力，具有一定的声音弹性。

（一）音高的运用和控制

良好的用声习惯表现在音高方面，就是能够根据自己的音高特点，取中用声，一般情况下不故意提高或压低使用，也就是说以自己的中音区为基点，在需要高低变化时，声音能够自如地上下运动。如何判断自己的中音区呢？最实际、最简单的办法就是凭自己的发音感觉，以及听觉印象进行模糊判断。说话发音不觉得吃力，用声舒服，而且自己和别人听起来都感觉省力而舒服的音高区域，就是你的中音区。中音区的发声效能高，运用起来比较自如，别人听着也觉得舒服。在中音区这个基点上，根据内容的变化，我们需要音调高一些或低一些，控制起来会比较容易，音高也有活动余地，不至于太吃力。相反，如果以较高的声音为基点，就比以中音区为主的用声要吃力，需要的气息要足，还要会调节高音区的共鸣，但是当我们还未掌握提高声音的科学方法时，就会不由自主地去抠紧喉部，于是声音很快就会疲劳，旁人听起来还觉得尖锐刺耳，如果需要再提高声音时，就会捉襟见肘，难免声嘶力竭，影响传播效果。同理，如果以自己的低音区为用声基点，常会带出干涩、生硬的喉音，而且当需要声音再低一些时，就很困难了，往往会出现声音噎住的情况，那样的用声感觉及效果是可想而知的。所以，用声取中，是音高运用的一个基本原则。

除了掌握声音高低变化的方法，有必要通过练习来扩展自己的音域。这里提供两个方法：一是任意选择一些两字词、四字词，每个词都由低到高，像上台阶一样一声比一声高，但音量不变，这样反复练习，体会音高与气息、共鸣的调节关系，使声音高低变化控制自如。二是练习单元音"i"和"a"的绕音，由低向高螺旋式上升。做音域扩展练习时，应避免下颌下意识地随着声音的升高而渐渐抬起，切不可在喉部增加压力，靠"捏挤"的办法发出高音。请记住：高音不是"喊"上去的，而是通过气息控制和共鸣的调节得到的。

（二）音量的运用和控制

音量，就是声音的强弱、大小。音量取决于音波的振幅。有声语言的音量，同呼出的气流强弱及咬字器官的用力程度有关。

日常状态下人们说话的音量大小不一，有人生来说话大嗓门，有人总是轻声细气，好像无法大声说话似的。说话音量的大小，一方面与个人的身体状况有关。身体好，中气十足，一般说话音量就大；相反，身体弱，气力不足，说话声音相对就小。另一方面，还与用声习惯有关。有人并非身体原因，只是不习惯大声或小声说话而已。

梁实秋在他的散文《谈话的艺术》中讲起人们谈话的音量，颇为风趣："谈话的腔调与嗓音因人而异，有的如破锣，有的如公鸡，有的行腔使气有板有眼，有的回肠荡气如怨如诉……这一切都无关宏旨。要紧的是说话的声音之大小需要一点控制。一开口便血脉贲张，声震屋瓦，不久就要声嘶力竭，气急败坏，似可不必。"日常随意的谈话尚且如此，而主持人的声音要经电声转换传播，更要求清晰度高、排除无意义的环境噪音，况且，受众讨厌说教式、灌输式的高声喊叫，因此，无论从电子传播特点看，还是从受众的接受心理看，当今广播电视这种走入家庭、朋友式的，直达个人的大众传播的语言活动就更需要对音量加以控制，以期达到良好的效果。

加大音量的途径包括：一是加大气息量；二是加强吐字器官的紧张度，即力量，特别是唇舌的动作力度。首先，吸气要深一些，给的气息量大一些，再就是吐字力度加强一些，就能有效地加大音量，千万不能在喉部用力，不能扯着嗓子喊。练习时，我们任选两个字或四个字，由较小的声音开始，控制着气息和唇舌力度，渐渐加强音量，注意，只是音量加大，音调不要升高。例如，说"祖国伟大"四个字，从小声到大声，开始像是对身边的人耳语，然后声音逐渐放开，从让距离自己远一点的人能听到，到让坐在远处的人能听到，再到让门外的人能听到，在控制声音强弱的过程中细心体会气息控制和唇舌力度的变化。当然，做这样的练习并不意味着声音越大越好，我们只是通过这个练习增强自己的发音能力，掌握控制音量的方法。

（三）音色的控制和运用

音色也叫音质，它是一个声音区别于其他声音的基本特征。每个人由于发声体、共鸣腔先天的差异，音色是不同的，有的清亮、有的淳厚、有的柔和、有的生硬、有的纤细、有的粗哑、有的甜美、有的怪异，这是一个人声音高低、强弱，以及声音中基音和陪音的各种差异等综合因素的反映，也是每个人基于发声生理的差异产生的本质音色。

音色运用，一定要遵循自然的原则，因为它不是表演，不是在塑造一个剧本中的角色，它应当真诚面对受众，对语言的运用要质朴、真实，不允许声音的刻意"化妆"。因此，我们不要模仿别人的声音，任何违背自己生理条件硬去模仿别人音色的做法都是愚蠢的，会造成发声器官的病变。用声"捏、挤、压、抻"，喉音重、鼻音重，就是盲目追求某种音色造成的，声音是很容易疲劳的，而且会恶性循环，导致声音彻底嘶哑。如果表达具体情感时需要一定的音色变化，就要通过气息强弱、口腔控制来实现。我们可以通过练习不同感情色彩的古诗词朗诵，来悉心体会音色变化的方法和规律。

（四）音长的运用与控制

音长取决于音波持续时间的长短。从发音的生理层面看，一个音节出字、立字和归音的音程长，音波占的时间就长；反之，发音过程短，音波持续时间也短。音长在语流中表现为说话速度的快慢，从声音的物理层面分析，语速的快慢是由每个音节的音长、音节之间的长短、语流中停顿的多少与停顿时间的长短共同决定的。

广播电视节目中的语速，从宏观角度看主要受时代的制约，与当时的政治、经济、文化有密切关系，综观广播电视播音史，语速是越来越快了，现在播音的语速比历史上任何时期都快。从微观角度说，语速的把握一要考虑具体节目的视听受众群的年龄、文化、接受习惯、理解能力；二要考虑节目内容的特性与色彩，及其在人心理上的反应。此外，由于准确表达思想感情的需要，语速不能总是一成不变，比如对于受众不大熟悉的内容、需要强调的内容要说慢一些；大家比较好理解的、次要的内容则可以适当加快速度。简而言之，依据思想感情的变化而调整松紧疏密，快慢有致的语流总是更能抓住人的注意力，更易于人的理解感受，给人的印象会更深一些。

总之，用声基本功是语言富于表现力和感染力的物质基础，在内心丰富、情感激荡、感受准确的前提下，有弹性的声音与表达技巧的配合，才能产生让受众感到可亲、可信、喜闻乐"听"的声音。

三、嗓音保护

嗓音保护总的原则是：科学、积极。嗓音保护不应该是消极的，减少用声量是不现实的。要使我们的声音在工作中"招之即来、来之能战"，必须做到以下几点：第一，学会科学用声方法，这样声音才能得到根本的保护。错误的用声方法，会危及我们的发声器官，不仅声音效果不好，还会出现声音器官的病变。第二，通过练习增强发声能力，使我们的声音高低、强弱有一定的幅度，而且能够变化自如，经得住"摔打"，延长嗓音的使用寿命。第三，增强体质，防止或减少感冒，以减少上呼吸道的感染机会、保证咽部和鼻腔的清洁健康。第四，保证足够的睡眠，睡眠不足，咽部和声带容易充血，声音就会嘶哑；第五，提倡戒烟，吸烟对身体的危害已是人人皆知，它对声音的影响则是因为吸烟刺激咽喉，导致慢性咽炎，说话时容易上痰，因而人们常把嘶哑的声音称作"烟酒嗓子"。

第五节 播音主持人训练

一、播音员和主持人应具备的素质

下面我们主要从播音员和主持人应具备的政治修养、专业素质、文化素质、心理素质以及外在条件及声音条件等方面谈谈一个优秀的节目主持人应具备的素质。

（一）政治修养

政治修养是主持人素质中的根本，它不仅是一个社会人的思想根基，而且主持人作为电视机构的代表，作为一个节目的标志，其观点、言论不仅关系到电视机构的声誉，甚至会影响到整个社会。如果主持人不具有过硬的政治素质，就不能把党的精神正确地传达给人民群众。

中央电视台《东方时空》的节目主持人方宏进曾深有感触地说：我从来没有以个人的身份说过话，虽然我们说话的方式有一定的个性，自己可以写稿子，提出自己对问题的看法和观点，在演播室里录节目，也可以根据自己的风格对稿子加以改动，但更重要的是我们要以正确的宣传导向为基础。另外，即使在标榜人权和新闻自由的某些西方国家，广播电视也是要为一定的阶级和政权服务的。美国新闻节目主持人沃尔特·克朗凯特曾说：我知道自己应该走多远，不能走多远。我想克朗凯特所谓的"走多远"正是他对自己在镜头前的言行的约束尺度，也是他对主持人这个媒介角色的理解。

（二）专业素质

一个人想要真正成为一名有能力的节目主持人，除了要有很高的政治素质之外，还应该具有扎实的专业素质（或称业务素质）。专业素质是一名主持人所应具备的，它也是塑造主持人形象的物质基础，同时也是衡量一个主持人的直接标志。专业素质包括较高的文化素质、迅捷的语言组织能力、严密的逻辑思维、清晰准确的语言表达以及临场应变发挥能力和独特的个性风采等等。换言之，主持人只有在拥有大量知识，提高了主持节目的能力并掌握具体操作技巧时，才有可能娴熟地驾驭节目。

1. 精湛的专业技能

作为一名主持人，广博的知识固然重要，但专业的知识更不容忽视。近年来，各高校播音与节目主持人专业的大量开办就充分证明了这一点。主持人的专业素质包括播音、采访、编辑、良好的表现力和驾驭节目的能力等方面。有的节目主持人认为只要我能把准备好的词背下来就可以了，根本不用亲自采访或者参与编辑。其实，这是他还没有真正了解主持人的作用。主持人不是简单的串词人，而是担负着控制整个节目节奏和主题的任务，特别是要驾驭好节目的发展过程，不能偏题、跑题，既要吸引人又要传递有效信息。看来，主持人的工作并不是把词记住就可以完成任务那么简单，还是要下一番工夫的。

目前，很多当红的主持人并没有练好基本功，如对于娱乐节目主持人来说，发音不准、语法不规范、用词不恰当是目前存在的主要问题。一些地方电视台的主持人，不仅普通话说不好，"大陆港台腔"还比比皆是，而且有时会故意用一些时下流行的不规范语法、词汇，如"我有吃"、"你走先"、"好东东"、"美眉"等，如果我们的中小学生从小在这样的一个电视环境中成长，不知长大后还会不会说中国话。对于新闻节目主持人来说，有一些节目主持人为了把"播"新闻变成时下流行的"说"新闻，片面地认为只要语速加快、口语化明显就是"说"新闻，其实这恰恰是目前一些地方台新闻节目存在的问题。有些主持人在说新闻时，语速过快，吐字不清，甚至发音错误，这些都会让电视观众产生误解。张颂教授在谈到播音时指出，应做到："字正腔圆，呼吸无声，感而不入，语层不坠，语势稳健，讲究分寸，节奏明快，语流晓畅。"说新闻的目的本是为了拉近和观众的距离，便于更好地进行信息的传播。如果不能起到这样的作用或者让观众更加费解、不知所云，那么这种新的形式倒不如不效仿，以免东施效颦。

2. 娴熟的语言表达能力

优秀的语言表达能力要求语言通顺流畅，这是最基本的要求。主持人要口齿伶俐，表达清楚，尤其对较长篇幅的串场词的处理更要如行云流水，一气呵成，才能让观众更好地理解。倘若主持人主持时吞吞吐吐，语流滞涩，前言不搭后语，那么，观众连你想要表达的意思都尚且不能明白，又如何能进一步了解编导的意图？而且，很可能会让观众觉得：既然主持人都如此素质，那节目岂不是更不可信？所以，主持人一定要勤于锻炼自己语言和语流上的基本功，要言语有心，言语用心，加强吐字归音的基本功训练，要把话说好、说通、说顺、说巧、说妙。

在以上基础之上，还要具备严密清晰的逻辑思维，这一点十分重要。因为主持人无论是把自己的所见所闻，还是编导的意图传达给观众，都是要把头脑中已有的东西按照一定的逻辑思维整理出来，然后再用言语表达出来。主持人最忌讳在言语表达上生搬硬套、张冠李戴，那是会贻笑大方的。此外，也不能看似口若悬河、滔滔不绝，实则空空无物或不过仅能说些插科打诨的话而已。作为一名主持人，一定要做到心中有数，要刻意培养出自己精密的逻辑思维，使脑中思路清晰、条理清楚，以利于更好地表达，更好地与观众沟通与交流。

另外，在语言表达上，要有自己的特色，要富有感染力。主持人与观众的交流主要是一种情感上的沟通与交流。主持人是通过自己的语言、目光、手势、形态等与观众进行交流，其中尤以语言为重，所以主持人的语言一定要富有感染力，才能吸引和打动观众。那么如何使语言富有感染力呢？首先，语言要平实自然，让观众听起来是主持人的肺腑之言。其次，在此基础上，根据当时氛围下的语言表达需要，可以适当运用夸张、含蓄等语言表达方式，同时还要注意掌握一些语言表达上的技能，如节奏、语气、重音、停连等，只有做到了这些，主持人才能对语言驾驭自如，使语言表达富有自己的特色。主持人还要做到语言的亲切、自然、口语化，要以"情"为先导，与受众面对面，坦率、质朴、直接、平等地沟通与交流。

3. 灵活的现场应变能力和即兴发挥能力

主持人应该具备一定的临场应变和即兴发挥能力、策划和组织能力，要有主意，能出点子，有对整个节目进行制作、操控的能力。主持人作为电视连接观众最直接、最能沟通情感的中介，作为电视节目最积极、最能传情达意的主导人物，怎样能够在不同的栏目中表现自我的才华、气质和语言特色，使之产生的艺术魅力更能吸引观众、赢得观众呢？这时，他们的现场意识就显得尤为重要。现场的应变能力又包括：现场沟通能力、即兴应变能力和对整个节目场面的驾驭及节奏把握能力等。主持人在节目驾驭方面要有一定的弹性和个性，面临不同的场景或稿件时，要随机应变，照顾内容、场景的连贯性、延续性。比如，主持晚会时，突然断电、邀请的重要演员未到、嘉宾讲话出现小的失误等等，主持人都要想出及时的应对方法，这就需要良好的心理素质和应变能力。

当前，大多电视节目的录制都是一气呵成，更有相当一部分节目是以直播形式播出的。主持人语言表达上的一点混乱都会给节目的播出和制作带来不必要的麻烦，将会直接影响到电视节目的视听效果。因此，主持人不仅要避免自己言语表达上的不当，更要做到处变不惊，积极活跃思维，培养自己快速反应的能力，只有这样，主持起来才能做到从容镇定、挥洒自如。

4. 个性鲜明的主持风格

或幽默、或潇洒、或沉稳、或轻快的风格都能将观众带到和主持人共同营造的视听意境中，使人们在其中感受到节目的气息，也感受到主持人的素质能力。但是，个别主持人正是在情绪的自我约束与自我控制上稍稍欠佳。"激情满怀"、"心花怒放"的力度比较强时，会让观众看节目时觉得很累。尤其是耗时很长的大型晚会，主持人情绪的展现更宜细水长流、恰到好处，这样才能让观众看得下去、不觉得疲劳。

其实，风格是思想、品德、学识、举止、谈吐、能力、才艺、智慧、志趣和格调化在节目主持人身上的综合表现。对一个主持人来说，其风格是否独特鲜明，决定着主持活动的成败。

（三）文化素质

渊博的知识是主持人应有的修养。主持人应该是博学多才的有识之士，这样才能面对观众侃侃而谈。渊博的知识来自工作中的积累，也来自平时勤奋的学习、采集。主持人的工作常常要面对观众访问新闻事件的当事人和有关人士，要对时事作出评述。他们的采访活动能力，提出问题的深度，对问题的分析力，都会一览无余地呈现出来。渊博的知识，使主持人能在镜头前神态自若地采访播讲，做深刻有见地的分析，从而令人钦佩。主持人虽各有不同的形象、性格和气质，但在博学多才的素质上应该是相同的，知识浅薄的人是不能胜任主持人的工作的。

人们常用"杂家"来形容主持人。它所要表达的意思就是主持人应涉猎广泛、触类旁通，应是复合型人才。无论是文学、语言、历史、地理、美学、心理学，还是社会学及一些自然科学等等，这些方面的知识，主持人都应学习，不仅面要广，还要根据主持的节目类型和主题，强调它的深度。比如，经济类栏目的主持人应通晓有关经济的各种专业名词及相关政策，要做到脱口而出，成为经济领域的内行和行家。我们要知道，"文化"始终是人类生活的中心。只要观众看到主持人所表现出的文化内涵、文化修养是具体实在的东西，就一定会接纳和肯定。相反，没有深厚的知识文化作为基础，主持人即使有娴熟的表达技巧也只是一个花架子。

（四）心理素质

作为一名优秀的节目主持人，不仅要具备高尚的道德修养和合理的知识结构，而且还必须具备良好的心理素质，这是主持节目的需要，也是当今广播电视业发展的必然要求。目前，大量的直播节目对主持人的心理素质提出了更高的要求。

1. 机敏的随机应变能力

应变力是指人们应付偶发事件的能力，它是一个人智慧、机智、性格、心理素质等诸多因素的综合体现。机敏的随机应变能力对主持人这个职业来说十分重要。主持人在话筒、摄像机前，随时要准备应付那些突发事件，和准备应对那些瞬息万变的情况，并要及时作出应对，用巧妙的方式来圆场，弥补纰漏。节目主持人的应变能力主要表现在：

（1）新闻采访的过程中

一是对突发性事件及时采访报道的能力的表现。二是对采访对象突然说出的意想不到的答话或者提出难题的应对。三是对采访的背景状况反应敏锐，信手拈来，随机应变地运用到采访中。四是对采访中出现的纰漏进行弥补。

（2）综艺节目的现场驾驭

对于综艺节目主持人来说，一般都有事先拟定的台词，要根据编导的意图出场组织串联节目的各部分。但是，节目的发展未必都以台词为本、完全一致。在与演员和现场观众交流中总会出现台词以外的情况。这时，结合现场气氛即兴发挥、随机应变就显得尤为重要。优秀的综艺节目主持人，无不妙语连珠，能使现场气氛热烈火爆，台上台下相互融合。

（3）热线节目主持

对于热线节目来说，无论是有话题的专题热线节目，还是无话题的服务、谈话类节目，虽然前者主持人对话题设置本身有所准备，但如果从受众打进热线电话这个角度说，两者都是一样的，对于主持人都是个未知数。因此，需要热线节目主持人有较强的应变能力。

（4）与嘉宾主持搭档

嘉宾主持人往往是具有特殊身份或有一技之长的人。在做节目时，主持人应牢牢把握住自己是这一节目的主持人这一点，掌握节目的宗旨、大纲，引导嘉宾思路。一方面要启示嘉宾说出有内容、有价值的东西，另一方面要与受众息息相通，对嘉宾没有表达清楚或重要的内容作必要的补充，对嘉宾在讲话过程中的节外之枝要及时处理，努力把话题的接缝处理得自然、圆润。

2. 健康的心理承受能力

节目主持人作为出场演播节目的人，其地位、作用对一个节目来说举足轻重。心理状态如何直接影响着他的行为表现，也就直接影响着节目的质量。主持人在话筒前要从容不迫，在镜头前要风采照人，这些都需要有稳定健康的心理素质作为支撑。在演播现场，如果主持人处于心理紧张状态，则其大脑思维必定是僵化的，从而很难积极进入到节目中去，这样非但不能即兴发挥，还会忘记已经准备好的内容。

3. 积极的协调能力

主持人是群体工作的一分子，虽然在话筒前和电视荧屏上他们常常是以个体的形象出现的，但他们的工作本质上是集体智慧的结晶，是集体劳动的集中体现。因此，主持人应该是开朗热情、善解人意，待人宽容大度的。他们要善于与创作集体中的每一个人相处，要能够积极主动地协调各方面的关系，共同合作搞好工作。

（五）外在形象与声音条件

1. 节目主持人的外在形象

节目主持人在电视画面上的形象包括发型、化妆、服装、饰物、仪态、肢体语言等多个方面。这些因素的组合恰恰构成了一个主持人的主持风格。

主持风格和栏目形象是密不可分的。据不完全统计，中央电视台在新闻、文艺、体育、社教、经济、对外、青少等12个栏目中，拥有不同类型的主持人400多人。新闻评论性节目中的主持人形象应庄重大方，文艺娱乐节目中的主持人形象应清新活泼，青少类节目中的主持人形象应亲切可爱等等。总之，一个节目主持人的风格和形象应符合这个栏目的风格和定位。主持人要根据节目类型调整自己，或根据自身的形象、风格选择适合自己的栏目。因时制宜、因地制宜，切不可盲目追求所谓的"流行"、"时尚"，矫揉造作、故弄玄虚。

(1) 身体行为语言

关于身体行为语言方面，我们重点要讲一下距离的问题，这里的距离主要是指主持人与被访问者、参与演播者以及现场观众等之间应保持的适当距离。经研究，人类普遍存在一种私人空间的概念。霍尔曾经提出："0～46厘米为亲密区，46～122厘米为朋友区，122～366厘米为社交礼仪区，而366厘米以上是公共区。"这是著名的霍尔区域定律。

就访谈节目而言，私人区域的范围，因经济、文化背景的差异而有所不同，如中国人、日本人比较习惯较窄的区域距离，而西方人则喜欢较宽的距离。因此，主持人在访谈节目中应该注意和别人保持适当的距离，一是不要过近，尤其不要轻易进入亲密区域，以免侵入他人的私人空间，引起别人的反感；二是不要过远，使人感到生疏。在多数情况下，主持人和别人保持的空间距离以介于私人区域和社交区域之间为宜，也就是约1～2米的距离，具体地说，就要看什么内容、什么形式的节目以及什么性别和什么风格的主持人了。就像是水均益主持的《高端访问》一样，被访问的对象都是来自不同国家、不同国籍的人，这就要求水均益要根据被访对象来确定所要保持的距离，是亚洲人就要靠近一些，是欧洲人就要稍微离远一些，所以有时候我们看到他前倾着身子说话，有时候却靠在后面。主持人要想拿捏好这个尺度，没有一定功底和知识内涵是不行的。

(2) 眼神

眼睛是人与人沟通中最清楚、最正确的信号，因为它是人身体的焦点，也是最容易洞悉一个人内心的入点。通常所说的"眼睛是心灵的窗户"、"她的眼睛会说话"、"他的眼神不定"等，都是说眼睛对人类行为的巨大作用。眼神是对一个人心理的反馈，也是透露人的内心世界最有效的途径，人的一切情绪、情感和态度的变化都可以从眼睛里显示出来，如正人君子的眼神刚正不阿，而如果人心术不正，眼神则必定是斜眼窥视、不敢正视。所以，主持人必须做到心正眼正。

在这里还要提一下水均益，他所主持的《高端访问》是一档政治性、社会性非常强的节目，所以，主持人的眼睛要有神，要有内容。有时用外语采访时，因为国家的习惯和背景不一样，而造成的主持人或被访人对要说的话想表达却又表达不清时，用眼睛便是最好的沟通方式，因为人的眼睛是最能反映事态及其内心想法的。有关专家在研究用眼睛加强沟通方面，把注视分为以下几种：谈正事的注视、社交的注视、亲密的注视、轻轻的一瞥。主持人的眼神通常介于社交注视和亲密注视之间，也就是说比一般社交性注视略为亲密些，又比亲密性注视略微严肃些。人们在有些场合要用谈正事的注视，如访问高级领导人或谈论重大政治问题时，如前面提到的《高端访问》，这时绝不能用轻轻一瞥这样的眼神。主持人的眼神是非语言信息的另一个重要方面，他的眼神不是做给别人看的，而是发自内心地对待被访者，使目光流露出真切、自然的感觉。当然，主持人在采访不同国家的人时也要注意，因为地域和文化背景的影响，不同国家的眼神礼仪是不一样的，比如欧洲人觉得长时间凝视是对人的尊重，而亚洲人则觉得如果对方对自己紧盯着看则是一种失礼的行为。所以，这就要求主持人在做节目前一定要事先了解好要采访对象的背景及其民族习惯。其实，做一档节目，光用眼神是不够的，在多数情况下,眼神要和面部表情以及语气、语调配合使用才能达到更好的效果,使节目收视率增加。

(3) 面部表情

在面部表情中最为关键的就是笑。主持人在做节目时,除了有声语言,面部表情应该是最丰富的,因为它在无形中影响着被访嘉宾,当说到开心的事时就会笑,当谈到悲伤的事时会哭,当提到无奈的事时会摇头叹气,等等。面部表情会潜移默化地指挥着主持人与被访者。当然,主持人一定要会运用才能达到事半功倍的效果。主持人的笑,一般都是微笑,微笑所发出的信息内容是很丰富的,它基于不同场合、不同情况能表示出愉快、友好、亲切、赞同、欢迎等多种意思。主持人的微笑一般有两种情况:就主持人的严肃而言,有天生的爱笑和不爱笑;就节目的内容而言,有严肃和活泼之分。所以,察言观色地运用笑来做好一期节目是摆在每个主持人面前的一个问题,既不可过于严肃而面无表情,也不能在节目中随意乱笑,那么主持人该如何掌握笑的程度呢?主持人的"笑"不但要自然,而且要受到节目内容和风格的限制。主持人不能不分场合,一出镜就笑,也不能不管什么时候都一本正经,这样往往会破坏节目的整体效果。试想,如果让中央电视台新闻节目主持人态度随意地播新闻,而让鞠萍姐姐表情严肃地主持《七巧板》,观众会是一种什么样的感受呢?恐怕没有孩子再看《七巧板》了吧。

(4) 主持人的着装

着装也是主持人运用非语言信息的一个重要方面,不同类型的节目主持人要根据节目的需要来决定穿什么样的衣服、化什么样的妆。

新闻类主持人的着装:新闻节目主持人的形象在一定程度上代表着新闻的真实性,所以,任何多余、夸张的修饰都会影响新闻节目的公正和可信度,尤其现在很多电视台的节目制作和播出环节的数字化设备日益普遍,观众看到的图像清晰度和主观层次感不断增强,所以,女主持人在化妆上应该以自然的风格为主,宜淡不宜浓。服装方面应该选择大方的职业装,领口不宜低于腋线,在色彩上也要选择纯度和明度低一些的颜色,比如灰色、蓝灰色等,这类颜色给人以冷静沉着、典雅秀丽的感觉。正如不管我们什么时候在节目中看到李修平、李瑞英,都是那么端庄、大气。

综艺类主持人的着装:综艺主持人本身就是节目其中的一个看点,观众可以通过节目了解流行趋势,有些观众可能还会模仿主持人的穿着打扮,所以,综艺类节目主持人的刻意或稍带夸张的修饰效果会给观众带来新奇和喜爱的感觉。但是,综艺主持人的造型绝不可过于夸张或媚俗,还是要掌握一个"度"。例如,有些主持人穿着过于暴露的服装主持文艺类节目就不合适,毕竟电视节目的主持人所面对观众的欣赏水平和年龄层面都大不相同,一定要考虑大多数人能不能接受、能不能欣赏的问题。

2. 播音主持人的声音

对播音员声音的要求可以归纳为:准确规范,清晰流畅;圆润集中,朴实明朗;刚柔并济,虚实结合;色彩丰富,变化自如。

(1) 准确规范,清晰流畅

播音员是群众的语音教师,因而语音必须准确规范(汉语语音课中有详细论述)。另外,虽然播音吐字的清晰度要求高,但不能有"磊块",不能"蹦字",字音要流畅过渡，听起来通顺自然、生动活泼。

(2) 圆润集中，朴实明朗

这是对声音的另一个要求，发音与吐字两方面都包括在内。"圆润集中"指声音润泽，不干涩，不分散；吐字要"玉润珠圆"，颗粒饱满。我们所有广播电视节目都是为了激励人们的精神，丰富人们的知识，愉悦人们的身心，因而，播音员的声音不仅要朴实，而且要明朗，能使人产生快感。圆润而明朗，就是指像清泉，汩汩地流入人们的心田。

(3) 刚柔并济，虚实结合

这是指发音吐字要有韧性、弹性，能刚能柔，有虚有实。由于性别和性格的不同，一般来说，男声偏刚健，女声偏柔美。如果颠倒了，就使人感到不舒服，这是男女声比较而言。但是，无论男声还是女声，都不能一味地刚或一味地柔，都要求在本身基础上的能刚能柔，刚柔并济。要知道，"过刚则直，过柔则靡"，一味地刚听起来会觉得呆板生硬，一味地柔听起来会觉得萎靡不振，都是我们所不可取的。此外，声音还要虚实结合，有人追求声音"亮"，过多地用实声，则听起来"拙"，不能很好地表达细腻的情感；有人追求"柔美"、"有感情"，过多地用气声，则听起来"假"。用声要求应是刚中有柔、柔中有刚；虚中有实，实中有虚；刚柔并济，虚实结合；随着意与情的要求而灵活运用。

(4) 色彩丰富，变化自如

声音色彩是播音员随节目内容的发展而运动变化着的感情的外衣。人的感情是不断运动变化的，声音色彩也是在对比变化中体现出来的。声音色彩有如画家的调色板，越丰富细致就越能传情，越有表现力。

第六章 教师教学口语训练

《教师口语课程标准》规定:"教师口语是研究教师口语运用规律的应用语言学科。"教师口语是职业语言,内容上要求具有教育性和科学性,形式上是经过教师提炼的语义连贯畅达、结构严谨、逻辑严密的准确规范的口头语言,包括教学口语、教育口语、交际口语。

教学口语是教师在教学过程中用以"传道、授业、解惑"的工作用语,是教师在课堂教学中传授教学内容、组织课堂教学、启发学生思考、指导学生开展练习实验、激发学生情感、陶冶学生情操的载体和主要中介,也是师生进行信息传递和情感交流的中介。教学口语一端联系着教学内容的落实,一端联系着学生的认知效果。一段深刻精辟的阐述,会令学生终生难忘;一个形象的比喻,会使学生茅塞顿开;一句恰如其分的赞扬,会使学生信心倍增。

第一节 教学语言的要求

一、教学口语的定义、作用及特征

苏联教育家苏霍姆林斯基说:"教师的语言修养在很大程度上决定了学生在课堂上脑力劳动的效率。""高度的语言修养是合理利用时间的重要条件。"实践证明,良好的教学口语能有效激发学生的学习兴趣和思维能力,为学生学习语言、提高表达能力树立良好典范。

(一)教学口语的定义

教师口语指教师用于课堂教学的工作用语,即教师在教学过程中,根据学生的特点和教学内容的需要,以传授知识、培养能力、实施思想教育为目的而使用的教学工作用语。这种口语是经过转化的书面语和经过优化的口头语的结合。它以有声语言为主,辅之以面部表情、手势、体态等,既有口语特点,又有书面语准确、精练、严密的特点,所以它比日常口语规范和严谨,比书面语灵活,既有口语通俗流畅之长处,又有书面语典雅蕴藉的优点。

(二)教学口语的作用

我国杰出的教育家叶圣陶说:"凡是当教师的人绝无例外地要学好语言才能做好教育工作和教学工作。"优秀的教学口语在教学中有不可替代的重要作用。

1. 教学口语是提高教学效率的重要保证

教师的语言做到准确流畅、简洁清晰、音量适中、快慢有致、抑扬顿挫、难易适度、针对性强，并善于化深奥为浅显、化抽象为形象、化枯燥为有趣、化平淡为新奇，才能让学生爱听、乐听、高效省力地接受讲解和教育。

例如，1905年，著名科学家爱因斯坦首创"狭义相对论"学说，而其深奥的道理很难快速、准确地被人理解。一位青年请这位科学巨匠解释，爱因斯坦说："如果你在一个漂亮的姑娘旁坐一个小时，只觉得坐了片刻；如果你坐在一个热火炉上，片刻就像一个小时，这就是相对论的意义。"在这里，爱因斯坦巧妙地用形象化的譬喻，并结合日常生活经验，用语言的直观性把"片刻"一词的相对性讲解得生动鲜明，并且把抽象的相对论理论转化为形象化观念，植入听者心里，使受教育者易懂易记，且在自然活泼的气氛中接受传道、授业和解惑。

2. 教学口语能有效激发学生的创造力和思维力

成功的教学语言能有效地诱导激发学生积极思维，使学生主动地、创造地完成任务，避免被动地接受知识。教师的语言既可以成为激发学生思维的春风，也可以成为抹杀学生创造能力的秋霜。

例如，教师利用汉字象形、表意的特点，巧妙地拆解"聪明"的构字，激发学生学习的内在动力。教师说："聪明的孩子是眼、耳、口、心同时用，首先要善于倾听，'聪'字把大大的耳朵摆在第一位，耳听六路；其次，'聪'字右上角两点'丷'像两只机灵的眼睛，眼观八方；再次，眼的下面是口，口要表达自己的思想和感情，言为心声；最后，右下方是'心'，耳、眼感知世界，'心'是表情达意的基础。'明'是日、月的光辉共同构成。所以，聪明的孩子懂得调动耳、眼、口、心等各个感觉器官敏锐地感受世界、捕捉信息，同时既赞美和沐浴温暖灿烂、热烈奔放的阳光，也欣赏和体验柔美皎洁、温婉多情的月光，'聪明'就是这样炼成的。"在这里，教师通过形象比喻、妙释字型等语言技巧，让学生明白了聪明源于多听、多看、多问、多想、广泛接触生活，同时，还给学生的思维以创造性导向，给学生的心理以积极暗示。

3. 教学口语是培养学生口语能力的重要途径

幼儿园、小学、中学阶段都是学生学习和掌握语言的重要时期。心理学、语言学研究表明：孩子学习语言、获得语言能力，大部分是在没有强化条件下的观察和模仿中得到的。古人云："师者，人之楷模也。"教师的语言是学生在学校模仿的对象和学习的楷模。特级教师于漪说："语文教师带领学生学习规范的书面语言，如果自己的口头语言生动、活泼、优美，就能给学生熏陶，大大提高学习效果。"同时，教学口语要针对教学对象的年龄采用合适的语言。面对小学一、二年级的学生，教师的教学口语特点是语言简短、语义浅显、语速较慢，甚至可用讲童话故事、做游戏式的语句。

例如，在讲授"退位减法"时，"1 000 − 463 = ?"对学生而言是难点，教师可以这样讲述："今天数学王国来了有趣的一家人。'零小个'是穷光蛋，不够减，向'十叔叔'借钱；'十叔叔'也是穷光蛋，可是他乐于助人，向'百伯伯'借；'百伯伯'还是穷光蛋，他也很热情，向'千爷爷'借。'千爷爷'把仅有的1 000借给了'百伯伯'，'百伯伯'把它换成10个100，自己留9个，把1个100借给'十叔叔'；'十叔叔'又把它换成10个10，自己留9个，把1个10借给'零小个'；'零小个'欢天喜地，马上用借来的10减3……"在这个事例中，教师面对年龄较小的学生，用形象的比喻、幽默风趣的语言,感染了学生的心灵,用趣味化的讲解让年幼的小学生学得轻松,听得意犹未尽,使枯燥的数学计算变成了快乐的数字游戏。

而面对高年级的学生,如果教师仍用这种孩童化语言,年长的学生就会觉得这个教师很幼稚,或者认为教师轻视和不尊重他们,从而在心理上不认同教师。例如,讲解高中语文《为了忘却的纪念》一课时,教师应该用准确的概念、逻辑性强的语言展开分析:"鲁迅用一对矛盾的反义词揭露了国民党反动派疯狂屠杀革命仁人志士的暴行,表达了作者的愤慨之情:血腥的'左联'五烈士惨案让有良知的中国人不愿意保留噩梦般的记忆,宁愿'忘却',但是柔石等仁人志士的英雄行为应该永远被人们纪念。"这种带着理性分析和充满情感的课堂语言就能让年长的高中学生在了解和感受特定的社会生活、历史事件的同时产生心灵共鸣。

4. 教学口语是融洽师生关系的润滑剂

教学口语不仅是传递知识的工具,也是沟通师生关系、交流感情的纽带。善于说话的教师更能赢得学生的信赖,更容易建立友好和谐的师生关系,创造良好的教与学的氛围;反之,不善言辞的教师有可能使师生关系疏远、师生情绪对立,甚至伤害学生,使学生因讨厌科任教师而不愿学习这位教师教的科目。学生取得成绩时,教师给一句热情的赞扬;学生遇到挫折时,教师给一句真诚的鼓励;学生遇到困难时,教师给一句及时的疏导;学生遇到不幸时,教师给一句关切的安慰;学生情绪低落时,教师给一句幽默的逗趣;学生遇到难堪时,教师给一句巧妙的解围,等等,这些都是增进师生情谊、融洽师生关系的有效方式。

例如,一名学生在语文期中考试中得了59分,担心回家挨打,就请教师给他的作文加1分,老师思考了一会儿说:"可以,但你要想好,这1分是我借给你的,下次考试你要还10分,再下次考试你要还100分。"学生迟疑了一会儿后鼓起勇气答应了。后来,该学生的语文期末考试成绩是81分,教师的判分是71分+10分,在10分的后面用括弧注明:精神嘉奖分。该学生得了全班独一无二的精神嘉奖分,还得到表扬,他于是更加努力地学习。第二学期,他的语文成绩是98分,教师的判分是78分+20分。再次得到精神嘉奖分,该生学习劲头更足了。最后,他在第二学期期末的考试成绩是100分,教师判分是100分+100分。由此可见,呵护了孩子心中那一点点光,就足以使他们绽放智慧的芬芳。

教学是一门艺术,是教师钻研教材、研究学生、进行创造性劳动的智慧之果。教学口语艺术是教学艺术的基础。

(三)教学口语的特征

教学口语受教学内容和教学任务的约束,表达的随意性和灵活性减少了,规范性增强了。它以教师的教案和讲稿等文字材料为依托,吸收了书面语言准确、精练、严密的特点,同时饱含了知识信息。

1. 规范性

规范性是指教师要用标准普通话进行教学。词汇方面,教师应使用普通话词汇,不能用方言词、古语词、生造词、网络词等不规范语词;语法方面,句子、语段、语序、词语搭配等都必须符合现代汉语语法。同时，教学口语要求教师的声音有一定力度，洪亮清晰；语流通畅，节奏明快；慢而不拖沓，快而不杂乱；语调自然、适度。

例如，地理课程中关于天气现象的"锋"指冷暖气团相遇，一是"暖气团爬升到冷气团之上"，一是"暖气团抬升到冷气团之上"，"爬升"和"抬升"一字之差，却含义不同，"爬升"表示的是暖气团为主动方的大气运动，形成的是"暖锋"；"抬升"表示的是暖气团为被动方的大气运动，形成的是"冷锋"。不仅锋型不同，而且在其控制下的天气特性不同。因此，教师授课时不能笼统地用"上升"代替，必须严格加以区分运用。

2. 科学性

每门学科都有其内在的结构体系，即由基本概念、术语及相互之间的逻辑关系形成知识系统。这要求教师讲授知识必须概念准确、推理合乎逻辑、解说符合客观事物的本质、评判恰如其分，同时要使用恰当的教学方法，不能用想象与猜测代替科学的推理与论证，要用精确的词汇表达知识的内涵，用言简意赅的语句表达丰富的内容，用层次分明的语序表达明确的目的。

例如，教师讲授《威尼斯的小艇》时引导学生掌握"新月"概念。

师：什么叫"新月"？

生："新月"就是新的月亮。

师：月亮有新旧之分吗？

大家读课文："船头和船艄向上翘起，像新月的样子。"月亮有时是圆的，有时是半圆的，什么时候的月亮叫"新月"？

生："新月"就是刚升起的月亮。

师：歌曲唱"十五的月亮分外圆"，农历月半，月亮刚刚升起，不是两头向上翘呀！

生："新月"是农历初时的月亮。

教师发现学生对"新月"理解错误时，可以引用课文、歌词等启发学生正确理解"新月"，培养学生严谨、科学的治学态度。

3. 形象性

俄国教育家乌·申斯基说：儿童"用形象、声音、色彩和感觉思维"。法国教育家卢梭说："在达到理智年龄以前，孩子不能接受观念，只能接受形象。"古人云："言之无文，行而不远。"语言应当有文采，教师的语言要求更生动、更具有美学价值。教师必须善于运用语言创造直觉形象，帮助学生理解和掌握抽象事物、词语、概念、定理等。

例如，小学语文《月光曲》中的"幽静"一词，如果教师简单地把词典解释告诉学生："幽静"指"幽雅安静"，尽管解释准确，但是学生无法感同身受。若教师描述"幽静"的情形："秋天的夜晚，朦胧的月光，小镇的河边，无人的小路，远处的茅屋，闪烁的灯光，隐隐约约的琴声……这些都构成幽静的意境。"教师用直观形象的语言唤起儿童的思维表象和丰富联想，引导他们进入身临其境的幽静意境，从而感同身受地理解"幽静"的含义。

4. 启发性

教学口语不仅要准确细致地讲解知识，还担任启发学生思维、让学生有所顿悟的任务。教师的教学是授予学生捕鱼方法之"渔"，而非现成知识之"鱼"。教学口语有时要含蓄，在学生想知而不知时加以诱导，不要把知识和问题一览无余地说完说尽，要给学生思考的时间和余地，启发学生寻求答案，同时培养学生主动求知求解的学习习惯和思维习惯。

例如，语文教师讲授《孔乙己》时首先提问：作品的主人公姓甚名谁？学生愣了，因为阅读时一掠而过，不曾关注，不曾重新阅读、思考、理解作者的用意——"孔乙己"是绰号，不是姓"孔"名"乙己"。孔乙己三字出自旧描红簿，因为他姓孔，别人从描红纸上的"上大人孔乙己"这令人似懂非懂的话里替他取了这个绰号。一个人活在世上，不知道自己的姓名，可想而知他的命运不佳，是悲剧性人物。这个问题促使学生思考，学生随即联想到阿Q、小D等，举一反三。

5. 教育性

教书育人是教师的重要职责，此职责体现在教学的整个过程和每个环节中。所有学科都充满教育性。教师的全部活动都贯穿明确的教育目的。因此，教师在开口与学生讲话时，应时刻记住自己是教师，担负对学生言传身教的重任，要做到目中有学生，心中有学生。教师必须运用良好语言，按照课程教学大纲的要求，向学生准确讲授科学知识及其包含的思想意义。成熟的教师不应使教学过程知识化，而应熟练地运用教学口语，履行教书育人的神圣职责，将"育人"寓于"教书"中。

例如，幼儿园午睡室的角落有说话声，教师发现两个孩子光着屁股比较："你的这个和我的怎么不一样啊？"她于是给两个孩子穿好裤子，以故事形式教给孩子们关于男孩和女孩的秘密："爸爸送给妈妈一个礼物——精子，妈妈也送给爸爸一个礼物——卵子。精子和卵子成了好朋友，并合成一体，在妈妈肚子里的小房子里长大，那就是还没生出的你们。10个月后妈妈在医生的帮助下，生出小宝宝，那就是你们。妈妈送给爸爸的礼物是X，爸爸送给妈妈的礼物是Y时，生的是男孩；妈妈送给爸爸的礼物是X，爸爸送给妈妈的礼物是X时，生的是女孩。男孩和女孩都有自己的秘密，背心和内裤遮住的地方就是秘密的地方，每个人都要保护好自己的秘密，不能随便让别人看和摸。你们听懂了吗？"孩子们说："我们都有自己的秘密。我们要保护秘密。"男孩和女孩的生理区别是孩子好奇、家长棘手的话题，在这个例子中，教师巧妙地用故事形式讲解了这个既神秘又深奥的知识，并让孩子们能够理解和接受，这样既满足了孩子的好奇心，消除了疑惑，又让孩子们懂得了如何保护自己。

二、幼儿教学口语的特点

儿童化是幼儿教学口语的突出特征。儿童化指课堂教学语言要适合幼儿口味，使幼儿容易理解和接受，即要求通俗易懂、明白流畅。因为幼儿年龄小，接触的知识有限，词汇量较小，经常通过形状、色彩、声音等途径认识事物，所以教师选择词语时应遵循"以浅代深"的原则，说话时多用表示具体概念、色彩、形态、动作的词，句式上尽量选用结构简单的句子，可在句中嵌入适当的语气词、象声词，使句子富于变化，多用比喻、夸张、拟人、反复等修辞手法，使句子形象生动，并投入感情因素，节奏稍慢，语气柔和，声音清甜，并辅之以面部表情、手势动作等变化，加深幼儿对讲话内容的理解。

（一）富于童趣

童趣，即儿童的情趣。幼儿的年龄和认知特点决定其天真烂漫、纯洁无邪、活泼可爱、无忧无虑、无牵无挂，童趣是儿童最宝贵的财富。所以，幼儿教师的课堂语言要用儿童习用的词组和句法，用儿童独特的视角观察事物，使儿童易于接受、乐于接受。

例如，中班的语言课"放飞童真"。教师说："今天早上，我从树下走过，一阵风吹来，叶子像蝴蝶一样从树上飘下来。小朋友们，我们出去看看一片片叶子像什么？"孩子们拾了很多叶子回到教室，一边欣赏树叶，一边回答：树叶像金鱼的尾巴，像圆圆的大苹果，像美丽的扇子，等等。教师接着说："大家动动脑筋，这些树叶可以做成什么呢？"孩子们又纷纷说：他们想把树叶贴在瓷砖上，再添上眼睛、画上尾巴、变成小鱼；或者把树叶拼成蝴蝶，做成帽子和衣服，等等。在这样富于童趣的师生对话中，教师得以实施生动的语言教学。

（二）直观生动

《学记》云："君子之教，喻也。"幼儿教师应根据幼儿的思维特点，借助实物、教具、多媒体电教等手段呈现事物形象，并善于运用语言创造直观形象，运用比喻、比拟、夸张等修辞手法把深奥的道理浅显化，把抽象的概念形象化，以此打动孩子们的心灵，激发他们的学习兴趣，把他们引入瑰丽神奇的知识世界。

例如，幼儿教师让第一天入园的幼儿们接受人生的第一课。教师微笑地把孩子们带进图书馆，让他们随意坐在地毯上："孩子们，我给你们讲故事，好不好？""好！"孩子们很兴奋。教师从书架上抽下一本书，讲了一个很浅显的童话，对孩子说："这个故事就写在这本书中，这本书是一位作家写的，你们长大了，也一样能写这样的书。"随后，教师接着问："哪个小朋友给大家讲故事？"一个小朋友立即站起来说："我有一个爸爸，还有一个妈妈，还有我……"幼稚的童音在室内回荡。教师用一张很好的白纸，很认真、很工整地记录下这个语无伦次的故事。教师又说："哪个小朋友给这个故事配插图？"另一个小朋友走过去，画一个"爸爸"、画一个"妈妈"和一个"我"，当然他画得很不像样。教师却很认真地接过来，将画附在那一页故事的后面，然后取出一张精美的封皮纸，把它们装订在一起，在封面上写上作者姓名、插图者姓名和"出版"年月日。然后，教师把这本"书"高高举起："孩子，这是你们写的第一本书。写书并不难。你们还小，现在只能写这种小书，你们长大后，就能写大书，就能成为了不起的人物。"这堂不是说教却胜于说教的人生第一课必定会以其独特的、直观生动的方式留在孩子的心灵深处。

（三）浅显易懂

幼儿教师必须用浅显易懂的语言解释概念、讲解技巧、提出操作要求，用口语化的词汇，不用晦涩艰深的语词，忌用意在言外的表达，应用"首先"、"然后"、"最后"等提示性词语明确表达事情的先后顺序。

例如，《教孩子洗手》的讲授语："小朋友们，我们吃饭前把手洗干净。首先，我们把手放在水里浸一会，然后涂肥皂、搓手，手心搓搓，手背搓搓，要用劲搓，接着，用水把肥皂冲干净。洗好了，五个手指朝下，让水滴在盆里，再用毛巾擦干，最后把毛巾挂好。"

（四）句式短小

幼儿教师要用正确、完整的语句，多用短句，不用或少用关联词语和修饰性词语。

例如，教师创设"打敌人"的游戏情境，引导幼儿猜想和验证三种"武器"的滚动线路。

师：我们拿这几样物体当武器玩"打敌人"的游戏。这边是营地，这条线是战壕，前方是敌人，装武器的盒子是我们的弹药库。如果我们要滚动这三种武器打击敌人，它们可能走什么样的路线？

幼：圆柱形武器可能走直线。

幼：圆台形和圆锥形武器可能走弯线。

师：我们轻轻滚动它们，然后记录实验结果。（出示记录表，引导幼儿认识三种形体符号及其在表上的位置，介绍记录方法）记录表上有三种武器的符号。你们写上姓名，然后轻轻滚动武器，仔细观察每种武器的滚动路线，并把看到的路线画在符号旁边。

教师用句式短小、通俗易懂的语言讲述游戏规则，接着提出疑问，鼓励幼儿对几种"武器"的行走路线进行大胆猜测，为后面的实验探究打好基础，最后教师告诉幼儿实验记录的方法，语言准确、简洁。

三、小学教学口语的特点

小学教学开始明确划分学科，语文、数学、英语、科学、音乐、美术、体育等学科都有属于本学科的特定概念、术语、原理等，同时小学的学科知识要求讲得浅显易懂，所以，小学教学口语要求贴近学生的心灵和情感，以形象和趣味吸引学生的求知兴趣，用通俗易懂、精确严密的语言传授学科知识。

（一）传递情感

传递情感指教师在讲授开始时就渲染特定情绪或营造独特氛围，把学生带入特定情境中，在激发学生情感的同时讲授知识，即寓教于情。因为小学生天性好动，注意力难以集中，所以教师要通过传递情感把学生吸引到课堂学习中。

例如，特级教师于漪讲授朱自清散文《春》时，首先营造特定的情绪氛围："我们提到春，眼前仿佛出现阳光明媚、春风拂面、绿满天下的美丽景色，所以，古往今来，很多诗人用彩笔描绘春天美丽的景色。"这样，学生在欣赏、憧憬的情感中不知不觉就走进了朱自清创造的春的意境中。

又如，数学教师讲授"如何求 π 的数值"时，首先介绍："1 500 多年前，我国南北朝时期伟大数学家祖冲之用割圆术的方法计算出 π 的 7 位小数：3.141 592 6 < π < 3.141 592 7。这比荷兰工程师安托尼兹提出的 355/113 早 1 000 多年。为了纪念这位中国伟大的数学家，人类将月球上的一座山命名为"祖冲之山"。同学们，这是我们祖国的骄傲，是中华民族的骄傲。现在，我们学习如何求 π 的数值。"教师用直抒胸臆的方式，以自豪的语气赞颂祖冲之在数学领域作出的突出成绩。他用两个"骄傲"激发学生们的民族自豪感和学好数学的自信心，使学生们在饱满的激情中遨游数学王国。

（二）沟通心灵

古人云：亲其师，信其道。有经验的教师会在教学中主动和学生进行心灵沟通，用亲切的目光、关爱的语言架设理解、信任的桥梁，同时努力创造和谐、愉快的课堂气氛，使学生敞开心扉，在心理上接受老师，从而更好地接受知识。

例如，毛崧舟老师在讲授《长相思》时这样与学生沟通："同学们，在王安石眼中，乡愁是一片吹绿家乡的徐徐春风；在张继笔下，乡愁成为一封写了拆、拆了写的家书。而在纳兰性德眼中，乡愁又是什么呢？请大家自由朗读《长相思》这首词。"

（三）诱发趣味

诱发趣味是指教师通过讲故事、设悬念、巧发问、故意激将等方式，引导学生高度集中注意力，激发学生积极思考的兴趣。德国教育家阿道尔夫·第斯多惠说："教学的艺术不在于传授本领，而在于激励、唤醒、鼓舞。"美国心理学家布鲁纳说："学习最好的动机是对所学学科的兴趣。"兴趣是最好的老师，是推动学生学习的直接动力。教师应想方设法促使学生带着好奇、趣味和求知欲进入学习。

例如，教师教授《朱鹮飞回来了》时，在黑板上出示一组等式："1 = 1，1 = 8 760，1 = ？"学生看着这组等式困惑不解。教师解释："'1 = 1'，表示每一小时有一种生物灭绝；'1 = 8 760'，表示一年有 8 760 种物种在地球上消失；'1 = ？'，则是在问你们是否知道一只熊猫的价格。熊猫的价格非常高，因为它是我国的国宝，极其珍贵，然而，我国的陕西秦岭一带有一种鸟，它的数量比熊猫更少，比熊猫更珍贵，你们知道它叫什么吗？"在这里，教师采用一组等式诱发了学生的好奇心，又用充满趣味的对等式的解释激发了学生学习的主动性。

（四）启智导学

启智导学指开启学生智慧，疏通学生思路，引导学生向更深层次思考。这是深层次开发思维的手段，需要设疑，唯有疑才能思，唯有思才能调动学生的学习积极性和创造力。亚里士多德说："思维从疑问和惊奇开始。"教师应在教学中紧扣教材，设置悬念，提出疑问，激发学生的思维火花，引发学生的求知欲。

例如，教师在讲授乘法前先讲一个故事："李明和你们一样上三年级，他过生日那天，爸爸带他去吃拉面。大师傅一次拉一碗面，他把一根又粗又长的面对折后拉长，又对折后拉长，这样拉了 10 次。父子俩看得津津有味。后来面条端上来，爸爸问李明：

'这碗面条有多少根?'李明在桌上写写画画后回答:'这碗面条有 1 024 根。'爸爸笑着点了点头。李明怎么知道有 1 024 根面条呢?"在这里,教师用设疑问的方法,可以激发学生的好奇心,开启学生的智力思维,为乘法教学打下良好基础。

四、中学教学口语的特点

中学课程设置更加学科化和学理化,教师的教学口语要符合中学课程的特点,也要适合中学生年龄的心理特点。

(一) 饱含知识信息的话语

中学的知识既是基础知识,也是具有较强系统性的学科知识,每门学科都有一套特定的概念、术语,知识点之间有内在的逻辑关系和外在的相关联系。中学教师在教学中必须严格使用规范的、饱含知识信息的教学口语,使学生掌握比较扎实的基础知识和准确规范的学科理论。

例如,教师向学生解释"诡辩"概念时,借用希腊师生的对话:"两个学生请教希腊教师:'老师,什么叫诡辩?'老师沉思一会说:'两个人到我家作客,一个很干净,一个很脏。我请他们洗澡。你们说,这两个人谁会去洗呢?''那个脏的洗。'学生脱口而出。'不对,是干净的去洗,因为他养成了爱清洁的习惯;而脏人却不当一回事,根本不想洗。你们再想想,是谁洗澡了呢?''爱干净的!'学生改口说。'不对,是脏人,因为他需要洗澡。'老师又问学生:'谁洗澡了呢?''脏人!'学生改回第一个答案。'又错了,当然是两个都洗了。'老师说:'干净人有爱洗澡的习惯,脏人有洗澡的必要。到底是谁洗澡了呢?''两个人都洗了。'学生犹豫不决地回答。'也错了,两人都没有洗,因为脏人不爱洗澡,而干净人不需要洗澡。''老师,你好像每次都说得有道理,可每次的答案都不同,我们该怎样理解呢?''这就是诡辩。诡是欺骗,诡辩是在外表上、形式上运用似乎正确的辩论手段,实际上用违反逻辑规律的欺诈方式,作出似是而非的推论。希腊老师对'谁洗澡?'的解答有两条标准:一是'需要洗',一是'洗的习惯'。脏人需要洗而没有洗的习惯,干净人有洗澡的习惯却不需要洗。所以,对同一个人用不同标准,就会得出各种截然不同的结论,这就是希腊老师的诡辩术。"在这里,教师借用了希腊老师对诡辩的解释,在形象生动的解说中包含了概念含义、推理思维等信息。

(二) 以教材为蓝本的加工话语

以教材为蓝本作的加工,包括:第一,语体加工。根据教学需要,教师把教材的书面语加工为带有书面语色彩的口语体。例如,把"手执烧杯上端"变为"手拿着烧杯的上部"等。第二,语汇加工。教师把难懂的字词换一个说法或用法相近的语词加以诠释。例如,物理的"密度"概念是:"单位体积的某种物质的质量,叫作这种物质的密度。"教师这样加工概念语言:"例1:体积 1 cm^3 的铁块质量是 7.9 g,体积 1 cm^3 的铝块质量是 2.7 g。由例 1 可知单位体积的不同物质的质量不相等,我们用密度这个物理量表示这种特性,即单位体积的某种物质的质量叫作密度。不同物质密度一般不相等。例2：体积 1 cm³ 的铁块质量是 7.9 g，体积 2 cm³ 的铁块质量是 15.8 g。7.9 g/1 cm³ = 7.9 g/cm³，15.8 g/2 cm³ = 7.9 g/cm³。由例2我们发现，质量、体积不等的物质组成的不同物体，质量与体积的比值相等，这是为什么？因为由同种物质组成的不同物体，密度跟质量和体积无关，即密度是物质的一种特性。"第三，语言加工。教师运用抑扬顿挫的语调，句读分明地讲述。例如，化学教师在讲化合物的电子式时，发现学生容易把离子化合物和共价化合物的电子式混淆，就作出生动的讲解："离子化合物中的成键是私有制（归阴离子所有），用篱笆（括号）围住，用时标出'贫富'（得失电子数）；而共价化合物中的成键电子是'股份制'，合股经营，不能围'篱笆'，分不出'贫富'。"在这里，教师用生动形象的修辞性描述方式加工了教材平实抽象的阐述性话语。

（三）以讲析为主的话语

教师在教学中讲析的整体设计要完整，不能顾此失彼或东拉西扯，讲析的语句要完整，不能说半截。教师的讲析要力求严谨，即讲析尽量做到出口成章，语句连贯，将教学思路的逻辑性体现在教学口语的逻辑性中，这要求教师备课时备出"系统"，讲课时讲出"系统"；教师在把握教材精髓的基础上将其归纳、加工为"一语中的"的讲析语，做到分清主次，突出重点。讲析语还要求前后照应，说到后面的内容时，要时时提到前面的内容。教师要掌握科学地分点分条地讲述的技巧。同时，教师要避免讲析语在运用时的失真现象和损耗现象。失真指用语不确切，使内容和概念不确定，使教学离题。损耗指讲析语过快、过杂或语音不清、表意不明，使学生记不下、领会不了，造成了信息损耗。

例如，语文教师在讲授《柳敬亭传》的写作知识时，把学生学过的《廉颇蔺相如列传》、《张衡传》、《信陵君窃符救赵》等传记文学放在一起比较讲解："从单独的角度看，这些文章各自独立，内容不同，风格不同，语言特点也不同，这是它们的异处；从综合角度看，它们都是传记体文章，写法一致：开篇介绍人物姓名、身份、地位等情况，主体部分写人物的主要事迹和性格品质，主体线索以时间为顺序安排材料。这是它们的相同处。我们归纳传记体文学的基本写法……"教师在比较式阐释中"异中见同"。

又如，历史教师讲授《日本明治维新》一课时，首先让学生们思考学过的"大化改革"知识，并从改革的背景、目的、性质、内容、作用等方面与"明治维新"比较，得出相同点是：第一，两次改革都是天皇进行的自上而下的改革；第二，两者都效仿外国先进制度，前者效仿中国隋唐的封建制度，后者效仿西方资本主义制度；第三，两者的标志和作用都是使社会性质发生改变，使社会经济得到发展。接着教师讲授了两次改革的不同。多个角度的比较使学生更清楚地认识到了相距200余年的历史事件之间的内在联系，加强了学生历史知识的整体观。这是教师在比较式阐释中"异中见同"。

（四）带有即兴成分的话语

教师写在教案上的话语是静态的，在教学实施中的话语是动态的。这是因为：第一，教学情景千变万化。比如，学生听课情绪变化了，或学生的眼神表明听不明白，或教室外面噪音干扰，等等。这需要教师不拘泥于原来设计的语言，及时调整讲话内容，或改变话语的语调高度与重音强度，添加一些话语"佐料"，以吸引学生的注意力。第二，教师的授课思想发生变化。教师全身心进入讲课角色后，萌发新的理解，有了新的体会，于是临时改变授课的思路和内容，改变原来的授课话语，或适当引申，或改变角度，或临时插说，或删繁就简，这就是即兴式的发挥和调整。

例如，高三年级生物"生态平衡"的课堂上，教师正在分析生态平衡遭受破坏的原因及影响，突然一只比普通家鸽略大的鸟从窗外飞进，落在窗沿边。鸟的爪子尚未抓牢窗沿的瞬间，临窗座位的学生迅速踏上座椅，双手逮住小鸟。顿时，课堂一片哗然，惊愕声、兴奋声交织在一起，几个活跃的男生冲出座位，涌向小鸟。事情发生得突然，教师始料未及。有趣的是，事情发生在教师举例谈道："我国北方某地前几年为了发展肉鸡生产，大量捕捉青蛙，使青蛙减少，害虫增加，小麦减产"时，教师于是灵机一动说："据我鉴定，这只鸟是未成年的老鹰。"学生愕然："鹰怎么会飞来这儿？""这确实是奇怪事。但是，任何偶然事件中都会有必然因素。最近新闻报道：武汉大学中多次发现鹰。这样，老鹰偶然飞到市区不足为怪，这也反映了我们的生态环境有所好转。同学们知道四月份有个什么周？""爱鸟周！""对，这说明我国近来开展'爱鸟周'活动取得了成效。下面我们继续分析食物链遭到破坏产生的后果。"由这个例子我们可以看到，教学情景千变万化，因此教师需要随机调整教学语言，以扭转突发局面，从而尽快回到正常的教学轨道上。

教学口语是教师精心选择和组织的富有知识信息和审美价值、随机应变的课堂用语，也是带有教师各自风格的个性化语言。

第二节 教学语言的运用

教师应该不断提高驾驭教学语言的能力，并且掌握文科、理科、技能类等不同学科教学语言的特点，在教学讲述中体现不同语言运用的特点，使教学口语更好地为各科教学服务。

一、提高教学口语的方法

（一）重视理论修养

教师口语与语言学、修辞学、心理学、教育学、美学、逻辑学等许多学科密切联系。教师要提高职业口语能力，不但要掌握教师口语的理论和规律，还要吸收理论知识的营养。教师学语言学，懂得语音、语汇、语法等语言要素的构成规律，把握语言规范的标准。教师学修辞学，掌握提高语言表达效果的手段和规律，了解各种语体的构成和特点，领会语言手段与语境、规范与变异的辩证关系。教师学心理学，了解不同年龄、性别、个性的学生的心理特征，把握学生注意、记忆和思维的规律。教师学教育学，懂得反馈、启发、迁移、因材施教、循序渐进等教育原则和方法。教师学美学，懂得语言美如均衡美、变化美、形象美等表现形式与规律。教师学逻辑学，懂得思维的形式与规律及其与语言的关系，等等。这些都是提高教学口语能力的重要理论基础。

例如，一个外表平凡的实习教师在一个高中数学重点班实习。学生们轻视这个"黄毛丫头"，合谋以一道数学奥赛题给她下马威。实习教师冷静应对道："这道奥赛题至少有3种解法，《中学生数理化》期刊介绍的解法，我认为不是最好的。我有个解法可能更简单。"接着实习教师具体讲解了做题思路，学生们都开始由衷地佩服她。实习教师的言谈虽然平淡无奇，但有神奇的魅力。如果没有丰厚的学科知识作基础，这种魅力就无从产生。

（二）注重语言积累

语言表达能力依赖于语言积累。阅读面窄、词汇贫乏的人很难有很强的语言能力。苏霍姆林斯基这样描绘一位教师讲课的情形：教师讲解时说的话似乎是很痛苦地挤出来的，学生不是追随老师的思路，而是看着他紧张地挣扎着用词表达自己的思想，艰难地寻找要用的词。这位教师语言能力差的症结在于语言积累少，词汇贫乏。教师只有大量地阅读，广泛地积累，才能形成敏锐的语感，提高口语表达能力。

（三）加强实践训练

任何技能都必须具备正确和熟练的特点。教师应该通过各种实践训练以掌握教师口语的各种技能技巧。实践训练有两类：一是正规的课堂训练，把学习内容分为几个方面，有计划、按步骤地进行规范的课堂训练。二是个体的自我训练，这在教育教学的实践中进行。特级教师于漪关于教学口语的自我训练的体会是："我原本的教学用语不规范，一是有'呶'的口头禅，二是乱用'但是'。学生的俏皮话震动了我，于是我痛下决心，要提高教学用语的质量。我把课堂上要说的话写成详细的教案，然后修改，把可有可无的字、词、句删去，把不合逻辑的地方改掉，用比较规范的书面语言改造不规范的口头语言，再背出来，口语化。教学完成后，我详写教后心得，对自己的课进行评价，找缺点、找不足，以激励自己不断进取。"所以，成功的教学口语是在反复的自我实践中获得的。

二、文科类教学口语的运用

小学和中学的文科有语文、外语、历史、政治等科目。教师不仅要掌握一般教学口语的技能，而且要掌握自己担任的学科的教学用语。

（一）形象性

艺术形象是文科教学的主要内容。形象化的语言不仅能吸引学生深刻感知教材、理解教材，而且能发展学生的形象思维能力，提高学生的学习兴趣。

例如，语文教师讲授《果树园》的描述："当曙光冲破黑暗，大地刚从黎明的晨曦中苏醒的时候，突然，一轮红日跃出海面，将一片金辉洒向人间。于是，村舍、山峦、树林、花草……地上的一切都宛如镀上了一层金色，都那么有诗意。金色的彩霞、浅蓝色的薄光、偶尔闪光的露珠，像甘霖沁人心脾，像醇酒叫人心醉。多美的清晨啊！晨光冲破的大地是美的，那么，清晨的果园、果园的清晨又是一番怎样的美景呢？让我们跟随丁玲的行踪观察《果树园》清晨的美景吧！"教师运用描述和比喻，生动形象地将旭日东升的美景展现在了学生眼前，引发了学生无穷的遐想。

（二）情感性

文科教学口语在词句、语调、声音、表情姿态等方面都自然而然地渗透和显示了教师的主观感受和体验。富于情感的教学口语能引起学生感情的强烈共鸣，产生巨大的感染力。这也是文科教学对学生陶冶情操、塑造心灵、培养正确人生观和道德修养的优势，具有其他学科无法超越的特殊功能。

例如，历史教师讲述斯巴达克起义时，以无比崇敬的心情绘声绘色地描述布林迪西港附近最后决战中的斯巴达克："决战前，战友们把黑色的战马牵到斯巴达克身边。他在沉思中抚摸马头，像有千言万语要对这匹跟随他南征北战、出生入死的战马诉说，然而，他只是默默地把自己的头靠近战马的眼睛，依贴在战马的嘴边。突然，斯巴达克怒目炯炯，跃上战马，拔出利剑，果断地对战马说：'如果我胜利了，可以从克拉苏那里夺得更多战马；我如果牺牲了，决不能让你成为俘虏！'斯巴达克一剑向战马的尾部猛刺，战马在嘶鸣中向前冲奔。他两眼闪着怒火，声如雷霆，挥剑招呼战友们：'冲啊，杀死克拉苏！'在激烈的决战中，斯巴达克身先士卒，一往无前，接连斩杀两名敌军军官，可是没有找到大刽子手克拉苏。后来，斯巴达克不幸腿部被长矛刺伤，从马背上跌落下来。但他仍然弯曲一条腿，手握盾牌，继续与敌血战。直到生命最后一刻，斯巴达克手里仍紧握着武器，好像在召唤奴隶们要继续战斗！"教师的激情使语意浓厚，句句话语都传出了深情。文科教学用语有时感情激越，有时感情含蓄，教师在讲述时要注意节奏变化，把握气势，顿挫鲜明，才更有感染力。

（三）审美性

文科教学的宗旨是培养学生的人文素养，提高学生的审美意识，加强学生博爱的情感熏陶，让学生展开想象的翅膀，自由畅快地翱翔于优美独特的意境中。

例如，语文教师带领学生欣赏李白诗作《黄鹤楼送孟浩然之广陵》："第一句，'黄鹤楼'点题，让人联想与之相关的美丽神话传说，并与李白心中孟浩然这次愉快的扬州之行联系，构成愉快、畅想的氛围。第二句，'烟花三月'不仅再现了暮春时节、繁华之地的迷人景色，而且表现了开元盛世的时代气氛。此句意境优美，文字绮丽，被誉为千古佳句。第三、四句看似写景，实为写景中充满诗意的细节。李白的目光望着帆影，一直看到帆影逐渐模糊，消失在碧空尽头，可见目送时间之长。帆影已经消逝，然而李白还在翘首凝望，这才注意到一江春水浩浩荡荡地流向远远的水天交接处。'唯见长江天际流'，是眼前景象，也体现李白对朋友的深情。李白的向往体现在这富有诗意的神驰目送中，诗人心潮起伏，正像浩浩东去的一江春水。这场极富诗意的、两位风流潇洒的诗人的离别，对李白而言，是带着向往之情的离别，这些被诗人用绚丽的阳春三月的景色、泛舟长江的宽阔画面、目送孤帆远影的细节，极其传神地表现了出来。"

三、理科类教学口语的运用

中学理科有数学、物理、化学、生物、地理等学科,是研究自然现象及其规律的,其教学口语要求用明白易懂、形象生动的语言进行准确的、逻辑严密的讲述。

(一) 准确性

理科教材中许多定义、原理、公式、定律、法则等都从客观世界中抽象出来的,都用了经过再三推敲的语句进行了准确表达。所以,教师解释概念、论证命题、分析问题、推导结论,都必须用语准确,不能使语句产生歧义,此外,也不能望文生义地理解或解释。

例如,教师在讲"衣藻"大小的程度时,用芝麻作比较,说放大400倍的衣藻跟芝麻差不多大。这样,教师就准确地描述出了衣藻的大小。

又如,生物教师在讲授"冬眠"时,这样阐述冬眠的概念。

师:"眠"是什么意思?

生:睡觉。

师:"冬眠"呢?

生:冬天睡觉。

师:人在冬天也睡觉,这是冬眠吗?

生:不是,冬眠指动物在冬天不吃不喝,只睡觉。

师:(风趣地)骑马部队的战马在冬天不吃不喝,睡觉了,敌人来了怎么办?

生:(笑了,补充)冬眠指有的动物在冬天不吃不喝,睡觉。

师:这样解释才准确。冬眠指一些动物如青蛇在冬天不吃不喝一直睡觉。

教师在解释"冬眠"概念时,不作直接阐述,而是以环环相扣的提问方式引导学生正确理解"冬眠"概念。所以,教师解释概念,用语必须准确,不能有丝毫偏差。

(二) 逻辑性

理科教学重在揭示规律性的知识以及事物的特性、联系和变化,并担负培养学生逻辑思维、发展智力的特殊任务,所以教学口语应以逻辑性体现科学体系和科学内容的条理性和严密性,这具体表现在表达的层次性、条理性、语句组织的严密性与关联性以及句子与语段之间的因果、递进、转折、归纳、演绎等逻辑关系。

例如,数学教师这样讲述"异面直线所成的角"概念:"两条相交直线的相互位置关系可以用×××描述,但是两条异面直线不相交,我们怎样用×××对它们的相互关系进行进一步描述呢?(稍停顿)我们是否能用××××描述呢?(稍停顿,让学生思考)如果用×××描述,那么关键在于如何将两条异面直线转化为相交直线。根据前面学过的'空间等角定理',我们通过平移实现转化的目的……。"在这里,教师的讲析语将每个概念的内涵与外延、每个判断的主宾关系都讲解清楚了,由前提到推理过程,也一步步表达顺畅了,并注意到了前后联系、新旧知识照应,具有很强的逻辑说服力。

四、技能类学科教学口语的特点

小学和中学的技能类学科有体育、音乐、美术、劳动技术、电脑科技、物理实验、化学实验等课程，是实践性很强的学科，在各种技能、技巧的实际训练中进行。教学口语要求清晰地讲解操作要领，使学生准确无误地进行练习，较快掌握各种技能。

（一）提示性

教师指导学生训练技能时，要多用提示语，用来提示动作要领，或提示注意点。语句要简单明了，语意明晰，不要啰嗦繁杂、絮絮叨叨。

例如，音乐教师这样教唱《在你和我之间》："同学们，我们今天学习新歌《在你和我之间》。这是赞美友谊的歌曲，我们演唱时要注意演唱的抒情性。第一乐段运用切分音，使流畅自然的旋律更富有活力。第二乐段是合唱，高声部作六段大跳，低声部作四段大跳，这样可以表现很强的动力感，也可以恰当地表现少年儿童珍惜友谊的热情。第三、四乐段轻快活泼，要表现少年儿童的性格特征……"在这里，音乐教师的讲授对演唱歌曲的感情技巧作了具体指导，对学生训练很有帮助。

（二）指令性

在体育课和其他训练技能的科目中，指令性语句广泛使用。指令性口语要求教师用肯定的、有时用命令性的语气指导学生操练，话语简明准确，嗓音响亮，说话有力度。

例如，体育教师指导学生进行"图案行进"训练时的指令性口语："现在我们进行'图案行进'练习。大家注意动作要准确，精神要饱满。向右转，齐步走。一二一，一二一，眼看前方，手臂摆高；一二一，一二一，右转弯；一二一，一二一，左右转弯；一二一，一二一，前后对准，步伐整齐，四小圆走；一二一，一二一，立定，向左向右转，稍息！"

（三）演示性

教师指导学生演练技能、操作实验时，边演示边讲解，使二者巧妙结合，这是利用视觉（看演示）和听觉（听提示）的互补作用，使学生掌握动作或操作要领。教师讲述要能把握演示的关键和重点，快慢适中，与演示同步进行，讲解要条理清晰，语言要准确简洁。

例如，美术教师在讲授"喷刷法在图案中的运用"时，向学生展示了复合幻灯片，又一个版一个版地按顺序展示了图案单线轮廓，并说："我们把版画好后接着开始刻。用刀刻版，刀要尖且锋利。刻的时候，要刀口稍斜，顺着刻，稍轻稍慢，不要刻坏图案。刻版前我们要在版下面垫上旧本子，不要在桌面上刻……"这里教师的演示语要明白、确切、简练。

又如，物理教师讲授"往复运动"时做了两个演示实验。

演示一：用铁架台横架一个小树枝。

启发学生："你们观察一下小鸟飞离枝头后，树枝的运动状态是什么样？"教师用手模拟了小鸟飞离枝头的动作，进一步启发学生："通过观察，我们发现小鸟飞离枝头后树枝上下晃动。比如我们把石子投入平静的水面，水面会发生怎样运动？这些运动虽然比较复杂，但都有共同特征。对此，我们再观察一个实验，就可以找到答案。"

演示二：竖直方向的弹簧振子振动。

引导观察："物体原来在某位置上是静止的。但物体离开原来位置时，运动就发生了。"提问："这类运动形式具有什么特征？怎样描述特征？"学生回答，教师板书：物体在某位置附近沿着直线或圆弧往复运动。

教师通过两个演示，引导学生仔细观察，一步步推导出了结论。因而，演示语应指向明确，简洁清晰，富有层次性和条理性，使学生易于理解和掌握。

所有人类的学科知识都为人们展现了各自独特的内涵和魅力，教师在教学中应该依据各个学科的界限，用严谨科学、形象优美、睿智风趣、情感真挚的教学口语，为学生展示自然、社会、人生的美与奥妙。

例如，数学教师讲授"黄金分割"时，首先引用普罗克拉斯的格言："哪里有数，哪里就美。同学们，数学王国有许多像0.618那样特别引人注目的数，它们像诗那样美，任人观赏；它们像诗一样含蓄，耐人寻味；它们像诗那样奥秘，发人深思。如果你努力学好了它、掌握了它，它就会像一匹被驯服的骏马，驮你去探索科学的奥秘。下面，我们开始学习黄金分割理论来验证这个道理。"教师用朗诵诗文的形式把学生带入诗一样的氛围，使抽象、枯燥的理科理论变得亲切、可爱、引人入胜。

第三节　导入语的训练

教学过程中的教学口语——导入语，即开场白，指一堂课开始时教师对学生讲的、与教学目标有关、能调动学生学习兴趣的语言。导入语如同乐章的序曲，全曲的音调由它给予。俗话说："良好的开篇是成功的一半。"课堂开始的几句话，如果生动、亲切、风趣，便可先声夺人地抓住学生的心，给学生留下深刻的印象。这不仅为整堂课的教学打下了良好基础，而且使导入语成为了师生心灵沟通的桥梁。教学没有固定的模式，导入语也没有固定方法。由于教学内容、教学对象、教师习惯的不同，教师设计的导入语也不同。导入语的内容丰富多彩，有灿烂如星河的古典诗词、富于哲理的格言警句、启发心智的谜语、幽默有趣的故事、直观可爱的实物标本、客观新颖的新闻、惟妙惟肖的描摹等。

一、开宗明义导入

导入语开门见山，清楚明了，易于接受。它可以从释题导入新课，也可直接从解说定理、概念导入新课。

例如，语文教师这样讲授《浣溪沙·和柳亚子先生》的导入语："'浣溪沙'是词牌名称，相传因越女西施在溪边浣纱而得名。'浣'意为洗，'沙'通'纱'，古音通假。'和柳亚子先生'是词的题目。柳亚子是爱国民主人士，近代著名诗人。1950年10月3日在中南海怀仁堂举行的庆祝国庆节的晚会上，毛泽东主席请柳亚子写诗纪念。

柳先生即兴填了一首词《浣溪沙》，毛主席也即兴依原韵填了这首词相答。这首词展现了中国一百多年的历史画卷，博大精深，情真意浓，值得我们认真学习，仔细品味。"导入语从讲解课文题目入手，而后引出课文内容，使学生明确了本节课的学习内容。

又如化学课"化学方程式"的导入语："元素用元素符号表示，分子用分子式表示，化学反应用化学方程式表示。本节学习的化学方程式是重要的化学语言之一，而一切化学反应都遵循质量守恒定律。所以，在学习化学方程式的书写前，我们需要先学习质量守恒定律。参加化学反应的各物质的质量总和，等于反应后生成的各物质的质量总和，这个规律叫质量守恒定律。这节课我们就学习这个定律。"这个导入语从解释概念入手，进而引入本节课学习的新定律，使学生明白了几个概念之间的联系，在学习开始时就能心中有数。

二、故事趣味导入

故事导入指教师利用学生喜欢听故事和趣闻轶事的心理，通过讲述与教学内容相关的故事，激发学生兴趣，启迪学生思维，创造情境进而引出新课、使学生自觉学习新知识的导入方法。

例如，一个人得到一颗很珍贵的种子，这颗种子种下后能开世界上最美丽的花、结世界上最甜的果实。几年后，他的朋友都认为它已经枝粗叶茂、开花结果了，都来要这棵树的种子。然而，他没把种子种在地里。"你为什么不种种子呢？"朋友们很诧异。"我担心种子种下去会晒死。"那人回答。"你可以浇水呀。""我担心浇水会把它浇烂。""你可以开沟排水呀！""请大家思考：这颗种子的结局怎样？种子干瘪了，死了，不能开世界上最美的花，不能结世界上最甜的果实。因为，没有大地的营养、风雨的磨炼、后天的培育，再好的种子也不能体现它的价值。种子如此，先天聪明的人是否也如此？不经过后天的努力学习，他会怎样？下面我们来听方仲永的故事吧！"在这个例子中，教师将故事导入新课使课堂学习变得轻松活泼，既吸引了学生注意，也易于令师生思维产生共鸣，营造了良好的课堂氛围。

又如，数学教师讲授"等比级数求和"时，用有趣的故事导入学习："印度舍罕王要重赏发明 64 格国际象棋的大臣西萨。西萨提出要麦子，棋盘第一格放 1 粒麦子，第二格放 2 粒，第三格放 4 粒……依次使后一格的麦子比前 1 格多 1 倍。他请国王把麦粒的总和赏赐给他，国王认为这个要求太低，不假思索地答应了。麦粒的总和是 18 446 744 073 709 551 615 粒，这些麦粒的重量约 5 270 亿吨，是全世界两千年生产的全部小麦，国王吃亏了。这样大的数字怎样迅速计算？我们学习'等比级数求和'就知道了。"于是，这堂数学课就在学生无比惊讶、急于验证真相的求知愿望中开始了。

三、猜谜设疑导入

猜谜导入指教师通过谜语概括事物的主要特征，使学生在猜谜和揭晓谜底的过程中理解讲授内容，激发学生对学习内容的好奇心的导入方式。设疑导入指教师结合教学内容的重点或难点、设计教学情景，造成悬念、引发学生思考，进而导入新课的方式。设疑即设悬念。疑是探索知识的起点，又是探索奥秘的动力。

例如，幼儿园《认识青蛙》一课的教学导入语："老师请小朋友猜一样东西：'大眼睛，宽嘴巴，白肚皮，绿衣裳，地上跳，水里划，唱起歌来呱呱叫，专吃坏虫保庄稼。'小朋友动脑筋想想，这是什么动物？"

又如，化学教师在讲授"钠"时，首先演示"水点火"实验：教师在坩埚中放入一小块金属钠，迅速倒入2～3毫升乙醚，然后滴入3～4滴水，坩埚里就出现了火焰。学生观察实验现象后感到惊奇，想探其原因。教师接着说："水不能燃烧，只可灭火，而这个实验中却是水到火生。你们知道这其中的奥秘吗？今天我们就来学习'钠'的特性。"在这里，教师让学生发现疑问，使学生产生兴趣和动力，从而能积极思考、认真学习。

四、启智沟通导入

启智导入语指开启学生智慧、疏通学生思路、引导学生向更深层次思考的导入方式。心理沟通式指教师根据学生的心理状态，设计语言，及时排除学生的心理障碍。教学中，学生的心理障碍主要来自对学习内容的畏难情绪，这需要教师通过设计巧妙的导语来缓解和排除，以激发学生学习新课的兴趣。

例如，物理课"运动和静止"的导入语："同学们，我们学习新课前，请你们解决一个难题。100多年前，法国商人在报纸上登了一则广告：每个人只花1/4法郎，就可以作一次长途旅行。后来，汇款人得到的回答是：'太太、先生、小姐们，打开你的窗户向外看吧！由于地球在自转，每个人都在作长途旅行，你看到的就是沿途风光。'最后，这个商人被以'诈骗'罪名告到法院。现在请你们站在法官角度，用物理知识判断这个商人是否有罪？你们如果想当好这个案件的法官，那么，学习了'运动和静止'这一课后就可以胜任了。"

又如，语文课《琵琶行》一文中描摹音乐的片段，历来被誉为古典诗歌描写音乐的绝唱，但学生难以体会。如何引导学生体会此中妙处，进而领会作者的感情，是本课的难点之一。教师这样导入："一位盲人离开世界前说：'我多想看看阳光及世界上一切美好的东西啊！'人们就请莫扎特用小提琴拉了一首曲子，盲人听了流下眼泪说：'我看见了，我看见了阳光、鲜花、小鸟、河流！'然后就带着喜悦和满足离开了人世。美妙的音乐具有让心灵产生共鸣的作用。《琵琶行》中琵琶女的演奏曾使诗人白居易潸然泪下，今天，我们就一起来体会琵琶女的高超技艺，领略作者化动听琴声为美妙诗句的非凡本领。"教师的这一番导入语带领学生跨越抽象语言的藩篱，直接进入了美妙独特的艺术海洋中徜徉。

第四节　讲授语的训练

教学过程中的教学口语——讲授语，指教师系统连贯地向学生讲解教材、传授知识和技能、培养学生情感和价值观的教学用语，是课堂教学中最基本、使用频率最高的语言表达形式，是教学语言的主体。讲授语的优劣直接关系到教学的成败。讲授语要求深浅适度，化难为易，化深为浅，化抽象为具体，并在教学中形成师生互教互学的学习共同体，即教师由过去传授知识的主角转为学生学习和成长中的促进者和引导者，所以教学语的目的是启发、点拨学生的学习，以润物细无声的方式对学生进行思想道德、思维方式、行为习惯、艺术审美等多方面的教育，从而完成传道育人的重任。

例如，语文教师讲授杜甫《绝句》"两个黄鹂鸣翠柳"时描述："这是一幅春天的美丽图画：新绿的柳枝上，成双成对的黄鹂欢快地鸣叫，蔚蓝的天空如水洗般晴朗。一字排开的白鹭在碧空中飞翔，凭窗向西远眺，巍峨的群山上有千年的积雪，在阳光下闪闪发光。门前的河边是停泊的船只，或许是远航归来，或许是即将登程远航。"教师运用想象描述，勾勒诗的意境，向学生展示了具体的诗情画意。描述性讲授有利于对文学作品的鉴赏或史实的再现，引起学生的同感和共鸣，加深学生对自然事物和艺术境界的认识和感受，并运用比喻、对比、拟人等修辞手法和语气、语调、节奏的变化，渲染出形象生动、立体可感的意境。

又如，生物教师讲授"生物工程"："生物工程指在工程领域内应用的基因操作技术、细胞融合技术、细胞培养技术及生物转化技术等的总称。生物工程包括基因工程、细胞工程、酶工程、发酵工程、组织培养等内容。"讲授语前句提示了概念内涵，后句用划分列举法揭示了概念外延，准确简洁地传授了知识。

一、画龙点睛式讲授

教师的讲授要善于寻找教材的重要概念、关键语段以设疑激趣、精心点拨，使学生经过寥寥数语的点拨而获得新思路，进入新境界。

例如，语文教师讲授《白杨礼赞》题意时说："礼，是顶礼或敬礼；赞，是赞美。'白杨礼赞'的题意是顶礼赞美白杨树。'顶礼'是佛教的最高礼节，顶礼的人用头顶着受礼人的脚。文章标题表达了作者对白杨树极其崇敬的深情。"这个解释诠释准确，语言干净明了，让学生很容易就明白了。如果教师不解说"礼赞"，学生就不会注意作者的用意，这个解说引起了学生的重视，使学生不会误用"礼赞"，对课文学习起了导向作用。

又如，1984年12月3日印度博帕尔一家农药厂因毒气渗漏，造成2 000多人死亡、数万人终身残疾，受害者的赔偿费达1 200多亿美元。该事件震惊了世界，各国的报纸、电台、电视都报道了此消息，法新社还将之列为1984年世界十三件大事之一。化学教师在讲授新课时讲解了这个事件的有关情况，并介绍了最新科研成果"电子鼻"："你们听了这则震惊世界的毒气渗漏事件后，也许要问：现代科技一日千里，难道对管道漏气就无能为力吗？其实这个问题已经解决了。仿生学专家从嗅觉灵敏的狗鼻中得到启示，研制了小型电子鼻——自动嗅敏仪，可用来测定大气污染程度，分析潜水艇、高空飞机、航天飞船等的气体，也可用于军事侦探、警察破案、探察矿产、检查输气管的漏洞，等等。电子鼻确实神通广大。"教师在这里利用典型实例讲授某个课题，做到了深入浅出、明白易懂。

二、比较式讲授

教师讲授，是指把两种或两种以上的同类知识进行比较，使学生理解知识更全面、更系统。

例如，语文教师这样讲授《孔乙己》肖像描写："京剧讲究脸谱，颜色和线条均有学问，如红脸表示赤胆忠心，黑脸表示憨直无私，白脸表示内心奸险。这样，观众通过看舞台上的人物脸谱，就能猜测其忠奸，猜测其思想性格。这表明：肖像描写为人物性格服务。孔乙己第一次出场的肖像描写是：高大身材，青白脸色，花白胡子。这生动勾画了下层知识分子的穷困潦倒，和自命清高、好吃懒做的性格特征。孔乙己最后一次出场的形象是：黑瘦、破袄、蒲包、草绳，用手爬着走来，更加突出塑造这个受凌辱、受摧残的苦人儿形象。"

又如，语文教师于漪这样讲授《孔乙己》一文："西方悲剧理论把悲剧分为三个阶段：古希腊时期的悲剧是命运悲剧，如《俄狄浦斯王》，文艺复兴时期的悲剧是性格悲剧，如莎士比亚《哈姆雷特》，18、19世纪的悲剧是社会悲剧，如易卜生《玩偶之家》，那么孔乙己属于哪种悲剧呢？"教师把《孔乙己》与《俄狄浦斯王》、《哈姆雷特》、《玩偶之家》相联系比较，不仅突出了学习内容和目标，而且开阔了视野，启发了学生的深层思维。

三、归纳式讲授

教师对讲授的内容从整体、本质、理性的高度进行了归纳，以引导学生积极思考，挖掘其内涵，理解其与整体内容之间的深层关系，使学生更好地把握事物的本质和规律，并训练了学生的思维能力。

例如，语文教师讲授《孔雀东南飞》时，以归纳方式解决了学生的质疑：刘兰芝既被"驱遣"，临行时为什么要"严妆"？教师说："刘兰芝的'严妆'表明她要维护自己的人格尊严，显示了其刚烈性格。此时她'严妆'的心情很复杂：她被休弃回家，意味着与跟她感情笃深的丈夫离婚了，她也蒙上了不守妇道的耻辱以及因之寄居娘家的羞愧。儿女情长使她肝肠寸断，红颜薄命使她心事重重，前途未卜更使她忧心如焚。然而，她坚信自己的无辜。于是，对丈夫的眷恋、对日后处境的忧虑以及对自己不平的遭遇及愤懑交织在一起，使她选择临行的严妆以表示抗争。她精心打扮自己，'事事四五通'，最后以'精妙世无双'的面目出现在丈夫和婆婆面前。她要把光彩照人的形象深深烙印在丈夫的心灵深处，她要向婆婆表明她的青春价值，她要向封建礼教展示自己的尊严。"在这个例子中，尽管学生不了解当时的背景，缺乏生活体验，但教师讲授犹如拨开迷雾，让学生认识了封建社会妇女们的悲惨遭遇以及妇女们为抗争命运而显示的人格尊严。这种点拨必不可少，是教师"传道、授业、解惑"的责任。

又如，语文教师讲授《祝福》时，让学生思考：作者为什么让祥林嫂反复说"我真傻"？然后归纳讲解："祥林嫂的悲惨命运是谁造成的？是吃掉阿毛的狼吗？祥林嫂为什么认为自己傻？她'傻'在何处？"经过教师点拨，学生领悟了：祥林嫂看到自然界的狼吃了阿毛，却看不到社会的"狼"一直在吞噬自己，"我真傻"这句心酸的话深刻揭示了祥林嫂遭受迫害却不自觉的性格特征。

四、形象式讲授

教师讲授抽象的定理、概念时，运用形象化手段解释说明，可以化难为易，变抽象为具体。

例如，数学教师讲授"异面直线"定义时，形象地描述生活场景："铁桥上是从南往北奔驰的列车，河面上是由东向西航行的轮船，请问列车和轮船走的路线是不是异面直线？如果不是，后果将会怎样？"这样，就使同学们在笑声中领会了新知识。

又如，化学教师在讲授"钠与水反应现象"时这样说："大家看，很快，白雾升腾，熔球四处滚动，发出清脆的沙沙声，一会儿就销声匿迹了。再把无色酚酞液滴到溶液里，无色溶液立即泛起了桃红色。"形象的描述引起了学生的学习兴趣。

课堂讲授语除了要注意知识性、逻辑性、规范性，还应做到：化晦涩为通俗、化抽象为具体、化枯燥为生动、化分散为集中。

第五节 提问语的训练

提问语指教师根据教学要求和学生实际而提出问题、促使学生思考钻研以加深理解的教学语言。美国心理学家布鲁那说："教学过程是提出问题和解决问题的持续不断的活动。"我国现代著名教育家陶行知强调："发明千千万万，起点是一问。"中国古代教育文献《学记》把"善问"作为"进学之道"，即善教者必善问，反之，不善问者必不善教。课堂提问的最大价值在于启发性，将教师对学生智能的考查和训练紧密结合，既引导学生深入理解知识，又启发学生想象和联想，使他们在学习知识的同时锻炼思维能力。陶行知说："智者问得巧，愚者问得笨。""巧"与"笨"的区别在于是否启发了思维。提问的"巧"体现于形式和角度的创新，没有启发性的提问则表现为简单化、机械化、没有回味余地。

一、判断式直问

判断式直问指正面提出问题，要求学生作出判断，着重培养学生经过分析、综合形成正确判断的能力，常用"是什么"的语言形式，简单易行，应注意问到关键处，方能奏效，避免简单化、机械化，应让学生经过思考方能回答。

例如，历史教师讲授"魏源思想"时提问："魏源代表哪个阶级、哪部分人的思想？其思想内容是什么？"学生在阅读、思考后回答："魏源代表了地主阶级中进步的知识分子的思想，他开始认识到了清政府的腐败和国家面临的外国资本主义势力的威胁，因此要求改变现状和学习外国。"教师提问明确，抓住了问题实质，起到了强化教学效果的作用。

又如，生物教师提问："大脑的功能很多，主要功能是什么？"语文教师提问："古代'妻子'是一个词还是两个词？"这样的提问就需要学生经过思考和辨析才能回答。

二、论证式曲问

论证式曲问指不针对疑点、难点直接发问，而是绕一个弯子，然后逐步引入正题，要求学生对所提问题作出论证，着重培养学生分析问题、综合问题的能力，常用"为什么"的语言形式表述，比直问巧妙，富有启发性。

例如，数学教师提问："为什么车轮做成圆形？车轮做成三角形、四边形可以吗？"学生回答："三角形、四边形的车轮无法转动。""车轮做成椭圆形，可以吗？""椭圆形车轮转动时会忽高忽低。""为什么圆形车轮不会忽高忽低？""为什么圆形车轮所有点到轴心的距离相等？"数学教师欲擒故纵，不直接问圆心到圆周的距离是否相等，而是以三角形、四边形、椭圆形能否做车轮入手，逐步引入正题。这种提问形象生动、巧妙有趣，它既启迪了学生智慧，又加强了学生的理解和概念的掌握。

又如，语文教师讲授《草船借箭》时提问："十万支箭不是诸葛亮问曹操借的，为什么文章以'草船借箭'为题？文章以'草船运箭'为题，可以吗？我们平时借东西有什么特点？"学生回答："'借'是自己要用而没有，用完以后要还，比自己操办要方便。"教师问："这十万支箭有这些特点吗？"学生回答："周瑜向诸葛亮要十万支箭，诸葛亮没有，但他用三天时间向曹操'借'到了，并在与曹操作战时将十万支箭还给曹操军队了，这类似于'还'，因此，这十万支箭有'借'的特点。"教师问："这样的话，同学们明白文章以'草船借箭'为题的缘由吧？"学生回答："以'草船借箭'不仅符合文章内容，而且耐人寻味，突出了诸葛亮过人的才能，增加了命题的艺术性。"此处，教师的提问富有思考价值，培养了学生分析问题、综合问题的能力以及缜密思维能力。

三、由易到难的连环设问

若教师一开始就提出高难度的问题，容易把学生难倒，使学生失去兴趣。教师提问，可由浅显有趣的问题作铺垫，逐步增加问题难度，把学生思想引向深入和深刻。

例如，语文教师在讲授《项链》的写作意图时，可设计连环问题：

师：作者写《项链》的目的是什么？
生：作者要批判玛蒂尔德。
师：作者批判玛蒂尔德哪些方面？
生：作者批判她爱慕虚荣、贪图奢侈豪华的生活。
师：作者仅仅批判她一个吗？
生：作者批判所有爱慕虚荣的人。
师：玛蒂尔德是当时资产阶级妇女的典型代表。她的性格与生俱来吗？
生：她的性格受当时社会的影响。
师：她的思想是资本主义制度和社会关系的产物。作者借一个爱慕虚荣、一心向上爬的资产阶级妇女的不幸遭遇，尖锐地讽刺爱慕虚荣、追求享乐的思想，批判资产阶级上层社会的奢侈生活，诅咒和谴责整个社会。

教师的几个问题层层推进，前者是后者的铺垫和基础，后者是前者的延伸和发展，环环相扣，丝丝合缝，结论自然天成，这不仅使学生在紧张有序的思考中掌握文章内容，而且培养了学生思辨能力。

又如，著名特级教师钱梦龙讲授《论雷峰塔的倒掉》时提问："现在杭州人民建议重修雷峰塔，如果鲁迅先生健在，你认为他是反对还是赞成，理由是什么？"学生议论纷纷，发言踊跃，各执一端，共同认为雷峰塔具有象征意义。钱老师接着追问："雷峰塔必须要有象征意义吗？"学生开窍了："鲁迅在文章里把雷峰塔作为封建势力的象征、借题发挥。现在重建雷峰塔，与鲁迅的文章毫不相干。"钱老师的提问，不仅使学生理解这篇文章"借题发挥"的特点，找到了理解鲁迅杂文的钥匙，而且将问题扩展，放到了更广阔的环境中探讨，使学生认识到看问题不可片面，应从多方面考虑，应把已学和未学的知识相联系。

四、激疑选择提问

"疑"是刺激学生积极思考的诱因，教师可于浅处深问，于无疑处发问，同时提出几个意义相近、相关或相反的问题，供学生取舍，激发学生思考，以增强学生辨析能力，培养学生勤学、积极、细致的习惯。

例如，语文老师讲授《西门豹治邺》时连设三"疑"："西门豹是何时的人？他是怎样的人？""邺在何地？它当时在政治、军事、经济上的地位如何？""西门豹既非开国王侯，又非盛朝元老，为什么他的名字能进入史书、载入列传，留存至今？"使学生们陷入沉思，而后又展开热烈讨论。

又如，语文老师讲授《师说》的"师者，所以传道、授业、解惑也"时提问："句中'所以'表示因果关系还是凭借关系？'惑'，一解疑惑、疑难，二解迷惑、糊涂，文中如何解释？"教师从学生容易混淆处入手提问，第一问通过选择，使学生掌握"所以"的多种用法；第二问通过选择，使学生了解词义的细微差别。

提问语不仅能训练学生的思维，训练其对发散性问题和求异性问题的提出和解答，还能培养学生的创造性思维能力，而且在教学中产生了反馈调控作用，使教师能通过提问了解学生理解知识的程度，寻求学生知识链上的漏洞和产生错误的原因，从而全面掌握学生的个别差异和个性特点，以反省自己教学中的不足或错误。

第六节　结束语的训练

结束语又叫断课语、结尾语，指课堂将要结束时，教师引导学生对所学知识与技能进行及时总结、巩固、扩展与迁移的教学用语。明代文学家谢榛这样描述文章的开头和结尾："起句当如爆竹，骤响易彻；结句当如撞钟，清香有余。"一堂课的结束应如古刹钟声，余音缭绕，不绝于耳，给人悠远绵长的感觉。结束语要求：一忌拖沓，即结束语要简洁明了、清晰，起到提纲挈领的作用；二忌仓促，如果结束语草草收场，对教学就不能产生小结、巩固、强化的作用；三忌平淡，成功的结束语会给人留下深刻的印象，课虽尽而意无穷，余音绕梁。

一、归纳总结式结束语

教学结束语时,教师应对教学内容进行概括总结,由博返约,提纲挈领,加深学生印象和记忆。

例如,特级教师于漪讲授《茶花赋》时的结束语:"祖国如此伟大,人民精神如此优美,一朵茶花能容纳吗?能。这是因为作者运用丰富的想象和巧妙的艺术构思,不断开阔读者视野,由情入手,景、人、理水乳交融,意境不断深入。从茶花的美姿和饱蕴春色,我们看到了祖国的青春健美、欣欣向荣;而从茶花的栽培者身上,我们感到了创业艰难、任重道远;又从茶花的含露乍开、形似新生一代朝气蓬勃的脸上,看到了我们对未来的希望。这幅图别具一格,十分传神,使人神思,引人遐想。"这个结束语对文章托物言志、借物抒情的特点和巧妙的构思作了精辟概括,点明了文章主旨。

又如,数学教师讲授"分数的基本性质"的结束语:"这节课,我们学习分数的基本性质,即分数的分子和分母都乘以或除以相同的数(0除外),分数大小不变。这是学习分数及其相关知识的重要基础。我们在学习数学知识的同时,要学会观察事物、分析问题的方法,这会使我们在变化的数学现象中看到不变的实质。"结束语提炼全课的内容,既有承上启下的作用,又渗透辩证唯物主义的启蒙教育。这种结束语在表述时要讲究逻辑性,立论要有依据,使用概念要准确,语句组织要有条理性。

二、拓展延伸式结束语

教师在教学结束时,根据教材内容特点和学生的认识基础,因势利导,把课内学习延伸到课外活动,把书本知识扩展到社会实践活动,扩大了学生的知识面,开拓了学生的思维,启发了学生的创造力。

例如,语文教师讲授《小壁虎借尾巴》的结束语:"每种动物的特点不同,尾巴不同,尾巴的用途也不同。这多有趣呀!请同学们在课后阅读关于动物的课外书,然后把各种动物尾巴的作用告诉老师、家长及小朋友,大家愿意吗?"这种结束语把课内学习延伸到课外阅读,激发了学生自觉学习的积极性。

又如,学生学习《鲁提辖拳打镇关西》后意犹未尽,于是教师就故事的下文和鲁达等人的最后命运设计了结束语:"鲁提辖仅是一百零八将之一,要知后文详情,想领略更多英雄好汉的风采,请同学们课后阅读《水浒传》原著。"这里的结束语促使学生运用已知获得未知,通过学习节选作品而去阅读整部经典,不断扩大学生的阅读面,提升学生的精神境界。

三、练习巩固式结束语

教师在教学结束时,根据教学内容布置练习,可使学生巩固学习效果。

例如,数学教师讲授"长方形和正方形的特征"时的结束语:"今天我们学习长方形和正方形的特征,现在大家做练习。(电脑出示画面)小花猫的背后有一个长方形,一条长边5厘米,一条短边3厘米,请问另一条长边和短边各是多少厘米?为什么?小熊的背后有一个正方形,一条边5厘米,另三条边各是多少厘米?为什么?"这个结束语以练习方式巩固了课堂的教学内容。

又如，语文教师讲授《廉颇蔺相如列传》的结束语："现在我们做一个填空练习：文章表现中心的语句有哪些？"学生回答："蔺相如机智勇敢，廉颇勇于改过，他们都以国家利益为重。这些语句表达文章的中心思想。"教师把总结语涉及的内容变成练习形式，让学生回答，这种方式体现了教师的指导性和学生的实践性。

四、悬念启下式结束语

教师在结束教学后设计悬念，引起学生的注意和思考，同时为下节内容留下巧妙的接榫处，以艺术化、风格化的结束语着意增添了课程的神秘色彩，使学生课后展开想象，达到"欲知后事如何，且听下回分解"的艺术效果。

例如，数学教师讲授"等差数列"后提出问题："有一个数列的前几项为：20，10，5，2.5，1.25……，那么它的第10项是多少？要想知道的话，下节课我们学习等比数列后就能解答了。"这里教师利用了等差数列和等比数列的关系，设计了悬念，并为下节课留下了巧妙的连接口，使前后课相互关联，形成有机整体。

又如，历史教师讲授"隋的统一及发展"后根据下一课"隋末农民大起义"的内容设计结束语："这节课我们了解了隋文帝统一天下和隋炀帝开凿大运河的历史功绩。虽然大运河的开凿给中国经济文化的发展带来了极大便利，但是隋炀帝大兴土木给人民带来了无穷灾难。大家思考一下，隋炀帝有哪些历史罪责？我将在下节课"隋末农民大起义"给大家解答。"这个结束语既总结了上节课的内容，又引出了下节课要学习的内容，启发了学生主动预习后一课，激发了学生学习新知识的欲望。

结束语的功能有两种：第一，整理概括，巩固记忆。巧妙的结束语要强调重要的事实、概念，概括相关知识，形成知识网络，使学生更加清楚、明白、系统地掌握所学的知识。第二，启发思维，开阔视野。精妙的结束语能扣人心弦，开启学生的智慧之门，不仅能帮助学生巩固课堂上学习的知识，而且可以激发学生将知识拓展延伸到课堂外和实践中。

本章小结

教学是一门艺术，教学口语就是艺术殿堂里的一朵奇葩。教师的职责是"传道、授业、解惑"，可以依靠教学口语完成此职责。教师职业被称为"舌耕"，这表明教师语言的重要性。教学口语是教师用于课堂教学的工作用语，由于受教学目的、教学对象、教学方法及时空关系的制约，具有规范性、科学性、形象性、启发性、教育性等鲜明特征。教学是复杂的交际过程，教学口语可分为导入语、讲授语、提问语、结束语等语言形式，教师必须深入研究和掌握教学环节的口语基本技能，努力使教学语言做到科学、严谨、简明、生动、富有感染力和启发性。而由于学科性质的不同，教学口语呈现了不同特色：文科教师的语言要求更富于形象性、情感性和审美性，理科教师的语言要更富于准确性和逻辑性，技能类学科的教学语言侧重提示性、指令性和演示性。教师口语能力与其整体修养密切相关，丰富的知识是教学口语的物质基础，良好的思想品质是教学口语的基本保障，健康的心理素质则是教学口语的重要因素。

第七章 教师教育口语训练

第一节 教育口语概述

一、教育口语的定义

教育口语，是指教师根据德育任务和教育方针政策，对学生进行思想品德和行为规范教育的工作口语。

教育口语具有重要的作用，它能够提高学生认识，培养学生良好的品德情操，为学生树立正确世界观、人生观和价值观，调整学生人际关系，开发学生智力和非智力，等等。

因而，教育口语和教学口语在教师工作中具有同样重要的地位，作为一名从事教育事业的教师，应该把教育口语掌握好和运用好。

二、教育口语的特点

（一）教育性

教学口语侧重知识和方法的传授，而教育口语则更多侧重对学生的思想品德教育。具体地说，即是教会学生做人处事的正确道理和方式，培育学生成为一个思想品德良好、行为规范的人。

（二）说理性

教育的核心在于"教"，在于以理服人，而不是强迫就范。为此，教育口语具有说理性。教师通过摆事实，讲道理，让学生明白其中的是与非，从而建立正确的思想观、价值观，进而做出规范的言行。

（三）诱导性

诱导，即诱发和引导。教师要帮助学生获得正确的思想认识并将其转化为具体的行动。为此，单纯的"满堂灌"是不得要领的，教师不仅要将事理明白地告诉学生，还需要采用灵活多样的语言，在思想上给予点拨、引导，促使其反思，鼓励其行动。

（四）针对性

教师要根据不同的对象、时间、地点、情境和目的等，有针对性地对学生实施教育，切忌"一刀切"式的千篇一律模式。唯有针对性强，才能达到预期的教育效果。

（五）感染性

感染性，即是情感性。教师要以情传人，以情动人，将枯燥的道理融进暖暖的情意里，从而让学生心悦诚服地接受教育。教师饱满的热情和精彩的言辞，能唤起学生深刻的理性感悟和学生强烈的情感体验。更重要的是，教师和学生彼此融情共鸣，增强感情，促进情谊。到达这种状况之后，就不是仅停留在教育层面了，而是升华为一种爱的境界。

【示例】

小倩的娃娃是豪华的"休闲仙蒂"；佳佳的娃娃是会眨眼睛的有一头金发的"小公主"；而小玉却只有一个普普通通的布娃娃。

佳佳说："小玉，你这个娃娃太不好看了，瞧我的娃娃，眼睛会动，你的会动吗？"小倩也说："小玉，你妈妈真舍不得花钱，看我妈妈多好，这个仙蒂要好几百块呢。"

小玉听后，低着头一语不发，佳佳和小倩抱着娃娃，骄傲地昂起头，在其他女孩子的拥簇下，到别处玩去了，只剩下小玉孤零零地站在那。教师轻轻地走到小玉身边，问她："小玉，怎么不高兴了？"

小玉含着眼泪对教师说："老师，她们说我的娃娃不好看，都不跟我玩了。""把你的娃娃给我抱抱，好吗？"教师微笑着对小玉说。小玉点点头，于是，教师抱着小玉的娃娃，轻轻地在娃娃的脸上亲了一下，说："多可爱的娃娃呀，我好喜欢。"

这时，小倩和佳佳跑过来，把她们的娃娃递过来，说："老师，您抱我的娃娃吧。"教师抱着这三个不同档次的娃娃，对孩子们说："这三个娃娃都很漂亮，都很可爱，我都喜欢！"

小倩说："老师，应该我的仙蒂最漂亮，她要好几百块呢。"

佳佳也说："我的娃娃也特贵。"这时，教师将将目光转向小玉，问她："小玉，你说呢？"小玉鼓足了勇气，说："我妈妈说，小孩不能花太多钱，因为爸爸妈妈挣钱不容易，也不能跟别人比，那样不好。"

教师赞同地点点头："小玉说得对，小朋友不能让爸爸妈妈花很多的钱。爸爸妈妈挣钱不容易，我们要学会珍惜。小朋友之间要互相比学习，不是比谁的娃娃贵，你们说呢？"孩子们听了，都点点头，小倩说："小玉，我抱抱你的娃娃，好吗？"

于是，孩子们抱起娃娃，高高兴兴地玩去了。[①]

评析：小朋友在玩布娃娃的时候进行攀比，导致小玉小朋友因自己的布娃娃价钱低而伤心自卑。老师了解情况之后，既没有轻率地批评小倩和佳佳，也没有简单地安慰小玉，而是首先亲吻小玉的布娃娃以示老师喜欢它，同时说三个小朋友的布娃娃老师都喜欢，这种一视同仁的做法可以避免打击小朋友的自尊。老师借此机会对小朋友进行节俭价值观的教育，让孩子们明白了：爸爸妈妈赚钱不容易，不可以乱花钱，更不要盲目攀比，孩子要比的是看谁学习更努力，成绩更好。明白了道理后的孩子们高兴地一起玩耍。这位教师的话语充分体现了教育口语的特点，收到了良好的教育效果。

---

① 王素珍主编：《幼儿教师口语训练教程》，复旦大学出版社2006年版，第131页。

三、教育口语的原则

教育口语的原则，即是在教育学生过程使用语言的准则，又叫作所谓的"十戒"。[①]这"十戒"需要教师在运用教育口语过程中特别注意。

第一，戒秽语。教师不要使用粗言秽语，因为这有损教师的形象，同时还会语言污染学生。例如，"×你妈的……"

第二，戒套话。教师要尽量少说套话，套话会让学生厌烦，难以听进教师的教育，这种教育方法效果不明显。例如，"你要好好学习，将来……"

第三，戒谩骂。谩骂，是一种语言暴力，教师对学生进行谩骂会引起学生的逆反心理。例如，"信不信我揍死你……"

第四，戒埋怨。埋怨只会让学生失去信心，也会使学生反感教师的教育方式。例如，"唉，都怪你，不然……"

第五，戒压制。对学生压制越厉害，学生的反抗就越强，越是不接受教师的教育。例如，"不准……"

第六，戒恐吓。恐吓是一种流氓手段，不会教育好学生，只会换来学生的恐惧和极度抗拒。例如，"如果再这样，我就叫学校开除你……"

第七，戒挖苦。挖苦让学生失去自尊和自信，这有损学生的人格。例如，"你啊，蠢得就像一头猪一样……"

第八，戒武断。武断是不理智的简单粗暴教育方式，往往不利于事件的解决，甚至恶化事件。例如，"这件事，一定是你做的……"

第九，戒哀求。教师反过来哀求学生，不仅不能说服学生，反而会失去教师的威信。例如，"算是老师我求求你了，以后别……"

第十，戒利诱。欺骗性的教育话语，虽能暂时瞒住学生，但终归不能产生长效作用，学生一旦识破，教师将失去诚信。例如，"如果你做好了，老师将……"

第二节　常用的教育口语

一、沟通语

沟通语，是指教师在教育情境中消除学生的心理隔阂，取得师生间心理认同所采用的教育口语。

教师在使用沟通语的时候，要注意以下三个方面：

第一，把握学生心理，与学生心灵相通。教师要摸清学生的"心迹"，了解他们的愿望、要求、个性、情绪，充分做好沟通的前提准备。同时，也要掌握一定的学生心理活动及其发展规律和发展过程，这对师生的沟通有十分积极的作用。

第二，营造良好沟通氛围，师生之间进行真正的交流。教师与学生谈话时，应该消

[①] 国家教育委员会师范教育司组编：《教师口语（试用本）》，语文出版社1996年版，第274页。

除一切令学生紧张的气氛,切忌采用空洞的说教、冷漠的态度、轻率的训斥等方式。教师应该在合适的时间、地点、环境、情绪等状况下与学生交流。教师使用的语言尽量平和、亲切、幽默。宽松友好的语境有助于双方的真诚交流。

第三,运用恰当的语言,提升沟通效力。师生之间的有效沟通,离不开教师使用恰当的语言。师生之间要形成心理相容的情形,有赖于教师运用恰当的词语、句式和语气。相反,不恰当的语言会导致师生心里不相容的后果,从而影响沟通的效果。

【示例】

育才小学校长陶行知在校园看到学生王友用泥块砸自己班上的同学,陶行知当即喝止了他,并令他放学后到校长室去。无疑,陶行知是要好好教育这个"顽皮"的学生。那么他是如何教育的呢?

放学后,陶行知来到校长室,王友已经等在门口准备挨训了。可一见面,陶行知却掏出一块糖果送给王友,并说:"这是奖给你的,因为你按时来到这里,而我却迟到了。"王友惊疑地接过糖果。

随后,陶行知又掏出一块糖果放到他手上,说:"这第二块糖果也是奖给你的,因为我不让你再打人时,你立即就住手了,这说明你很尊重我,我应该奖你。"王友更惊疑了,他眼睛睁得大大的。

陶行知又掏出第三块糖果塞到王友手里,说:"我调查过了,你用泥块砸那些男生,是因为他们不守游戏规则,欺负女生;你砸他们,说明你很正直善良,且有批评不良行为的勇气,应该奖励你啊!"王友感动极了,他流着眼泪后悔地喊道:"陶……陶校长你打我两下吧!我砸的不是坏人,而是自己的同学啊……"

陶行知满意地笑了,他随即掏出第四块糖果递给王友,说:"为你正确地认识错误,我再奖给你一块糖果,只可惜我只有这一块糖果了。我的糖果没有了,我看我们的谈话也该结束了吧!"说完,就走出了校长室。(《陶行知的"四块糖果"》)

评析:陶行知校长没有仗着自己校长的架子对王友进行严厉的处理,而是给予王友积极的理解和支持,同时处处站在他的立场说话,这令王友感动万分。陶校长虽然没有直接批评责怪王友,但是这反而令王友能够主动意识到自己的错误。

二、启迪语

启迪语,是指教师在教育情境中用来开启学生的情感和认识,促进学生积极思维,让学生进行自我教育,并按正确原则行动的教育口语。

教师在运用启迪语过程中,要注意以下三点:

第一,启迪内容。教师使用启迪语,首先要明确究竟想向学生启迪什么,即是启迪的内容。一般来说,启迪的内容有对事件的态度、对思想言行对错的反思、对世界和人生的感悟等。启迪的目的是让学生启明益智。启迪,重在引导、启发、启示,而不是单纯的教育。

第二,理性启迪和感性启迪相结合。理性启迪,是指由于学生对事物和问题缺乏认识,教师给予分析说理,启发学生独立思考、提高认识的一种启迪方式。它注重对事物或问题的内涵进行分析、概括、提炼、延伸,运用富于理性色彩的语言加以渲染、表述，使事理得以升华。情感启迪，是指教师开启激发教育对象的情感，使之与教育者情感相融，转变原来的态度，进行自觉地反省而获得正确认识的一种启迪教育方式。它注重以情导人，教师需要动真情、说真话，积极创设有助于情感顺利交流的氛围。理性启迪侧重理性思维的开拓，缺乏情感的关注；情感启迪侧重感性认识的指引，缺乏理性的关注。因此，唯有把两者有机地统一起来使用，才能有效地发挥启迪的作用。

第三，启迪语常见的类型。一是提问。提问，是指教师提出问题启发学生思考，引导思维正确方向的口语表达方式。常用的提问方式有直接提问、间接提问、迂回提问、归谬反问、正反提问等。值得注意的是，教师要少用击问、责问、诘问、追问、逼问等方式，这些不当的提问方法常会"好心办坏事"。二是举例。千万条大道理，比不上一个活生生的例子更有说服力。举例子有助于从身边的人和事引导学生领悟其中的道理。要注意的是，所列举的例子要与所传递的教育内涵相符合。三是打比方。打比方，即是运用比喻和比拟的修辞方法。由于中小学生的抽象思维尚处于较低级层次，形象思维能力较强，所以，用打比方来点击学生的思维，通常能收到很好的效果。四是解析。解析，即是解释和分析。教师把事件和现象给学生做分析，并且解释背后蕴含的道理。解析能够澄清事理，提高学生的思想认识。

【示例】

班里有些同学爱说风凉话，这些话会在班里产生消极作用，如：有些同学勤奋好学，被说成是"书呆子"，有同学做好事，被讥讽为"假积极"。

老师说：今天我要给大家讲一个故事。有一天，祖孙二人骑着驴去赶集。路人议论："俩人骑一驴过于残忍。"于是爷爷下来让孙子骑。路人又议论："孙子不孝。"孙子赶紧下来让爷爷骑。没想到又有路人议论："这个做爷爷的心肠太硬。"后来，两人干脆都不骑了。路人又说："看这祖孙俩，竟然放着毛驴不骑！太傻啦！"大家说，这祖孙俩该怎么办呢？

评析：针对班上部分同学爱说风凉话的坏习惯，教师并没有立刻对之进行批评，而是采取讲故事方式的启迪语引导学生认识自己的错误。教师所举的例子有趣、恰当、思考性强，具有很好的教育意义。相信学生听了老师的故事，会明白：不要随便说风凉话来打击同学努力学习和积极做好事的良好行为，而要好好给他们鼓励，并虚心向他们学习。

三、说服语

说服语，是指教师围绕某个问题或者话题，运用各种方法进行论说，以充分的说服力令学生信服，从而接受教师的主张和导引，从而改变自己思想言行的教育用语。

教师使用说服语的时候，要注意以下两个方面：

第一，关键在一个"服"字。"说"固然重要，但更重要的是要让学生心服口服，打心底里认同教师说的道理。因此，说什么内容，说的形式，以及传递什么道理，显得至关重要。

第二，说服途径。一是以理服人。教师不能强词夺理，或者得理不饶人，要谆谆善诱，掌握分寸，充分的说理比起盛气凌人的架势来得更有力。二是以心服人。要学生短时间内转变思想观念和言行是困难的，需要教师耐心持久地进行劝导方能生效，同时针对不同的人与事采用不同的说理方略。三是以势服人。所谓以势服人，即是说理的时候，要展现出适当的说话态势。教师要表现出尊重学生的态度，说话语调要朴实平稳，给学生诚恳、真挚、亲切、随和的感觉，以拉近师生的心灵距离，"先入为主"地占据学生情感的高地，为说理奠定坚实的前提基础。

【示例】

吉米在 4 岁那年的车祸中失去了一只胳膊，这天在和大家一起活动时，无法完成"俯卧撑"，引来同学们的哈哈大笑。

老师安妮让全班同学回到教室里。她手里高举一张 20 美元的钞票，问："谁要这 20 美元？"有同学举手。"但在这之前，请允许我做一件事。"安妮将钞票揉成一团，再问："谁还要？"仍有人举手。她又说："那么，假如我这样做又会怎样呢？"她把钞票扔到地上，当她拾起时，钞票变得又脏又皱。"现在谁还要？"还是有人举起手来。

"同学们，你们已经上了一堂很有意义的课。无论我如何对待那张钞票，你们还是想要它，因为它并没贬值，它依旧值 20 美元。……生命的价值不依赖我们的外在因素，而是取决于我们本身！我们是独特的，永远不要忘记这一点！我不会把残疾视为耻辱，只要你优秀，只要你有闪过之处，就值得人尊重。我希望，以后班上每一个学生都关爱我们的吉米，我不希望再有任何人嘲笑她！"[①]

评析：班上的同学嘲笑残疾的吉米，安妮老师知道后没有立即批评同学们，而是采取了一个十分有创意的说服方法来说服学生以后不要再看不起有残疾的人。安妮老师问谁想要她手中的 20 美元，很多同学举手想要，而后两次把美元"蹂躏"得不再美观，即使是这样，还是有同学想要它。根据学生的表现，安妮老师立即以此为契机，阐明生命的独特、可贵的道理，告诉学生不应该嘲笑包括吉米在内的身体有缺陷的人。安妮老师运用的说服语例子十分妥帖，时机十分适当，所以她的说服语具有极强的说服力。

四、暗示语

暗示语，是指教师不直接明白地告诉学生教育意图，而是采用委婉含蓄的言语让学生领悟出教育意图，从而起到教育效果的教育口语。

教师在使用暗示语的时候，需要把握以下三点：

第一，暗示语最突出的特点在于含蓄性和间接性。教师要有意识地暂时隐蔽观点，掩饰立场，避开对方的心理障碍，使自己的思想渗透到学生的潜意识中去，进而达到教育启迪学生的目的。

第二，暗示语技巧。教师要摸准学生的心理，把握好时机，避开学生的锋芒，配合得当的身体语言，说具有含蓄意味的话语，表达预先设计好的教育意图。

第三，暗示语方式。一是正反暗示。正暗示是用直陈式的说明语言把教育意义直接传示给学生，让学生受到暗示而迅速明理。反暗示是采用激将法或者说反语的方式表达教师对事件的不同看法。二是赠言暗示。赠言暗示是向学生赠送一些针对性强且富有哲

---

① 程培元主编：《教师口语教程》，高等教育出版社 2010 年版，第 202—203 页。

理的名言名句和格言警句,用这些具有教育哲理的语句教育人。三是故事语言暗示。故事语言暗示,是讲述针对性强、寓意明了、富有哲理的故事或寓言来启发学生。

【示例】

一位教师走进教室,看见地面很脏,说:"我们班真是物产丰富!五彩斑斓的纸屑撒满地面,还有瓜子壳点缀其间。我们产生了那么多垃圾,总得想办法出口啊!"

听了这话,同学们很不好意思,马上把教室打扫干净了。[①]

评析:老师进教室看到地上满地垃圾,知道值日生没有扫地,他运用反暗示语故意将满地垃圾比喻成丰富的物产,还说要想办法出口。这话十分幽默有趣,聪明的同学知道老师其实在暗示大家要搞好清洁卫生,于是迅速把垃圾清除掉。

五、激励语

激励语,是指教师使用鼓励的语言,激发学生积极向上的昂扬志气,促使学生向设定的目标做出努力的教育口语。

教师使用激励语,要把握以下两个方面:

第一,传递正能量。激励,顾名思义是向学生传递正能量,促使他们不断进步。优等生需要教师激励以继续努力,争取更大成绩;中等生需要教师鞭策,摆脱"夹心阶层"的位置;后进生最需要教师的鼓舞激发,需要教师给他们重视、关怀、鼓动。

第二,激励要点。教师对学生进行激励可遵循以下几个要点:一是给学生设定合适的目标。根据学生自身的实际,设定一个学生通过努力可以达到的目标,让他们作为努力的标靶,不能不切实际地设定过高的目标,脱离实际,使他们难以达到。二是阐释设定目标的理由。教师要给学生解说清楚为什么要设定此目标,此目标对他们的意义,关键要提供鞭策他们前进的内在动力。三是指导学生实现目标的途径和方法。除了道理上的激励之外,更重要的是教师要告诉学生实现目标的具体计划、途径、策略、方法。四是树立学习榜样。教师要为学生树立值得学习的榜样,如身边的优秀同学、进步同学、科学家、体育健将、明星、励志人士等。这些人能够给学生树立正面的学习榜样,无形之中给他们一种前进的力量。

【示例】

某校三年级某班,"做时间的主人"主题班会即将结束。

师:珍惜时间是一个人的美德,懂得珍惜时间的人,生命才有价值。大家都表示要做时间的主人,还订了"时间公约"。对于公约规定的几条,有没有不赞成的?

生:没有!

师:既然大家一致通过,我们就应该说到做到。现在我们把"时光老人"赠送给我们的礼物——时钟挂在教室里,让它来监督我们,好吗?

生:(热烈鼓掌)好!

师:同学们注意!(稍停)还有一件重要的事情别忘了,那就是一个月后,我们要进行一次"珍惜时间的小标兵"评比活动。同学们有没有信心当标兵啊?

[①] 国家教育委员会师范教育司组编:《教师口语(试用本)》,语文出版社1996年版,第282页。

生：（激动地）有！①

评析：教师通过"做时间的主人"主题班会来激励学生珍惜时间、把握时间，还将进行"珍惜时间的小标兵"比赛活动，让学生在实践中"做时间的主人"。教师的激励语鼓动性、目标性、可行性都十分强，达到了激励的目的。

六、表扬语

表扬语，是指教师对学生良好的思想品德以及行为给予肯定性评价和赞美的教育口语。

教师使用表扬语，要把握以下几个方面：

第一，多用表扬语。赏识教育是教育界普遍肯定的一种教育方式。学生受到的鼓励越多，自信心就越足，就越有可能做得更好。为此，教师不要吝啬对学生使用表扬语。正确地运用表扬语，可以鼓励先进、鞭策后进，对形成良好的班风，增强集体的凝聚力具有重要的作用。一个总是批评学生的教师，绝对不是一位合格的教师。

第二，善于发掘学生闪光点。每个学生都有自己的特点、优点和缺点。教师要用金睛火眼捕捉他们身上值得赞许的地方。不同学生有不同的优点，有些学习好，有些性格好，有些素质好，有些文体好。就是同一个学生，他（她）的优点也存在于不同领域和不同时期。有的学生擅长理科或文科，有的擅长组织，有的擅长音乐舞蹈；有的学生在低年级成绩平平，到了高年级却突飞猛进；有的某一时期落后，在某一时期却表现优秀。对此，教师要细心留意学生的特点，尽量把他们身上的闪光点找出来，并给予表扬。

第三，表扬面要广。教师不能只局限于表扬几个人，表扬的领域不要太窄。只要是值得表扬的人，不管是哪个层次的学生，教师都应该给予赞许。教师也不要总是把表扬的目光定在成绩上，还应该把道德、性格、态度、价值观、特长、行为等纳入表扬的范围，表扬的面尽量多层次化。

第四，实事求是。教师表扬学生要做到实事求是。表扬必须是真实的、可靠的，切莫为了某种目的而造假捏造事实。表扬也要掌握分寸。教师的表扬要客观、公正、合理，该表扬就表扬，不该表扬就不表扬。表扬语，不要任意拔高，不要说不切实际的过头话。

【示例】

在一次来园活动中，各组孩子都在愉快地摆弄着各种玩具，老师走动着，观看着。来园活动结束了，老师指着右面一组桌面上一列长长的火车问："这列火车是谁搭的？"没有人回答。老师又说："搭这列火车的人举手。"有六个孩子举手。老师指着其中一个孩子问："是你搭了这列火车吗？""不！我只搭了火车头。"老师又依次问了其他五个孩子，他们都说自己建造了火车的某一部分。老师听完后，恍然大悟地说："怪不得！我本来很奇怪，谁本领这么大，这么短的时间就搭了这么长这么漂亮的一列火车，

---

① 国家教育委员会师范教育司组编：《教师口语（试用本）》，语文出版社1996年版，第284—285页。

原来是六个人一起完成的，所以搭得又快又好！"①

评析：乍看之下，以上教师说的话不太像表扬语，但实际上这位教师说的正是表扬语，只不过话语没有出现很明显的赞美性词语而已。但是，其高超之处恰恰在于它的"间接性表扬"。老师很满意学生搭的火车，他不是直接表扬孩子们，而是让每个孩子说出自己搭建的火车部位。这样，老师表扬的就是搭建火车的六个孩子的整体，更重要的是表扬的背后还告诉了孩子们只有团队合作才能把事情做好的道理。

七、批评语

批评语，是指教师对学生的缺点、错误、不足之处进行否定性评价的教育口语。

教师在使用批评语的时候，应注意以下三个方面：

第一，认识批评目的。教师首先要认识到，批评不是目的，而是手段。通过批评教育学生，目的是促使学生进步。尤其值得注意的是，教师不能凭自己的主观意气用事，故意批评某些同学，令学生陷入难堪的地步。批评也要注意有效性，若批评无济于事，就应该迅速审视批评本身是否恰当，从而改变批评的手段和方法。

第二，应用批评语技巧。一是批评要准确。教师要先弄清楚学生犯错的来龙去脉，再作出判断批评。若鲁莽行事，简单粗暴对待，会对学生造成心理伤害，也会影响教师的形象。二是掌握批评的"度"。教师要控制自己的情绪，态度要诚恳、用语要严肃客观，保护学生的自尊人格，切忌挖苦、侮辱学生，批评不要过度、无限上纲上线，也不要批评一人打击全体，也不要"翻老底"式批评。三是批评应该多说利弊，尤其对消极的后果多做说明，少点做理性的分析。

第三，掌握批评方法。一是直话曲说。直话曲说，是指采用委婉含蓄的方式批评学生，避免直接斥责的锋芒。二是明话暗说。明话暗说，是指采用暗示提醒的方式批评学生，由学生自己领悟到被批评的原因。三是硬话软说。硬话软说，是指采用柔中带刚的方式批评学生，起到"以柔克刚"的效果。四是严话宽说。严话宽说，是指采用宽容的话语来对待犯错误的学生，让学生自我纠正。五是正话反说。正话反说，是指采用故意说的反话刺激学生，令学生知道自己的错误。六是旁敲侧击。旁敲侧击，是指从侧面曲折地点醒学生，让其内心受到触动而认识到自己的问题所在。七是诙谐幽默法。诙谐幽默，是指采用表面诙谐幽默而内里寄寓批评内涵的话语教育学生，让其在轻松愉快中认识到错误。

【示例】

同学们，我通过值班几天来的观察，发现我们食堂浪费粮食的现象非常严重。早上，潲水缸里满满一缸的稀饭、馒头，中午、晚上又是满缸满缸的大米饭，缸的四周还洒满饭粒，一天下来怕有一二十斤吧？而且周而复始，天天如此！（加重音量）一粒粮食，从种下到收获，要经过几十道工序。"锄禾日当午，汗滴禾下土。谁知盘中餐，粒粒皆辛苦。"这首诗大家都会背，意思也懂得，可为什么还要干出这令人痛心的事来呢？我们当中大部分学生来自农村，父母都是农民，知道粮食来之不易，可为什么一踏

---

① 人民教育出版社中学语文室编著：《听话和说话》（第二册），人民教育出版社1999年版，第124页。

入学校就抛洒起粮食来了呢？当前我国耕地不断减少，人均只有几分地，形势非常严峻，可我们却还在这里当阔少爷，在这里心安理得地浪费粮食，不为国家分忧，不珍惜人民的劳动成果，这配称当代的学生吗？

评析：针对学生严重浪费粮食的现象，老师给予了直接的严肃明确的批评。先是把食堂浪费的具体表现描述清楚，然后阐述粮食生产的艰辛，再结合学生来自农村的事实，最后点明我国粮食生产形势的严峻性。环环入扣的说理和批评，句句点中了学生的"死穴"，具有很强的教育性。

八、评价语

评价语，是指教师对学生的思想行为作出评估的教育口语。

教师在使用评价语的时候，要把握以下三个方面：

第一，评价原则。一是要实事求是。学生十分重视教师对自己的评价。因此，教师必须要充分了解学生的情况再作出符合客观事实的评价，而且所写的评价语要十分慎重。二是要公平公正。教师要尽量做到公平公正，避免个人主观好恶影响判断。

第二，评价目的。教师要认识到评价的目的，在于多角度、多方面、全方位地了解学生的情况，掌握学生的优缺点，以发展性的眼光去关注学生的优点，并且促使学生改正缺点之后沿着优点路径健康地成长。为此，评价要以正面为主，以鼓励、表扬、肯定为重点，同时缺点的指出也必不可少，不过应占据次要地位。教师要以发展性、形成性的眼光去看待学生，作出形成性的评价，而非终结性的评定。

第三，评价语方法。一是评价面要广，评价点要准。要从德、智、体、美、劳等多方面来评价学生，尽量发掘学生的闪光点，同时也要重点评价某些方面，尤其是最能体现其个性和特点的方面。二是评价语要恰当。教师评价时，用语要简明扼要，切忌啰嗦冗长；要真诚热情，切忌虚假冷淡；要鼓劲激励，切忌打击压制。

【示例】

表扬评价——"你真有毅力，一次次做错，一次次重做，终于做对了，老师很佩服你！"

鼓励评价——"每次见到老师，你总是甜甜地问一声：'老师好！'老师非常喜欢你，但在课堂上，老师多想看到你高高地举起小手呀！不要把手放在角落里，好吗？要展示给别人看，相信自己！"

试探评价——"你的观点真有意思，那请问你为什么这样认为呢？"

协商评价——"要不这样，咱们把刚才解决问题的办法改一改？"①

评析：教师应该从多方面、多角度运用语言对学生的言行表现进行合适的评价。而以上几种评价语较为常见，它们的最大特点在于教师的评价是从学生的角度出发，用尊重、鼓励、赞许、商量的语式灵活地点拨、引导、激励学生的行为表现，教师的每一次评价实际上就是推进学生进步和成长的动力。

---

① 王素珍主编：《幼儿教师口语训练教程》，复旦大学出版社2006年版，第157页，"评定语基本方法"部分，此处有改动。

第三节　教育口语的策略

一、面对不同性格学生交谈的教育口语

世上没有两片完全一样的叶子，学生也一样，他们是千差万别的。面对个性各异的学生，教师需要运用针对性的口语与之交谈。

第一，与胆汁型学生交谈。胆汁型的学生，性情开朗、热情、坦率，精力旺盛、干劲十足，意志坚强、果断勇敢，思维灵活、反应迅速。但是，脾气暴躁、情绪波动、缺乏耐心、行为冒失。对这类学生，教师需要对之直接说理和情感激励。首先要多多赞扬他们的优点，让他们更有自信和热情去做好自己，同时也要直接指出他们的不足，以免他们过于自信而不去完善自己的性情。

第二，与多血质型学生交谈。多血质的学生，与胆汁型学生一样，属于外向型，他们的情感和行为变化快，语言具有较强的表达力和感染力，机智灵敏，思维灵活。但是他们缺乏稳定性、坚持性、忍耐性。对这类学生，教师需要多给机会，让他们表达内心想法，也可以布置一些任务给他们去完成，锻炼他们的意志力和自控力。

第三，与黏液质型学生交谈。黏液质的学生，属于内倾型的人，他们性情稳定，善于思考，意志力强，做事认真细腻。但他们反应迟钝，思维缺乏灵活性，难以适应新鲜事物，可塑性不强，做事没有激情。对这类学生，教师要保持必要的耐心，要及时表扬他们的良好表现，增强他们的自信心，同时也要适时提醒他们要克服存在的问题，争取进步。

第四，与抑郁质型学生交谈。抑郁质的学生情感丰富，富于想象力，观察力强，思维深刻，坚韧有耐力。但他们敏感多愁，行动柔弱迟缓，意志力薄弱，心理承受力差。对这类学生，教师要给予多点关注和爱护，增强他们的安全感和信赖感，尽量发掘他们的长处，给予积极的鼓励，促使他们多面向健康阳光的一面。

【示例】

小芹在班里比别人整整大了1岁半，个子也比别的同学高一截，学习却比别人差。她十分怕事，只要是抛头露面的场合，她总设法推托躲避。以往学校举行以班为单位的歌咏比赛，她都不愿上场，这回又要比赛了，教师决定找她单独谈一谈。

师：（正在纸上画着什么）小芹，你来啦？过来，帮我参谋参谋。

芹：（怯怯地走近教师，发现教师要她"参谋"的是几幅图）这是什么图？

师：这是歌咏会的队型设计图。瞧！这一幅叫"孔雀开屏"，这一幅叫"粉蝶展翅"，这一幅像翻开的书卷，这一幅像涌动的波浪，当然，也有女同学站前排，男同学站后排的"豆腐块"……

（两人同时大笑起来）

师：你看，哪一种队形好看？

芹：（仔细看，不敢确定，许久，发觉教师仍在等待，只好说）我喜欢"孔雀开屏"。

师：（热情、欣喜地）好！咱们想到一块儿了，就排"孔雀开屏"！你看——（用笔指着正中位置）这，就是你。这个位置最适合你，你个子高，穿上五彩的连衣裙，戴上金色的孔雀头饰，再让排成孔雀尾羽的同学们簇拥着你。喏——就这样（做了一个"孔雀望月"的动作），呵！太完美了！你愿意为咱们班的集体荣誉出一把力吗？

芹：愿意。但是，我怕。

师：有我，有同学们呢。别怕！

芹：（激动地笑，点头）[①]

评析：小芹同学年龄、个子都比其他同学大，但是成绩却比别人差，为此，她十分自卑怕事，自信心不足。这时的小芹最需要老师的关怀鼓励了。在这个关键的时刻，老师找她谈话，帮助她走出阴霾。老师叫她做歌咏会的队形设计图参谋，发挥其聪明才智，让其知道自己的优点。然后，把歌咏会队伍最显著的位置给她，体现其最重要的作用。老师说自己和全体同学都支持她，打消了其害怕胆怯的心态，结果使其树立了自信、增添了勇气。鼓励后进生积极学习，有时候不一定单纯讲学习，还可以像这位老师一样，从鼓励学生积极参与班集体活动入手，树立其自信心开始。

二、面对不同品质学生交谈的教育口语

学生群体是复杂的，不同的学生有不同的品质。品质的好坏高低，关涉到学生的思想道德、态度行为、人格教养等，教师要重视学生品质的培养。

教师在与不同品质的学生交谈时，要注意：

第一，与不同思想道德水平学生交谈。面对思想道德水平较低的学生，教师使用教育口语时，一要保持必要的耐心，反复教育；二要及时指出学生存在的问题，加强教育；三要用语浅白易懂、形象生动、真诚坦率；四要注重鼓励启发、言传身教、引导指点。面对思想道德水平较高的学生，教师一要注意谈话的内容要具广度和深度；二要注重启发性，让学生通过思考领悟其中的道理；三要多提醒他们存在的问题，促使他们继续完善自我。

第二，与不同态度和行为水平学生的交谈。面对态度和行为消极怠慢的学生，教师一要重点关注，细心发现，耐心持久；二要多说关怀鼓励、热情真诚、信任爱护、督促引导的话语；三要避免使用轻视、歧视、谩骂、侮辱、训斥的话语。面对态度和行为积极向上的学生，教师一要把握表扬语的适度性，防止过度的赞扬，令学生易于骄傲自满；二要把握批评的力度，注意措词用语，避免打击学生的士气。

【示例】

五年级同学佟智斌学习好，平时表现也不错。他的爸爸给班里送了一批新的故事书，班主任交代管理员钱筱先给新书登记编号再出借。就在钱筱编书号的时候，佟智斌来了。他随手拿起一本书，回到自己的座位上看起来。其他同学见状，一拥而上把书全抢光了。钱筱急得和大家吵起来，责怪佟智斌"就是你带头抢的书……"。佟智斌神气地说："抢？书是我爸爸送的，我拿一本看看还叫抢？……"钱筱收不回书，只好找老

---

① 国家教育委员会师范教育司组编：《教师口语（试用本）》，语文出版社1996年版，第297—298页。

师"告状"。老师来到班里,说:"书是智斌的爸爸送来的,让他先看,优惠优惠,是应该的。其他同学和佟智斌比什么?也想'先睹为快'吗?也请你们的家长送一批书来啊!钱筱坚决按老师交代的要求办事,为了使公共财产不受损失,敢于和坏人坏事作斗争……"

同学们听了很不服气,钱筱被表扬得浑身不自在,只有佟智斌暗自得意。①

评析:从佟智斌同学仗着自己爸爸送书给班上而得意妄为,不把管理员放在眼里,随意抢书这一点来看,该生的行为品质有待改进。作为老师本应该及时对其进行教育,但是,该教师的话语却是问题多多,既令钱筱浑身不自在,又令同学们不服气,更严重的恐怕是放任了佟智斌,无法让其改正自己的错误行为,提高其思想品质。原因在于,该教师站在了佟智斌同学的错误立场说话,助长了他的嚣张得意。说其他家长没有送书,所以其他同学没有资格优先看书,这以物质条件为上的观点打击了学生,学生会认为教师是个"势利鬼",令人反感。更不可取的是,教师居然表扬钱筱是在与坏人坏事作斗争,结果钱筱自己都认为老师的表扬不正确,过于拔高了自己,同时,教师没有批评佟智斌,而是批评其他同学,有失公允,同学自然是不服气的。

三、面对不同学习水平的学生的教育口语

由于天赋、态度、方法、能力以及教师等因素,学生群体会表现出不同层次的学习水平。

面对不同学习层次的学生,教师的教育口语要注意以下几方面:

第一,与学习水平高的学生交谈。一般而言,这类学生的学习自觉性高,能力强,成绩好,教师最喜欢。对他们,教师要注意:不要吝啬自己的赞扬话语,对他们取得的成绩应该进行积极的肯定,保持他们的自信心,当然要注意不要表扬过头,让他们飘飘然,自以为是,忘乎所以,骄傲自满。应设定更高的目标给他们去实现,鞭策他们不断努力。对学习中存在的问题也要实事求是地给予提醒,促使他们取得更好的成绩。

第二,与学习水平一般的学生交谈。在一个班中,中等水平的学生是占据主流的,他们向前可能是优等生,向后可能变成后进生,对这群中间阶层,教师最放心也最不放心。为此,教师要做到:多提高一点的目标和成绩,多列举成功人士和优秀学生的例子,鼓舞他们勇于向前迈进,敢于争取更大的成绩。

第三,与学习水平低的学生交谈。对这类学生,估计教师最头疼了,教师花在他们身上的时间最多,但成效不一定就好。对这部分的后进生,教师要做到:切忌用鄙视、敌视、冷漠、羞辱等语言对待之,避免其心灵受到伤害;也切忌用嫌弃、怨恨、漠视等肢体语言待之,让其难受伤心;要用热情、真诚、尊重、期待的语言和态度去和他们交谈,给他们信任、信心、力量;要指出他们学习中存在的具体问题,并且给予具体可行的学习方法和技巧指导;善于发现他们进步的地方,遇之即给予肯定和表扬;设定一些容易达到的目标,以成绩来稳固其努力的动力;多讲一些励志人士的例子和故事,尤其是身边的励志实例,让他们明白到通过努力是可以战胜自我、超越自我的道理。

---

① 国家教育委员会师范教育司组编:《教师口语(试用本)》,语文出版社1996年版,第295—296页。

【示例】

某五年级学生一贯表现差、学习成绩不好。期中考试卷发下来以后，他在教室里大叫大嚷地揭发学习委员考试时有舞弊行为。教师把他找去，劈头就说：

"先检点一下你自己吧！你还有资格揭发别人？你比得上人家的一只胳膊还是一条腿？她是学习委员，学习从来就好，用得着作弊吗？你是嫉妒吧？记住！要想管别人，先得管好自己！"①

评析：这位教师的做法显然是错误的。错误一：不把该生放在眼里，认为他学习和表现差，完全没资格揭发别人。在他眼里，学习委员一定是优秀的孩子，差生一定是问题孩子。这种观念要不得。错误二：先入为主地认定差生妒忌学习委员，没有深入调查事情的原委，做法简单粗暴，有失公允，学生肯定难以服气。错误三：说话充满怀疑、鄙夷、奚落、打击，完全没有教育学生的意味，也没有履行教育者的职责，我们应引以为戒。

四、面对特殊教育对象的教育口语

学生群体中有一些特殊的教育对象，如残疾、弱智、障碍型、自闭症、问题型等，这些学生属于另类的群体，十分考验教师的教育能力。

教师在与他们交谈的时候，要注意：

第一，小心谨慎。这个群体的学生与正常的学生不同，他们或多或少存在不同的问题，这些问题是影响他们的生活和学习的重要因素。所以，教师与他们交谈的时候要十分小心谨慎，切莫粗心随意。往往有些老师"大嘴巴"，不经意间说出了一些不恰当的话语，会给他们带来消极的影响。因此，与他们说话的神态表情、用词造句、语气语调等都应该深思熟虑之后再使用。

第二，宽容大度。对这些特殊学生，教师必须怀着一颗宽容大度的心对待之。在集体之中，他们或者形象不好，或者学习成绩不好，或者交际不好，或者活动不好，等等。教师千万别认为他们会影响班级集体形象、拖班集体后腿、丢人现眼……对他们所存在的缺点和不足，教师言语上不能刻薄挑剔，应该平和慈爱，给他们更多的宽容与期待。

第三，灵活处理。残疾弱智的学生身体有缺陷，外形不好，行动不便，思维迟缓，智力低下，教师对之切忌歧视、怠慢、挖苦、嘲讽，要做到耐心、细心、爱心这"三心"。与障碍型的学生交谈，切忌简单、粗疏、生硬。家庭存在问题的学生的背后，多存在父母不和、父母离异、家长溺爱或虐待等不良情形。这类学生多是自私、任性、敏感、性格问题多多。对他们，教师要从语言上对他们多关怀、爱护、疏导、启迪。自闭症的学生，活在自我封闭的世界，不与外界交流，性格沉默古怪。对他们，教师要积极创设良好的交流气氛，鼓励他们开口说话，并引导他们多与同学交流，把心扉敞开，把口张开。问题孩子，如强迫症，性格执拗苛刻，教师要让其正确认识自我，不要把自己逼得太紧。偏执症的学生，固执死板，教师要引导他们灵活善变。叛逆症的学生，常常

---

① 国家教育委员会师范教育司组编：《教师口语（试用本）》，语文出版社1996年版，第299—300页。

违纪越规，教师要引导他们遵纪守法。

【示例】

谈话对象：胡刚定

谈话对象基本情况：

姓名：胡刚定

性别：男

年龄：13 岁

年级：五年级

存在问题：上数学课睡大觉，学习失去兴趣。

谈话内容整理如下：

师：胡刚定，你爸爸现在做什么工作？

生：在海尔上班。

师：在海尔做什么？

生：扛东西。

师：你妈妈现在身体怎么样？

生：她身体比以前更差了。

师：你爸爸上班，都是谁照顾她呢？

生：中午我回家做饭给她吃。还要给她吃药。

师：吃药？

生：给她吃安眠药，不然她就唱。（胡刚定说到这里神色黯然）吵人。

师：你的情况很特殊，学习一直也上不去，现在越到高年级数学内容就越难，我看你平常上课不感兴趣，经常睡觉。老师希望在学习过程中你一定要掌握计算方面的内容，这样以后走上社会也会算个账什么的，就像学习语文一样，多认识几个字，对你以后的作用一定很大的。你说呢？

生：对。

评析：胡刚定同学的家庭非常困难，他家在照山新村租一间十几平方米的小房子，两张床一放，就没有地方了。并且他和他父亲的"床"也不能叫作床，就是用砖头在底下围出来的，被子早已分不清什么颜色，脏得洗不出来了。她妈妈半身瘫痪，常年卧床，并且神经已经出现不正常，所以才出现谈话中胡刚定说的给她吃安眠药的事情。胡刚定本人，从一年级起，学习就非常差，家庭状况是造成学习困难的一方面原因，本身智力水平较低是另一方面的原因。但是，他也有自己的优点，从他在教室扫地的情况就可以判断出来，他能做家务事，并且做得很好。胡刚定性格上存在的缺陷就是自卑、胆小。针对胡刚定这样的情况教师准备采用以下措施：首先，要求他的父亲平时再忙也要多关心他，多和他交流，多鼓励他，而不是打骂。多让他说说在学校里发生的学习和生活的事，要认真聆听孩子的表达，使他渐渐地敢于表现自己。其次，老师不能歧视他，即使不找他回答问题，他的作业改不下去，也应该从别的方面来找他的优点，给予鼓励和赞许，只要有进步就给予肯定，帮助他树立自信心。另外，还应该引导他多参加丰富多彩的活动，要求他和学校里的同学多交往，在和同学的交往过程中，让性格外向的同学带动他活泼起来，希望同学的热情与快乐可以感染他，让他的情绪得到调节，心理达到平衡，保持良好的心态，从而逐渐地使他性格外向活泼起来。[①]

五、面对学生群体和个体的教育口语

教师有时候面对的是学生群体，有时候面对的是个体。在与他们交谈的时候，需要教师区别使用不同的教育口语。

第一，与学生群体谈话，要注意三方面。一是教育的指向。学生群体主要指班集体，而非个人或一小部分人，为此，教育对象是一个整体。教师讲话的时候，需要考虑话语的整体教育性，要让全体学生受到教育。二是说话的类型。面向学生群体的教育口语类型，主要有主题班会讲话、班务会讲话、班干部会讲话、动员讲话、报告会讲话、总结讲话、分析讲话等。三是讲话的方法。声量要响亮，让全体学生都能够清晰地听到；思路要明确，说的主题、要求、目的等要清楚明白；简明扼要，每次谈话的主题不宜过多，一两个较为合适，多了就显得不够集中和详细，讲话还需要尽量简短明确，切忌啰嗦繁冗；讲话方式要具体实际，不要过多的理论和道理，更不要"假大空"不着边际。

第二，与学生个体谈话，要注意四方面。一是择机而谈。择机而谈，即是找合适的时机和学生谈话。有些教师随意找学生谈话，这是不太恰当的。一般地，要在关键的，或者有需要的时刻找学生谈话最为合适。比如说，学生犯了错误、考试前学生出了问题等情况下。与学生谈话的时候，也要讲究时机，要观察学生的情绪、心态、意向。比如学生的抵抗情绪十分强烈，教师就不宜去找其谈话，可以冷处理之后再进行谈话。二是选地而谈。与个别学生谈话，要选择合适的地方进行。一般的话题，可以在公共场所谈。涉及一些敏感、隐私、心里话的内容应该尽量避开公共场合。三是谈话态度。与个体学生谈话，毫无疑问应该展现教师的坦诚、热情和友好。这样才能拉近与学生的距离，消除学生的戒备心态。四是谈话方式。谈话方式要灵活多变，切忌千篇一律，机械生硬。对具体的人要采用具体方法，就是同一个人，也要因事因情而变化。

【示例】

李晓峰在课堂上，趁数学老师在黑板上领着学生做习题时，悄悄地把装在信封里的几只蜜蜂倒在前排两位女同学的书桌上，吓得女同学"嗷嗷"叫着跑开书桌。教室里一片哗然。下课后，班主任刘老师与他谈话。

刘老师把他让到座位上问："你喜欢蜜蜂吗？"李晓峰低头回答："喜欢。"李老师又问："你不怕蜜蜂蜇吗？"李晓峰回答："我们家养蜂，我常跟爸爸摆弄蜜蜂。"刘老师高兴起来："原来是这样！你能说说课余时间和爸爸养蜂有什么好处吗？比如学习养蜂技术对促进学习……"李晓峰听了抬起了头，眼睛一下子明亮起来，滔滔不绝地说开了，李老师边听边点头。等他介绍完了，刘老师说："听你说起养蜂的技术。一条一条的，头头是道，还真不简单。你不仅帮助家里干了活，也有利于自己的学习。看来你不但爱劳动，也肯动脑子，语言表达也不错。"李晓峰不好意思地笑了，刘老师问他：

[①] http://caoziqiu.i.sohu.com/blog/view/148309995.htm.

"你愿意帮助同学们学习养蜂吗?"李晓峰高兴地说:"我愿意,我一定会帮助同学学会养蜂。"刘老师诙谐地说:"很多同学别说养蜜蜂,见了蜜蜂都害怕,特别是女同学。你要先从教她们不怕蜜蜂、爱蜜蜂做起……"李晓峰听了低下了头,接着又连连点了两下头,羞愧地说:"老师,我在课堂上用蜜蜂吓唬女同学,我错了!……"刘老师说:"知道错就行了,你该多想想怎么教会同学们养蜂。"①

评析:李晓峰同学在课堂上用蜜蜂捉弄女同学,扰乱教室秩序。班主任刘老师单独与之谈话。刘老师的话中没有批评责怪,也没有大说道理,但是收到的教育效果却十分明显。刘老师从"蜜蜂"入手,与他聊养蜜蜂的趣事,打开李同学的心扉,然后引导他用养蜂知识帮助同学学习养蜂,最后说到谈话的重点,告诉他不应该用蜜蜂吓唬女同学,应该把自己的长处用在有益之处。结果是李同学认识到自己的错误,同时也收获了教师的谅解和鼓励。

六、面对突发事件的教育口语

学生群体通常会出现一些意想不到的事情,面对突如其来的事件,教师需要运用教师口语去及时处理:

第一,冷静说。稳定情绪,沉着冷静。学生突发事件,常见的有吵架谩骂、打架斗殴、疾病、受伤、失踪、群体起哄,等等。遇到这些突发事件,教师第一时间要稳定自己的情绪,沉着冷静,不要慌张乱神,失态失言,影响事件处理。一些教师心理素质不过关,遇到突发事件,暴躁如雷,惊慌失措,或对学生严厉责骂,或语无伦次,或一言不发。

第二,迅速说。积极应对,化险为夷。对突发事件,教师必须履行自己的职责,积极应对,快速运用语言去制止事态的恶化。教师说话就要直接果断,点出事情的要害,尽快将事件的消极影响降到最低。如果教师处理不及时,处理不当,必然会导致事态进一步发展,以致后果不可收拾。

第三,分析说。待事件冷却稳定之后,教师还需要用话语去分析事件的危害性,借此教育学生,同时,除了让参与该事件的学生知道自己的问题所在之外,还要让其他同学吸取教训,不重犯此错误。

【示例】

一个孩子爬到攀登架的最高处,骑在横杠上面不下来。大家都很惊慌,很怕处理不当,会在瞬息之间酿成事故。这时一位有经验的幼儿教师走了过来。

教师:(微笑着)嗬哟,这是哪位小朋友呀,这么勇敢,爬得这么高呀!上面好玩吗?

幼儿:好玩。

教师:今天这位小朋友真勇敢。不过,我们仰着脖子看,脖子已经很酸了,我们想看看这位小朋友怎么下来。上去不容易,下来也不容易呀。我相信这位勇敢的小朋友,不但能爬上去,还会稳稳当当地爬下来。你们看,他爬下来了,他的手抓得很紧,慢慢

---

① 程培元主编:《教师口语教程》,高等教育出版社2010年版,第235—236页。

地，一步一步地下来，很好……①

评析：小朋友突然爬到高处，处于十分危险的境地，稍不注意就会掉下来发生危险。这位教师不愧是一位十分机智的老师。他十分镇定，微笑着赞扬孩子勇敢，实际上是稳住孩子的情绪，然后鼓励他自己慢慢爬下来。老师一边指导他怎样爬下来，一边用语言给他加油鼓劲。结果，孩子在老师的帮助下化险为夷。换了别的老师，可能要么吓得呆若木鸡，要么大声呵斥，要么惊慌嚷嚷，不仅帮不了孩子，可能还会因惊动孩子而发生危险。

七、面对家长的教育口语

家长是学生教育工作的重要元素，是沟通教师和学生的重要中介，教师的教育工作离不开家长的大力协助。因此，与家长的交谈也是教育口语的重要组成部分。

第一，家长会讲话。班主任老师一个学期会召开期中或期末考试的家长会。这是班主任与家长一次重要的面对面教育交流。首先，要做好充分的准备，把全体学生在学校的表现充分掌握，以便发言和交流需要。其次，面对全体家长讲话的内容，是全体学生的整体表现，如学习、班风、德育等，以肯定为主，可突出个别优秀学生，以供学习借鉴。指出问题的时候，不要指名道姓批评具体的学生，更不要批评家长。可以指出普遍性的问题所在，维护家长的面子。最后，与个别家长谈话，要热情坦诚，多指出学生的优点，要具体实在，不要虚假谄媚，也不要空洞，不要埋怨、投诉、告状。还有，要注意时间分配。整体发言可以适当减少，留多点时间与个别家长谈话。而个别谈话的时间也要掌握好，尽量多点与家长交流，不要只是与一两个家长谈话，而忽略冷落了其他家长。

第二，家访谈话。有时候教师要亲自登门拜访家长。家访时候要注意的是，一要提前预约好，不要搞突然袭击，以免引起不必要的尴尬。二要把学生家庭情况详细了解清楚，以便家访之用。三要根据家长的具体家庭情况灵活应对。家长的职业、爱好、风格不一样，交谈方式也应不一样。最好投其所好，与家长不仅仅可以谈学习，也可以谈生活、人生、工作、爱好等，以之感兴趣的为切入点，打开话题。四要注意身份，教师是客，家长是主，所以要谦虚礼貌，让家长做东道主，给家长更多的表达空间。五要通过家长掌握学生成长的家庭环境，从而作出教育的判断和策略。

第三，接待家长来访交谈。家长来学校访问，教师要热情谦和，主动与他们交谈。所谓"无事不登三宝殿"，家长来访一般为学生的问题而来，教师应重视。要找良好的环境空间，以接待客人的方式对待，友好耐心地谈话，解决他们的所需，让家长感到受到尊重、礼遇、重视。

第四，现代通讯方式交流。现在与家长的交流，还常常用到电话、QQ、邮件、视频、校讯通等现代通讯手段。使用这些媒介的时候，教师应弄清家长说话的内容、目的和需求。表达要有分寸，切忌冷淡、敷衍、高高在上。使用这些现代通讯媒介时，要让家长感到像面对面亲切交谈一样。

---

① 人民教育出版社中学语文室编著：《听话和说话》（第二册），人民教育出版社1999年版，第126页。

【示例】

　　一个叫李力的学生在班级中很霸道,经常欺负同学,连续几周与同学打架,在班级中造成了很坏的影响。后来班主任了解到了该学生如此霸道,与其家长平时做法有很大关系:学生母亲就是一位很霸道的人,经常欺负别人。为此,班主任到学生家中家访,他对家长说:"张大姐,我今天到您家里来,是我在学校遇到了困难,想请您帮忙。李力这几周和同学已经打了四次架了,很多同学都很怕他,不敢再与他玩了。我知道您不想让他在班上受欺负,希望他在同学中有威信,但张大姐您要明白,威信不是靠霸道、靠欺负别人树立起来的。我很担心,再这样下去,李力以后会被同学孤立的。李力同学说他很崇拜您,因此,您的一言一行对孩子有很大影响。话我就说到这儿,非常希望在教育李力同学的问题上得到您的帮助。"①

　　评析:孩子的成长与家庭环境密切相关,特别是"第一教师"父母尤为重要。李力之所以在班上横行,跟他有个霸道的妈妈有密切的关系。对此,班主任老师展开家访,准备做好相关的沟通交流工作,以便教育好李力。但面对霸道的家长,教师应怎样与之说话呢?这的确是考验班主任老师的难题。这位班主任老师说的话就相当有水平,值得我们学习借鉴。他采取了"推球法",故意说自己处理不了该家长的儿子在校霸道的难题,需要家长的帮助解决,这间接告诉了家长,孩子的教育离不开家长的支持。然后他说霸道不是威信,担心李力会被同学孤立,这是为其孩子着想,体现了老师的关怀,同时也点明了霸道是错误的行为。最后,他把"矛头"指向家长,说李力是因为崇拜妈妈才会霸道的,间接地指出了孩子受到家长的消极影响而做出的错误行为,作为家长有必要检讨改正自己的错误,为孩子树立正确的榜样。这位班主任老师态度诚恳,语气礼貌,用词准确,指意明确。做到了既不得罪家长,又说明了家访目的,可谓"一箭双雕"。

---

① 程培元主编:《教师口语教程》,高等教育出版社2010年版,第252页。

附录　即兴演讲话题

1. 请您以"人生处处是考场"为话题进行演讲。
2. 寻找幸福的人，有两类。

一类像在登山，他们以为人生最大的幸福在山顶，于是气喘吁吁、穷尽一生去攀登。另一类也像在登山，但他们并不刻意登到哪里。一路上走走停停，看看山岚、赏赏虹霓、吹吹清风，心灵在放松中得到某种满足。尽管不得大愉悦，然而，这些琐碎而细微的小自得萦绕于心扉，一样芬芳身心、恬静自我。请以"站在烦恼里仰望幸福"为话题进行演讲。

3. 有位哲人说："真正让我疲惫的，不是遥远的路途，而是鞋子里的一粒沙。"体会其中的深意，并以此为话题进行演讲。
4. 张爱玲女士曾经说过这样一句话："对于三十岁以后的人来说，十年八年不过是指缝间的事；而对于年轻人而言，三年五年就可以是一生一世。"（选自《十八春》）请以此为话题进行演讲。
5. 人生的道路上，处处可能遇上不可磨灭的创伤。有句话却说："每一种创伤，都是一种成熟。"您同意这种说法吗？说说你的看法。
6. "不凡是瞬间的风景，平凡是永恒的罗兰。"谈谈你对这句话的理解，若要你选择，你会选择瞬间的风景还是永恒的罗兰？
7. 曾经有这样一首小诗，饶有趣味：

你不可以左右天气，但你可以改变心情；

你不可以事事顺利，但你可以事事尽力；

你不可以改变不公，但你可以展现笑容；

你不可以与之明天，但你可以把握今天。

细心品味这首诗，然后针对此诗谈谈你的看法。

8. "现在我们所看的每场晚会都经历过了精心的彩排。然而人生却没有彩排，每天都是现场直播。"请说说你对这句话的理解。
9. 请谈一谈你对"没有比人更高的山"这句话的理解。
10. 常有人说：单独思考往往会创造奇迹。请针对"智慧总是在孤独中生根"这句话，谈谈你的见解。
11. "幸福，不是长生不老，不是大鱼大肉，不是权倾朝野。幸福是每一个微小的生活愿望的达成。当你想吃的时候有得吃，想被爱的时候有人来爱你。"请以此为话题进行演讲。
12. 人生中处处可以遇到值得我们感恩的人。里根在婚礼上的发言说了这样一句话："上帝把南希赐予我，就足以让我毕生感激。"请以"感恩"为话题，以一个或多个具体的例子，阐述你对感恩的看法。

13. 请以"生命中的空白"为话题进行演讲。

14. 生活里人们往往力求改变,以让人生向自己的目标更加靠近。"大多数人想要改变这个世界,但罕见有人想改造自己。"请以此为话题进行演讲。

15. 但丁说:走自己的路,让别人说去吧。但现实中也存在着很多需要察纳雅言,虚心接受别人意见的时候。请说说你的看法。

16. 有人认为:青春像一座山背负一路感伤;郭敬明也曾说:青春是道明媚的忧伤。你眼中的青春是什么样的?请具体说说你对"青春"的看法。

17. 当清晨的第一缕阳光照耀在非洲的大草原上,羚羊会对自己说:快跑!否则你会被狮子吃掉!狮子会对自己说:快跑!否则你会饿死在这里!请以这个小故事进行3分钟的演讲。

18. 阐述你如何理解:"免费是世界上最昂贵的东西"这句话的?

19. 有这样一首佛语:"菩提本无树,明镜亦非台。本来无一物,何处惹尘埃。"细心体会这首诗的哲理,想想自然原本的流露是否是世间至美至真的表现,说说你的看法。

20. "一个人之所以能,是因为相信能。"你同意这个观点么?请以此为话题进行演讲。

21. 请以"时间的重量"为话题进行演讲。

22. 可爱的刀刀狗曾经有这样一句话:"对于不会飞的蛤蟆来说,我们飞得越高,它看我们就越渺小。"你怎么看待这句刀刀狗的哲理的?

23. "男人两行泪,一行泪江山,一行泪美人。"你同意这种观点吗?请以此为话题进行演讲。

24. 心相印的纸巾外包装上有一句很有意思的话:"有时候一分钟很长,有时候又很短。"体会其中的深意,并以此为话题进行演讲。

25. 周杰伦的《彩虹》里有一句歌词这样写道:"也许时间是一种解药,也是我现在正服下的毒药。"请对这句话谈谈你的看法。(看法可以与歌词表达的原意无关。)

26. 《和平年代》里有这么一句话:当幻想面对现实的时候,总是很痛苦,要么你被痛苦击倒,要么你把痛苦踩在脚下。说说你的看法。

27. 请以"人在旅程"为话题进行演讲。

28. 真正出众的人或事物,一定都是"誉满天下,谤满天下"。你同意这种观点吗?请以此为话题进行演讲。

29. 描述一位你心中的英雄,并诠释你心中英雄的定义。

30. 人生应该守望执着还是随机应变?谈谈你的看法。

31. "贪婪是最真实的贫穷,满足是最真实的财富",到底什么是"贫",什么是"富"?说说你的看法。

32. 很多人说:80后的一代和90后的一代有很大差别。作为一名90后,你怎么看待这种说法?或者,身为90后的一员,你怎么看待身边的90后?

33. 无数人看见苹果掉下来,但只有牛顿问了个为什么。请试着谈谈你对这句话的理解。

34. 请以"岔路口"为话题进行演讲。

35. 生气是拿别人的错误惩罚自己。你同意吗？请以此为话题进行演讲。

36. 请以"不必要完美"为话题进行演讲。

37. 有一句话这样来评价一个人的精彩一生：生如夏花般灿烂，死如秋叶之静美。请说说你的观点。

38. "二战"期间，当众人质疑英国是否会向法国一样沦落至亡国的境地时，丘吉尔首相发表了一篇举世震惊的演讲。该演讲只有三句话：

第一句：永不放弃；

第二句：永远、永远不要放弃；

第三句：永远、永远、永远都不要放弃。

请以此为话题进行演讲。

39. "厄运——如果你总是期待最坏的，你永远不会失望。"生活中，很多时候，我们都要"做最好的准备，并做最坏的打算"。对此谈谈你的观点。

40. 麦当劳有一句广告是"I'm lovin' it!"（我就喜欢！），请结合你生活中的具体事例说说对这句话的看法。

41. Pain past is pleasure.（过去的痛苦就是快乐。）

42. Dream big, fly high.（大胆梦想，尽情飞翔。）

43. Yes, the past can hurt. But I think you can either run from it, or learn from it. （是的，过去很痛苦。但我觉得你要么可以逃避，要么向它学习。——《狮子王》）

44. Tomorrow is another day.（明天又是新的一天。）

45. Life is like a box of chocolate, you never know what you gonna get.（生活就像一盒巧克力，你永远不知道你将得到什么。——《阿甘正传》）

46. Haste makes waste.（欲速则不达。）

47. Keep you friends close, but you enemies closer.

（靠近你的朋友，更要靠近你的敌人——《教父》）

48. Our greatest glory is not in never falling, but in rising up every time we fall.

（我们最大的荣耀不是不跌倒，而是跌倒了以后勇敢地爬起来。——拿破仑）

49. "第一个青春是靠上帝给的，第二个青春是靠自己努力的。"你是怎么理解这句话的？

50. 你心中对"朋友"的定义是什么？具体说说朋友对你生活的影响。

51. 请以"汶川地震中的大爱"为题进行演讲，可谈谈自己的所见、所闻、所想。

52. "把生活当作一种使命去完成，一往无前。——（美）阿诺德·格拉斯哥"，你同意"把生活当作一种使命"的观点吗？说说你的理解。

53. "不论你在什么时候开始，重要的是开始之后就不要停止；不论你在什么时候结束，重要的是结束之后就不要悔恨。"说说你对这句话的理解。

参 考 文 献

[1] 叶蜚声，徐通锵著. 语言学纲要［M］. 王洪军，李娟修订. 北京：北京大学出版社，2010.
[2] 黄伯荣，廖序东主编. 现代汉语（增订四版）［M］. 北京：高等教育出版社，2007.
[3] 胡壮麟. 语言学教程（第四版）［M］. 北京：北京大学出版社，2013.
[4] 宋欣桥. 普通话语音训练教程［M］. 北京：商务印书馆，2004.
[5] 王理嘉. 粤港人学习普通话读本［M］. 北京：语文出版社，1998.
[6] 詹伯慧. 广东粤方言概要［M］. 广州：暨南大学出版社，2002.
[7] 邢捍国. 普通话培训测试教程［M］. 北京：北京大学出版社，2005.
[8] 国家语言文字工作委员会普通话培训测试中心. 普通话测试实施纲要［M］. 北京：商务印书馆，2004.
[9] 国家教育委员会师范教育司组. 教师口语［M］. 北京：北京师范大学出版社，1994.
[10] 国家教育委员会师范教育司组. 教师口语训练手册［M］. 北京：北京师范大学出版社，1994.
[11] 路伟. 教师口语［M］. 北京：北京师范大学出版社，2012.
[12] 程培元. 教师口语教程［M］. 北京：高等教育出版社，2004.
[13] 陈国安等. 新编教师口语——表达与训练［M］. 上海：华东师范大学出版社，2007.
[14] 吴雪青. 幼儿教师口语［M］. 上海：华东师范大学出版社，2012.
[15] 吴雪青. 小学教师口语［M］. 上海：华东师范大学出版社，2010.
[16] 赵林森. 教师口语［M］. 郑州：河南大学出版社，1996.
[17] 王素珍. 幼儿教师口语训练教程［M］. 上海：复旦大学出版社，2006.
[18] 程培元. 教师口语教程［M］. 北京：高等教育出版社，2010.
[19] 人民教育出版社中学语文室编著. 听话和说话（第二册）［M］. 北京：人民教育出版社，1999.
[20] 赖华强. 教师口才艺术［M］. 广州：暨南大学出版社，2006.
[21] 李元授，李鹏. 辩论学［M］. 武汉：华中科技大学出版社，2004.
[22] 国家教委师范教育司. 教师口语训练手册（修订本）［M］. 北京：首都师范大学出版社，2003.
[23] 国家教育委员会师范教育司组. 教师口语［M］. 北京：北京师范大学出版社，1996.
[24] 钱和生，郭月. 演讲与口才实用教程［M］. 北京：中国传媒大学出版社，2009.

［25］季森岭. 普通话语音训练教程［M］. 北京：北京大学出版社，2002.
［26］刘玖占. 普通话训练与测试教程［M］. 北京：人民出版社，2008.
［27］金有景. 普通话语音［M］. 北京：商务印书馆，2007.
［28］刘伯奎. 教师口语训练教程（第二版）［M］. 北京：中国人民大学出版社，2011.
［29］《普通话水平测试（新大纲）指导》编写组. 普通话水平测试指导［M］. 广州：暨南大学出版社，2008.
［30］张颂. 朗读学［M］. 北京：北京广播学院出版社，1999.
［31］人民教育出版社中学语文室. 听话和说话［M］. 北京：人民教育出版社，2000.

后　　记

　　重文轻语的现象至今仍普遍存在，社会对口语素质的培养还远未达到"重视"的程度。不过，语文新课标对学生语言素质的培养已经开始重视，比如在阅读教学中，就要求他们诵读优秀诗文，注意在诵读过程中体验情感，领悟内容，获得初步的情感体验，感受语言的优美。21世纪，语言素质将成为一个人最重要的素质之一。本教材基于这种理念，从普通话训练、朗诵、演讲、播音主持、论辩、教师教学口语、教师教育口语等多个角度、多个层面对读者的口语表达水平进行训练，旨在提高读者的口语表达能力。

　　目前，有关口语训练方面的教材大多理论偏多、偏深，不适于实际操作。而本教材不但举例丰富，还结合了当地三种方言，即闽语、粤语、客语，以有针对性地对读者的口语进行训练。在教师教学口语、教师教育口语章节，本教材还特意向幼儿教育方向倾斜，凸显了本校基础教育学院和幼儿教育专业相结合的办学理念。本教材适用于本、专科院校各专业的教师口语课，中文专业的朗诵、演讲课，也适用于新闻系、播音系、对外汉语教学系等相关专业的本、专科课程。

　　本教材的编写得到了语言学方面的许多专家学者的帮助和指导。在此，我们要感谢湛江师范学院人文学院院长熊家良教授在百忙之中为本教材赐序；感谢教研室主任王雄山老师的指导；感谢本校教师口语课的马建梅老师、王红岩老师、何永娟老师为本教材提供上课素材及课件，以供编写参考；还特别要感谢董小华副院长、教务科李聪睿科长为本教材的出版出谋划策以及对我们的工作的鼎力支持。在此我们也真诚地希望兄弟院校的同行们能给以指导和帮助，对本教材的不足之处不吝赐教。

主编谨识
2013年6月5日